Institut de langues vivantes
DEC 8 1983
Centre for Second Language Learning

UNIVERSITÉ D'OTTAWA / UNIVERSITY OF OTTAWA
Institut de langues vivantes
Centre de
DOCUMENTATION
Centre
Centre for Second Language Learning

UNDER THE EDITORSHIP OF

WILLIAM C. HOLBROOK

HAMPDEN-SYDNEY COLLEGE

La France

actuelle

"*Tout homme a deux pays, le sien et puis la France.*" THOMAS JEFFERSON

Camille Bauer BROWN UNIVERSITY

Houghton Mifflin Company
BOSTON

Drawing on page 4 by Weber © 1962 The New Yorker Magazine, Inc.

Drawing on page 21 © SPADEM 1962 by French Reproduction Rights, Inc.

Drawings on pages 40, 102, 110, 144, 186, 244 extrait du livre de Sempé, *Rien n'est simple,* édité chez Denoël à Paris

Drawings on pages 48, 71, 128, 153, 168 © SPADEM 1962 by French Reproduction Rights, Inc. From *Un Siècle d'humour français,* Les Productions de Paris, 1961

Drawing on page 235 courtesy of Tetsu and Intermonde-Presse, Paris

Copyright © 1963 by Camille Bauer. All rights reserved including the right to reproduce this book or parts thereof in any form. Printed in the U.S.A.

Preface

The aim of this book is to introduce France and the French people to American students and to develop at the same time their speaking, reading, and writing skills in the French language. It can be used either in high schools, at the third-year level, or in colleges, at the intermediate level.

The France that is described here is not the country of Culture, of great artists and writers. Nor is it the country of tourists, of quaint costumes and customs. Finding himself at odds with a host of popular misconceptions still prevailing in the United States, the author has tried to give an objective picture of contemporary France: how she emerged from a long period of wars; how fast she is changing in some areas, how fundamentally unchanged she remains in others; the forces at work within her society that explain many contradictions; the main behavior patterns of her people, both public and in private; in sum, her way of life.

In a book of this size it has not been possible to do full or even partial justice to the formidable complexity of a country like France, nor to avoid generalizations. However, if any simplified statement should invite discussion, all the better. The chief objective is to create a cultural island on which any dissenter will have an opportunity to debate the point laboriously . . . as French people would. Looking at the picture presented in the following chapters, discussing French values and attitudes, the student will also gain insight into his own culture. Perhaps he will develop at the same time tolerance and understanding towards France and other countries.

Each of the thirty chapters contains:

1. an essay on a particular aspect of French civilization, followed by questions;
2. a "document" illustrating the essay and taken from such sources as contemporary newspapers, magazines, reviews, novels, and followed by questions;
3. a dialogue presenting a scene of French life dealing directly with the cultural aspect described in the essay and in the document;

4. a series of exercises using the grammatical constructions, the phrases and the vocabulary of the essay, the document and the dialogue.

Each chapter is thus a closely knit, organic unit. The learning process is greatly facilitated by the fact that while the topic remains the same within each unit, attention shifts from facet to facet, thus embodying two important principles of education: repetition and variety. Essays and documents can be used as starting points for debates, résumés, translations; they can be varied with outside reading material and supplemented with such foreign language realia as newspapers, magazines, films, tapes, records, other textbooks. Students can also be asked to present a shortened version of the essay or of the document. As for the dialogues, they try to reproduce with a maximum of naturalness the normal speech patterns used in a French conversation. In order to develop oral-aural proficiency, a great deal of attention should be given to sounds, rhythm, and intonation. The conversation can either be faithfully memorized or rendered in a free way; it can be acted out between individual students or between groups. The exercises are mostly composed of pattern drills based on a model question-and-answer group. They try to be as natural as an ordinary conversational exchange and force participants to be active, alert, and accurate. Answers can be either spoken or written. Some other exercises, like the "rédactions," are meant to be written only. All of these drills can be amplified or supplemented at will, according to the needs of the students.

The author wishes to express his gratitude to Professor Laurence Wylie, of Harvard University, whose studies in French civilization have been invaluable in preparing this text. He is also greatly indebted to André Le Vot, professeur à la Faculté des Lettres de Caen, and to M. Prigent, professeur agrégé au Lycée de Saint-Brieuc, whose assistance has been generous and encouraging.

C.B.

Contents

1. La France vue par les Américains   3
2. Le Pays de France   11
3. L'Importance du passé   20
4. La Vie économique   29
5. Paris   38
6. La Province   46
7. Le Peuple français   54
8. Les Classes sociales (première partie)   61
9. Les Classes sociales (deuxième partie)   69
10. Le Paysan   79
11. L'Ouvrier   88
12. Le Caractère (première partie)   94
13. Le Caractère (deuxième partie)   101
14. Le Caractère (troisième partie)   109
15. Le Caractère (quatrième partie)   118
16. La Joie de vivre   126
17. Le Calendrier des fêtes   135
18. Sports et loisirs   142
19. L'Art de la conversation   151
20. La Politesse   160
21. Courrier du cœur   167
22. La Famille (première partie)   176

23. La Famille (deuxième partie)	184
24. L'Enseignement (première partie)	193
25. L'Enseignement (deuxième partie)	203
26. L'Enseignement (troisième partie)	210
27. La Vie religieuse	218
28. La Justice	226
29. La Vie politique (première partie)	233
30. La Vie politique (deuxième partie)	241
Vocabulary	250

La France actuelle

La France vue par les Américains

«*Une nation ne se fait connaître de l'étranger que par ses mauvais côtés.*»

G. K. Chesterton (1874–1936)

Un Français qui n'a jamais mis les pieds aux États-Unis croit naïvement que les Américains habitent dans d'énormes gratte-ciel, qu'ils mâchent tous du chewing-gum, qu'ils sont ou gangsters ou cow-boys, et qu'ils se comportent comme de grands enfants dans un pays où les choses les plus extraordinaires et les plus extravagantes arrivent journellement.

A son tour, l'Américain se fait souvent de la France une idée qui ne tient nullement compte de la complexité du phénomène français. Pour mieux comprendre et les Français et les Américains, il est instructif de passer en revue les clichés les plus courants sur la France et sa civilisation. On peut classer ces clichés en trois catégories:

1. *La France est un vieux pays*

C'est un pays romantique, pittoresque, un peu primitif. On aime évoquer le spectacle de ses rues animées, bordées de vieilles maisons, de cafés où les hommes du genre artiste (béret et moustache, vous savez) discutent avec force gestes, pendant que leurs épouses, vêtues d'un costume régional, préparent de délicieuses (!) grenouilles sur un fourneau datant de la Révolution française. Malheureusement, continue-t-on, tout est bien sale; les mouches se promènent un peu partout; l'eau n'est pas potable; les fruits et les légumes qu'on achète au marché provoquent des complications digestives; l'hygiène est très primitive; on trouve bien des urinoirs sur les trottoirs mais les installations sanitaires manquent partout ailleurs; dans les hôtels le confort n'est pas américain et s'il y a une baignoire, c'est une véritable pièce de musée. Quelle poésie, quel charme! Partout on trouve des vestiges moyenâgeux à admirer et d'authentiques vieilleries à acheter.

— *En direct de Paris! Quel miracle Dieu a opéré!*

2. *La France est un pays gai et sensuel*

Pour beaucoup d'Américains, la France se divise en quatre parties: le gai Paris, la Côte d'Azur, les châteaux de la Loire, et le Mont-Saint-Michel. Ses habitants possèdent tous la joie de vivre. Cette joie de vivre consiste à tout faire avec passion, avec frénésie: leurs conversations sont naturellement brillantes, coupées d'éclats de rire et de chansons; leurs repas sont plantureux et arrosés de vins et de liqueurs; comme dessert, spectacles «risqués» au music-hall ou dans les boîtes de nuit (French cancan). Même frénésie dans le domaine de la galanterie et de la séduction, où les Français sont les maîtres incontestés. On sait que les femmes les trouvent si irrésistibles qu'elles se laissent embrasser partout. Non, il n'y a pas de doute: le rapprochement des sexes se fait le plus facilement du monde dans le pays qui a produit Brigitte Bardot et Maurice Chevalier.

3. *La France est un pays léger*

Les Français sont peut-être galants, mais en même temps, ils sont immoraux. Malgré leurs sourires grimaçants et leurs courbettes, ils font penser à des monstres concupiscents. Quand la télévision, la presse ou une certaine littérature décrivent avec beaucoup de détails des scandales français, on conclut sommairement que la France est une nation inférieure, décadente, de second ordre au plus. Les Français sont des ivrognes, des voleurs ou des séducteurs. Il faut s'attendre au pire pour tout ce qui touche au fonctionnement normal d'un état moderne. L'anti-slogan *Air France Air chance* est un exemple caractéristique de l'attitude de l'Américain qui n'a aucune confiance dans ce peuple léger, frivole, capricieux. Dans le domaine politique, la France est une alliée, mais seulement «our troubled ally», au sujet de laquelle il faut toujours faire «an agonizing re-appraisal», qu'un rien peut jeter dans le camp des communistes ou des anarchistes, et où il faut s'attendre aux pires cataclysmes.

Telle est l'image traditionnelle de la France que se font souvent les Américains. Elle est fondée partiellement sur des faits indiscutables, mais elle est cependant incomplète, superficielle et injuste.

Pour expliquer la naissance de ces clichés, on peut d'abord dire que la brièveté des voyages ne permet pas aux étrangers de découvrir le véritable visage d'un pays. Aujourd'hui surtout, les circuits touristiques sont organisés de telle façon que seule une partie infime de la France est révélée.

Ensuite, il faut incriminer la paresse intellectuelle. Nous aimons, dans notre conformisme, à coller des étiquettes sur des phénomènes très complexes. Nous retenons surtout les aspects frappants ou ceux qui nous semblent plus vrais que d'autres. Quand nous voyons un homme pris de boisson dans la rue le Ier Janvier, nous simplifions si nous omettons de préciser que c'était le Jour de l'An; nous exagérons si nous disons que l'ivrogne titubait d'un côté des Champs-Élysées à l'autre; nous dramatisons si nous affirmons qu'un policier poursuivait l'ivrogne ou que l'ivrogne poursuivait le policier; nous poétisons si nous disons que la tête de l'ivrogne était sympathique; nous généralisons si nous prétendons que tous les ivrognes français sont sympathiques, etc.

Il ne faut pas oublier non plus qu'un peuple admire chez l'autre les qualités qu'il n'a pas et qu'il retrouve ses propres défauts ou ceux par lesquels il est menacé sur son territoire. Ainsi, les traits stéréotypés que les Américains attribuent aux Français sont certainement colorés par la tradition puritaine et par le complexe de supériorité d'une nation qui se sent jeune, dynamique et à la tête du progrès.

Quoi qu'il en soit, la France n'est certainement pas le charmant, le vieux, le frivole pays d'opérette fabriqué par l'imagination populaire. Le but des chapitres suivants est de donner une image plus juste et plus nuancée de la France. Nous espérons qu'ils vous feront comprendre et apprécier les principaux aspects d'une vieille civilisation pleine de jeunesse, de contradictions, de surprises, comme la vie elle-même.

Questions

1. Quelle idée se fait un Français des États-Unis?
2. Qu'est-ce que l'étranger aime évoquer au sujet de la France?
3. Qu'est-ce qu'il trouve primitif?
4. En quoi consiste la joie de vivre française selon l'étranger?
5. Quelle est la réputation des Français dans le domaine de l'amour?
6. Que montre l'anti-slogan *Air France Air chance*?
7. Pourquoi les touristes ne découvrent-ils pas le véritable visage de la France?
8. Expliquez la naissance d'un stéréotype.

Ma chère Marie, reviens

Une mère américaine du Wisconsin écrit à sa fille à Paris.

Marie chérie,

Nous avons bien reçu ta lettre et nous sommes vraiment déçus que tu ne dises rien au sujet de ton retour. Ça fait maintenant plus de deux ans que tu es là-bas et ton père et moi, nous nous faisons du mauvais sang à cause de toi. Comme nous te l'avons déjà dit si souvent, ton père et moi, Paris n'est pas un endroit très sûr pour les jeunes filles. Certaines histoires qu'on nous a racontées à ce sujet et les articles que nous avons lus dans les journaux sont vraiment épouvantables.

Je n'ai pas besoin de te dire que tous les gens d'ici sont scandalisés que tu sois toujours là-bas. Ils ne le disent pas ouvertement, mais ils te soupçonnent de mener une vie coupable. Quelques amies à moi m'ont raconté que certaines gens qui autrefois pensaient beaucoup de bien de toi trouvent maintenant que tu es, pour ainsi dire, «légère».

Encore l'autre jour, Alice Summers m'a dit pendant notre partie de bridge du jeudi: «Helen, comment peux-tu permettre à Marie de vivre à Paris? Les Connelly en reviennent et les histoires qu'ils racontent te feraient dresser les cheveux sur la tête.»

Je sais que tu ne fais rien qui nous ferait rougir, ton père et moi, mais tu connais les gens d'ici. Ce n'est pas facile de prendre ta défense. Je n'en dirai pas plus. C'est une affaire à régler entre toi et ta conscience.

Ici, toute la ville est en émoi depuis quelques semaines. Harvey Wetheridge, celui qui avait autrefois la station-service près du Boulevard Washington, a tué sa femme dimanche dernier. On l'a arrêté pour homicide volontaire. Ci-joint les coupures du journal. Il paraît qu'elle était la maîtresse de Carlton Smith; je crois que tu es allée à l'école avec lui, ou est-ce que c'était avec son frère? Harvey a dit, en sortant de prison, qu'il tuerait également Carlton, mais ton père croit qu'il a été bien bête de le dire, car ça ne l'avancera pas au tribunal . . . .

Au collège, il y a eu de la casse. Une bande de jeunes voyous des quartiers Sud ont troublé un bal au collège et quand M. Pemberton — le nouveau directeur, tu sais — leur a dit de s'en aller, un des garçons a sorti un couteau et l'en a blessé. Puis, il y a eu une bagarre entre les voyous et les collégiens et ils ont tout démoli au gymnase. Trois personnes ont été hospitalisées (Ci-joint une autre coupure).

M. Schneider, du Sam's Drug Store, a été attaqué l'autre soir: on l'a délesté de 50 dollars.

Autre nouvelle triste: Pop Carroway s'est suicidé. Il paraît qu'il avait détourné de l'argent à la banque et on avait vérifié ses comptes. Nous avons tous été consternés car Pop était très estimé en ville. C'était à cause d'une amie qu'il avait à Lincoln.

Samedi soir, il y a eu une collision de voitures au carrefour des

Quatre Coins et quatre personnes (aucune n'est de chez nous) ont été tuées. D'après ce qu'on dit, des étudiants de l'Université fêtaient une victoire de basketball; ils étaient complètement ivres et ils roulaient à 130 kilomètres à l'heure. Ils ont heurté une voiture de Californie. Ton père et moi, nous avions traversé le carrefour une heure auparavant et nous sommes contents d'être encore en vie.

C'est tout pour aujourd'hui. Encore une fois, chérie, réfléchis et reviens. Ton père et moi, nous nous faisons du mauvais sang à cause de toi. Je te l'ai déjà dit et je te le répète: Paris n'est pas pour les jeunes filles seules.

Affectueusement,
Maman.

"Dear Mary — Come Home," by Art Buchwald, © 1958 Art Buchwald. Reprinted and translated with permission of the New York Herald Tribune.

Questions

1. Pourquoi les parents sont-ils déçus?
2. Que pensent-ils de Paris?
3. Pourquoi les gens de la ville sont-ils scandalisés?
4. Comment trouvent-ils Marie à présent?
5. Qu'est-il arrivé à Harvey Wetheridge?
6. Qu'est-il arrivé au collège?
7. Que s'est-il passé au carrefour des Quatre Coins?
8. De quelle façon l'auteur montre-t-il le stéréotype sur Paris?
9. Pourquoi exagère-t-il?

Dialogue N° 1

A l'aéroport d'Orly. Hubert et Jean sont venus accueillir une jeune étudiante américaine, Virginie.

Hubert: — Ah! Te voilà, Virginie. Je suis heureux de te revoir.

Virginie: — Bonjour, Hubert. Je suis très heureuse aussi.

Hubert: — Tu as fait un bon voyage?

Virginie: Pas trop. On a été rudement secoués au-dessus de l'Atlantique. Ça va mieux maintenant.

Hubert: — Parfait! Je suis ravi que...

Jean: — Écoute, Hubert. Tu ne vas pas monopoliser la conversation. Tu ne veux pas me présenter?

Hubert: — Pardon, mon vieux. Virginie, je te présente Jean Duval. Voici Virginie Smith.

Virginie: — Enchantée, Monsieur.

Jean: — Moi de même, Mademoiselle.

Hubert: — Venez. On va prendre un taxi.

Virginie: — Ah! Le chauffeur porte un béret, en vrai Français. Vous n'en portez pas, vous? Tous les Français devraient en porter un. Et où est votre moustache?
Hubert: — Excuse-nous de te décevoir. Nous t'expliquerons ça plus tard en mangeant des grenouilles.
Virginie: — Des grenouilles! Pouah! Je n'en mangerais pour rien au monde!
Jean: — Il n'y a rien de plus délicieux. Il faudra au moins en goûter une.
Virginie: — Bon. J'en mangerai une pour vous faire plaisir.
Hubert: — A la bonne heure! Nous vous transformerons en Parisienne, vous allez voir.

Exercices

Répondez sur le modèle indiqué.

I. Elle est heureuse. Et Hubert? *Réponse:* Il est heureux aussi.

1. Cette femme est capricieuse. Et l'homme?
2. Les Françaises sont sérieuses. Et cet homme?
3. La jeune fille est amoureuse. Et le jeune homme?
4. Les grenouilles sont délicieuses. Et le vin?
5. Jeanne est malheureuse. Et Jean?

II. La France est charmante. Et Paris? *Réponse:* Il est charmant aussi.

1. La ville est charmante. Et le village?
2. La civilisation française est brillante. Et le génie français?
3. La mère est extravagante. Et le père?
4. Ces têtes sont grimaçantes. Et ce visage?
5. La conversation est amusante. Et le spectacle?

III. Virginie est attentive. Et Hubert? *Réponse:* Il est attentif aussi.

1. La salle de bain est primitive. Et le fourneau?
2. Les Françaises sont actives. Et ce Français?
3. Cette liqueur est digestive. Et le cognac?
4. La brochure est instructive. Et le livre?
5. La femme est naïve. Et l'homme?

IV. La femme est française. Et l'homme? *Réponse:* Il est français aussi.

1. L'image est précise. Et le texte?
2. La femme est marseillaise. Et l'homme?
3. L'étudiante est surprise. Et le professeur?
4. La fille est bourgeoise. Et le garçon?
5. La place est prise. Et le fauteuil?

V. Il est immoral. *Réponse:* Ils sont tous immoraux.

1. Il est original.
2. Il est occidental.
3. Il est normal.
4. Il est moral.
5. Il est inégal.

VI. Il est sensuel. Et elle? *Réponse:* Elle est sensuelle aussi.
   1. Il est sensationnel.
   2. Il est traditionnel.
   3. Il est superficiel.
   4. Il est intellectuel.
   5. Il est artificiel.

VII. Ces maisons sont vieilles.
   Réponse: Oui, il y a beaucoup de vieilles maisons ici.
   1. Ces voitures sont petites.
   2. Ces magasins sont bons.
   3. Ces femmes sont jolies.
   4. Ces garçons sont beaux.
   5. Ces melons sont gros.
   6. Ces montagnes sont grandes.
   7. Ces professeurs sont jeunes.
   8. Ces élèves sont gentils.
   9. Ces monuments sont vieux.
   10. Ces avenues sont longues.

VIII. Ces costumes sont pittoresques.
   Réponse: Oui, il y a beaucoup de costumes pittoresques ici.
   1. Ces villages sont pittoresques.
   2. Ces magasins sont bon marché.
   3. Ces femmes sont intelligentes.
   4. Ces garçons sont bruns.
   5. Ces melons sont délicieux.
   6. Ces parents sont déçus.
   7. Ces professeurs sont américains.
   8. Ces voitures sont neuves.
   9. Ces monuments sont historiques.
   10. Ces écrivains sont catholiques.

IX. Vous ne mangez pas de grenouilles?
   Réponse: Je n'en mangerais pour rien au monde!
   1. Vous ne prenez pas de vin?
   2. Vous ne voulez pas de cognac?
   3. Vous ne buvez pas d'alcool?
   4. Vous ne fumez pas de cigares?
   5. Vous ne racontez pas d'histoires?
   6. Vous ne faites pas de gâteaux?
   7. Vous ne mettez pas de chapeau?
   8. Vous ne parlez pas de votre voyage?
   9. Vous ne servez pas de soupe?
   10. Vous ne portez pas de moustache?

X. Il y a seulement 90 départements en France.
   Réponse: Il n'y a que 90 départements en France.
   1. Il y a seulement des ruines.
   2. Nous avons seulement une patrie.
   3. Vous avez seulement fermé une fenêtre.
   4. Elle a seulement vingt ans.
   5. Elle a seulement mangé une grenouille.
   6. J'ai vu seulement un restaurant.
   7. On connaît seulement son propre pays.
   8. Je verrai seulement le Mont Saint-Michel.

XI. Il a des idées justes sur la France.
　　Réponse: Il se fait une idée juste de la France.
1. Il a des idées fausses sur ce pays.
2. Nous avons des idées simplistes sur la France.
3. Vous avez des idées romantiques sur les Françaises.
4. On a des idées bizarres sur les Américains.
5. Tu as des idées inexactes sur ces phénomènes.
6. Elles ont des idées originales sur la question.
7. Elle a des idées agréables sur les Français.
8. Nous avons des idées stéréotypées sur la France.

XII. On croit qu'il y aura un malheur.
　　Réponse: On s'attend à un malheur.
1. On croit qu'il y aura une révolution.
2. Il croit qu'il y aura une révolte.
3. Nous croyons qu'il y aura un accident.
4. Il croit qu'il y aura une catastrophe.
5. Elle croit qu'il y aura une belle victoire.
6. Je crois qu'il y aura un miracle.
7. Vous croyez qu'il y aura des cataclysmes.
8. On croit qu'il y aura un coup d'État.

Le Pays de France

«Combien j'ai douce souvenance
Du joli lieu de ma naissance!
Ma sœur, qu'ils étaient beaux les jours
De France!
O mon pays, sois mes amours
Toujours!»

FRANÇOIS DE CHATEAUBRIAND
(1768–1848)

Quand on regarde la carte du monde, on s'aperçoit que la France y occupe une place bien petite. Elle est en effet dix-sept fois plus petite que les États-Unis, avec ses 213 000 milles carrés. Elle n'a que les quatre cinquièmes du Texas et une ligne droite reliant les deux points les plus éloignés de son territoire ne mesure que 600 milles. Cependant les Français trouvent que cette petitesse relative est amplement compensée par le fait que la nature a consenti à leur «douce France» des faveurs exceptionnelles.

La France est située à l'extrémité ouest du continent européen. Elle se trouve à égale distance du pôle Nord et de l'Équateur et jouit ainsi des avantages de la zone tempérée. Sa latitude correspond à peu près à celle de l'État de Wisconsin, mais il fait beaucoup moins froid en France à cause du Gulf Stream, faveur parmi tant d'autres. Sa triple orientation lui donne une grande orginalité. A l'Ouest, l'Atlantique l'invite à entreprendre des voyages et à découvrir des mondes nouveaux. Au Sud, la Méditerranée la rattache au monde latin et oriental. Au Nord et à l'Est enfin, elle est en contact direct avec l'Europe centrale. On comprend pourquoi la France est souvent appelée le carrefour de l'Europe. Cette situation soumet le pays à mille influences, bonnes ou mauvaises: invasions, guerres, rivalités, échanges commerciaux, diversité des races... Le «splendide isolement» n'est pas possible.

Quand on roule sur une autoroute dans le Middle West, le paysage est presque toujours le même: en France, il change constamment. C'est que presque toutes les caractéristiques du continent européen se retrouvent en elle. La terre française est un véritable résumé de l'Europe. Les éléments de cette variété sont:

LA FRANCE
Échelle 0 50 100 150 Km.
L'OCÉAN ATLANTIQUE
LA MANCHE
LA MER DU NORD
LA MER MÉDITERRANÉE
ANGLETERRE
BELGIQUE
LUXEMBOURG
ALLEMAGNE
SUISSE
ITALIE
ESPAGNE
N
Calais
Boulogne
Lille
Roubaix
Amiens
Cherbourg
le Havre
Rouen
Caen
Seine
Reims
Verdun
Metz
Nancy
Strasbourg
Rhin
Moselle
Marne
Meuse
VOSGES
Versailles
PARIS
Brest
St. Malo
Rennes
Chartres
Le Mans
Orléans
Seine
Dijon
Besançon
JURA
Tours
Blois
Loire
Nantes
Bourges
Loire
Poitiers
Clermont-Ferrand
Limoges
MASSIF CENTRAL
Saint-Étienne
Lyon
Genève
Rhône
ALPES
Grenoble
Bordeaux
Garonne
Nîmes
Avignon
Arles
Montpellier
Toulouse
Carcassonne
Marseille
Toulon
Cannes
Nice
Bayonne
Biarritz
PYRÉNÉES
Perpignan

1. *Le relief*

a. les montagnes: — massifs sauvages des *Alpes* (le *Mont-Blanc* est le plus haut sommet d'Europe avec ses 4 800 mètres) et des *Pyrénées,* avec leurs neiges éternelles et leurs crêtes nues.

— massifs usés par l'érosion, de hauteur moyenne: le *Massif central,* le *Jura,* les *Vosges,* l'*Ardenne,* le *Massif armoricain.*

b. les terres basses, comprenant plus de la moitié du territoire et équilibrant ainsi les terres hautes: le *Bassin parisien* et le *Bassin aquitain,* les plaines du *Nord,* celle de *l'Alsace,* la vallée du *Rhône,* les plateaux.

2. *Les rivières*

Elles sont abondantes et facilitent les échanges. Pour ne citer que les fleuves:

La Seine, poétique pour les touristes et les amoureux, travailleuse pour les autres;

La Loire, «un grand fleuve de sable quelquefois mouillé» (Jules Renard). Aime quitter son lit en hiver et au printemps;

La Garonne et son estuaire, *la Gironde;*

Le Rhône, fleuve masculin qui fonce comme un taureau vers la Méditerranée;

Le Rhin, fleuve européen par excellence.

3. *Les côtes*

3000 kilomètres de falaises, de rochers, de caps, de golfes, de plages, de dunes, de ports . . .

4. *Le climat*

La France est le seul pays où l'on trouve un climat méditerranéen sec (entre 60 et 80 journées de pluie par an) et un climat tempéré froid (pluies fréquentes en Bretagne et dans le Bassin aquitain; hivers froids en Lorraine). Il y a une variété infinie de climats selon qu'on se rapproche de l'Atlantique, de la Méditerranée ou de l'Allemagne.

5. *Les ressources*

11% du territoire est considéré comme inculte. Partout ailleurs, on trouve les cultures les plus variées: blé, betteraves à sucre, maïs, riz, pommes de terre, tabac, houblon, légumes, vigne, arbres fruitiers (oliviers en Provence), etc. Le sous-sol contient du minerai de fer, du charbon, de la bauxite, de la potasse, du pétrole, du gaz naturel.

En raison de la variété des éléments géographiques, le nombre des paysages français est très grand. Évidemment, on ne trouvera pas le paysage majestueux et grandiose d'un Mississippi. La France a surtout des modèles réduits à offrir, des paysages en miniature. En outre, alors qu'aux États-Unis on se trouve devant une nature sauvage et brute, en France presque tout porte la trace de l'homme. Certaines provinces françaises, comme la Touraine ou l'Alsace, ont été surnommées «le jardin de la France» et on pourrait presque dire que le pays entier n'est qu'un vaste jardin, conçu et entretenu avec amour. Les Français sont une race de jardiniers: c'est grâce à eux que la terre de France a tant de charme et de personnalité, on s'y sent chez soi, tout y est sage et raisonnable; on peut même l'inscrire dans un hexagone. Si, au dix-septième siècle, les Pères pèlerins étaient partis d'Amérique pour aller conquérir la France, quel pays trouverions-nous aujourd'hui? Rencontrerions-nous ces petits champs, ces haies vives, ces rideaux d'arbres au bord des rivières, ces clochers rustiques, ces jardins et ces vergers, ces vignobles, ces routes bordées d'arbres, ces forêts bien entretenues où l'on peut ramasser les champignons? Aurions-nous ce pays civilisé, humanisé, où la fusion de l'homme avec la nature s'est opérée dans une harmonie parfaite? Mais personne ne se pose ces questions en France. On critique le gouvernement et son voisin: on ne critique jamais la terre de France. Ce n'est qu'en France qu'un Français sera parfaitement heureux.

Questions
1. Comparez la France avec le Texas.
2. Quelles faveurs la nature a-t-elle consenties à la France?
3. Dans quelle zone se trouve-t-elle?
4. Pourquoi la France est-elle le carrefour de l'Europe?
5. Qu'est-ce que le Mont-Blanc?
6. Expliquez: un grand fleuve de sable quelquefois mouillé.
7. Pourquoi le Rhin est-il un fleuve européen?
8. Quel est le climat de la France?
9. Comparez le paysage français au paysage américain.
10. A quelle figure géométrique ressemble la France?

La France est une émeraude

Voici en quels termes un Américain décrit la beauté et la variété de la France.

Sous son nom actuel ou bien sous d'autres, et quel que fût le motif, le fait est que pendant deux millénaires la France fut un aimant, attirant des centaines de millions d'hommes vers ses rives fleuries et vers ses vallées fertiles.

Ceux qui sont venus et repartis n'ont jamais oublié leur séjour en France et plus d'un envahisseur y demeura, captivé par la beauté du pays et par la culture de son peuple. Des milliers de soldats romains ne retournèrent jamais à Rome. Parodiant leur général, ils disaient: «Je suis venu, j'ai vu, j'ai été conquis.»* Ou, comme chantaient les hommes du général Pershing*: «Comment voulez-vous les garder au pays, maintenant qu'ils ont vu Paris?»

... j'ai été conquis: Jules César avait dit: j'ai conquis.
Pershing: général américain commandant le corps expéditionnaire sur le front français en 1918

Le Pays de France

La France, disent les textes classiques de géographie, a la forme d'un hexagone. D'une manière plus imagée, on pourrait dire que la France est une émeraude qui scintille au doigt de la péninsule eurasienne. En vérité, la France est aussi verte que l'Irlande, mais sans la pluie et le brouillard irlandais; le climat de la France est aussi varié que celui des États-Unis, mais sans les froids et les chaleurs extrêmes de l'Amérique et si le sud de la France est comparable à ce que la Californie offre de meilleur, le nord de la France est le meilleur de la Nouvelle-Angleterre.

On peut trouver en Bretagne les villages de pêcheurs du Maine. En Normandie, les pâturages du Wisconsin et même des puits de pétrole en Aquitaine. En un même jour, on peut skier dans les Alpes avant le petit déjeuner, nager dans la Méditerranée après midi, et assister le soir à une première théâtrale à Paris. Du nord au sud, ou d'est en ouest, toute la France peut être traversée en deux heures de vol.

D'un coin de la France à l'autre, l'hexagone est relié par des vallées et des fleuves.

Le Rhône relie les plaines du Jura et les régions alpines à Marseille. La Garonne transporte les vins et les cognacs de l'Aquitaine depuis le port de Bordeaux jusqu'aux gourmets du monde entier. La Loire, le plus beau et le plus long fleuve de France, décrit des méandres sur quelque mille kilomètres de pâturages et de forêts, depuis le centre de la France jusqu'à l'Atlantique. Sur ses rives se dressent les murs crénelés et les tours de châteaux médiévaux* qu'éclairent, la nuit, des lumières invisibles*, prêtant à leur apparition dans les arbres l'irréel d'un conte de fées. La France tout entière est un théâtre et chaque Français est un metteur en scène.

Le cœur de la France se trouve dans la vaste dépression centrale, l'Ile-de-France. Le cœur de ce cœur est Paris et ses artères sont la Marne et la Seine qui apportent à la capitale et en remportent le flux vital de la nation.

Les champs les plus fertiles de la fertile France entourent Paris; au sud, les jardins de la vallée de la Loire; à l'est et au sud-est, les vignobles vert et or de la Champagne et de la Bourgogne; au sud-ouest, la glèbe noire des champs de blé de la Beauce, un sol aussi riche que celui des grandes plaines d'Amérique; à l'ouest, les vertes rondeurs des pâturages de Normandie, constellées de coquelicots rouge vif, de lumineux plants de moutarde et de pommiers aux fleurs blanches et roses.

Extrait de Ainsi va la France *de David Schoenbrun,*
traduit de l'américain par Patricia Davenport.
René Julliard, éditeur, Paris.

médiévaux: la plupart des châteaux de la Loire datent de la Renaissance
lumières invisibles: des projecteurs illuminent la façade des châteaux

Questions
1. Comment s'appelait la France au temps de Jules César?
2. Pourquoi beaucoup d'envahisseurs sont-ils restés en France?
3. Comment les soldats romains ont-ils parodié leur général?
4. Quelle forme géométrique a la France?

5. Montrez la variété du paysage français en comparant la France aux États-Unis.
6. Montrez cette variété en décrivant ce qu'on peut faire en un jour.
7. Quel fleuve relie le Jura à Marseille?
8. Que transporte la Garonne?
9. Expliquez: La France tout entière est un théâtre.
10. Où se trouvent les champs les plus fertiles de France?

Dialogue N° 2

Monsieur Martin vient de toucher un gros lot à la Loterie nationale.

Elle: — Tu veux t'acheter une voiture? Bon. Et après, où irons-nous? En Hollande? Nous pourrions rendre visite à ton ami d'Amsterdam.

Lui: — Je ne sais pas, moi. Ça ne me dit pas grand-chose, la Hollande. De toute façon, je n'aime pas leur fromage. Parle-moi d'un camembert ou d'un brie*!

Elle: — Tu es drôle, toi. Quand tu fais des projets de voyage, tu ne penses qu'à la nourriture. Et l'Allemagne? Qu'en dis-tu?

Lui: — Mais tu n'y penses pas! Tu oublies que mon père a été fait prisonnier par les Boches* en '40. Je sais que la mode est à la fraternisation, mais moi je n'en suis pas encore là. Allons en Suisse plutôt.

Elle: — Je déteste les montagnes. Tu n'aimes pas leur fromage, d'ailleurs.

Lui: — Très juste! Alors, l'Italie? Les trésors de la Renaissance, la baie de Naples! Tu penses à autre chose?

Elle: — Moi, c'est l'Espagne qui m'attire. On peut tout y acheter moitié prix.

Lui: — Tu ne vas pas me dire que tu as l'intention d'aller faire tes achats à Madrid?

Elle: — Où aller alors? (*Pensive*) Ah! Ça y est, j'ai trouvé!

Lui: — Puis-je savoir comment s'appelle cette merveille?

Elle: — C'est la France, tout bonnement.

Lui: — C'est vrai! Où avais-je donc la tête? Eh bien, nous ferons le Tour de France.

Elle: — D'abord, nous visiterons les Châteaux de la Loire.

Lui: — Excellente idée! Je connais près de Tours un restaurant à deux étoiles*. Puis, nous irons manger de la bouillabaisse* à Marseille.

Elle: — Tu ferais mieux de t'arrêter en route pour faire une cure à Vichy*.

Lui: — Et pour finir en beauté, nous irons perdre nos millions au Casino de Monte Carlo.

brie: le camembert et le brie sont deux fromages français.
Boches: mot péjoratif désignant les Allemands
à deux étoiles: D'après le classement du Guide Michelin, les meilleurs restaurants de France ont trois étoiles; les très bons en ont deux.
bouillabaisse: soupe au poisson (spécialité culinaire provençale)
Vichy: célèbre ville d'eau

Elle: — Tu sais, quand il ne nous restera plus rien, nous pourrons toujours aller dans notre maison de campagne à Trifouillis-les-Oies*.

Lui: — Diable! Je l'avais complètement oubliée, cette maison. Et si on y allait tout de suite?

Trifouillis-les-Oies: village imaginaire symbolisant la campagne dans ce qu'elle a de plus arriéré

Exercices

Répondez sur le modèle indiqué.

I. C'est un beau fleuve.
   Réponse: C'est le plus beau fleuve de France.

   1. C'est un long fleuve.
   2. C'est une haute montagne.
   3. C'est une vaste vallée.
   4. C'est un petit village.
   5. C'est un grand port.
   6. C'est une jolie ville.
   7. C'est une belle province.
   8. C'est un vieux massif.

II. Ce sont des champs fertiles.
   Réponse: Ce sont les champs les plus fertiles de France.

   1. Ce sont des champs verts.
   2. Ce sont des champs variés.
   3. Ce sont des champs sauvages.
   4. Ce sont des champs riches.
   5. Ce sont des champs fleuris.
   6. Ce sont des champs remarquables.

III. L'Irlande est verte. Et la France?
   Réponse: La France est aussi verte que l'Irlande.

   1. Les Alpes sont sauvages. Et les Pyrénées?
   2. Ce massif est haut. Et le Massif central?
   3. L'Alsace est fertile. Et la Beauce?
   4. L'Alsace est belle. Et la Touraine?
   5. La Californie est chaude. Et le Sud de la France?
   6. Les États-Unis sont variés. Et la France?
   7. Les terres hautes sont nombreuses. Et les terres basses?
   8. Le camembert est bon. Et le brie?

IV. Le climat de la France est varié. Celui des États-Unis aussi.
   Réponse: Le climat de la France est aussi varié que celui des États-Unis.

   1. Le sol de la Beauce est riche. Celui des plaines d'Amérique aussi.
   2. Les villages de Bretagne sont pittoresques. Ceux du Maine aussi.

3. Les pâturages de Normandie sont verts. Ceux du Wisconsin aussi.
4. Les vallées de France sont fertiles. Celles des États-Unis aussi.
5. Ces sommets sont hauts. Ceux du Massif central aussi.
6. La géographie de la France est variée. Celle de l'Amérique aussi.
7. Les paysages de France sont beaux. Ceux des autre pays aussi.
8. Les côtes de Bretagne sont sauvages. Celles du Maine aussi.

V. Elle est très haute? *Réponse:* Elle est de hauteur moyenne.

1. Elle est très grande?
2. Elle est très large?
3. Elle est très épaisse?
4. Elle est très mince?
5. Elle est très grosse?
6. Elle est très longue?
7. Elle est très lente?
8. Elle est très tiède?

VI. On se sent chez soi en France? *Réponse:* Oui, on s'y sent chez soi.

1. On se plaît en France?
2. On se retrouve à Marseille?
3. On s'arrête à Tours?
4. On se ruine à Monte Carlo?
5. On se baigne dans la mer?
6. On s'amuse sur la plage?
7. On se promène à Vichy?
8. On s'intéresse au projet?

VII. Nous irons plus tard. *Réponse:* Et si on allait tout de suite?

1. Nous mangerons plus tard.
2. Nous traverserons plus tard.
3. Nous visiterons plus tard.
4. Nous téléphonerons plus tard.
5. Nous voyagerons plus tard.
6. Nous chanterons plus tard.
7. Nous fermerons plus tard.
8. Nous nagerons plus tard.
9. Nous retournerons plus tard.
10. Nous regarderons plus tard.

VIII. Je m'arrête maintenant? *Réponse:* Oui, tu ferais mieux de t'arrêter.

1. Je me lave maintenant?
2. Je me baigne maintenant?
3. Je me lève maintenant?
4. Je me couche maintenant?
5. Je me prépare maintenant?
6. Je me retourne maintenant?
7. Je me change maintenant?
8. Je me repose maintenant?
9. Je me promène maintenant?
10. Je me cache maintenant?

IX. Je m'arrête maintenant? *Réponse:* Oui, vous feriez mieux de vous arrêter.

1. Je m'embarque maintenant?
2. Je m'habille maintenant?
3. Je m'installe maintenant?
4. Je me montre maintenant?
5. Je me prépare maintenant?
6. Je me présente maintenant?
7. Je me retire maintenant?
8. Je me sers maintenant?
9. Je m'approche maintenant?
10. Je m'assieds maintenant?

Le Pays de France

X. On s'arrête? *Réponse:* Oui, nous ferions mieux de nous arrêter.
 1. On se sépare?
 2. On se revoit?
 3. On se retrouve?
 4. On se téléphone?
 5. On se cache?
 6. On se promène?
 7. On se lève?
 8. On se dépêche?
 9. On s'explique?
 10. On s'écrit?

XI. Dessinez une carte de la France avec les montagnes, les plaines, les rivières et les principales villes.

L'Importance du Passé

«La nation, comme l'individu, est l'aboutissement d'un long passé d'efforts, de sacrifices et de dévouements.»

Ernest Renan (1823–1892)

A côté de la France, les États-Unis sont un pays essentiellement jeune et résolument tourné vers l'avenir. Les Français ne manquent ni de dynamisme ni de vitalité, mais ils ont le sentiment que le passé est aussi important que le présent et l'avenir. On peut dire qu'ils marchent vers l'avenir à reculons, les yeux fixés sur le passé. Comment en serait-il autrement dans un pays aussi vieux? A chaque pas, on découvre les témoins des siècles passés: vestiges gallo-romains, forteresses, châteaux, monuments, églises, vieilles demeures. Toutes ces pierres, de même que les noms des rues et des stations de métro, racontent journellement une histoire aussi mouvementée que glorieuse.

Les Français sont fiers de cette histoire; ils sont imprégnés du sentiment de la continuité de la nation française à travers les siècles. Ils ont l'impression d'être les maillons d'une longue chaîne qui relie les Gaulois aux générations d'aujourd'hui et de demain. Dès l'école, ils acquièrent le sens de la continuité historique en apprenant par cœur les dates et les événements les plus marquants de l'histoire de France. Leurs maîtres leur disent à peu près ceci:

L'histoire de France montre la naissance et la lente croissance d'un corps et d'une âme devenus par la suite la nation française, «une et indivisible.» Deux dangers risquaient de compromettre la réalisation du projet France. L'un, extérieur, était dû à la situation géographique. Le pays étant situé à l'extrémité du continent européen, il devenait le rendez-vous naturel, le point de convergence de nombreux peuples. D'où les invasions successives des Romains, des Barbares, des Huns, des Scandinaves, des Arabes. L'autre, intérieur, provenait de la grande diversité de ses éléments: la présence de plusieurs races et le morcellement du pays.

L'unité française n'a pu se faire qu'après de longs siècles de lutte contre ces deux dangers.

Cette unité est l'œuvre de l'homme agissant sur les événements. Au commencement, elle est une idée, un projet: elle devient peu à peu une âme, une conscience nationale. Le centre de cette lutte est Paris. De là, quarante rois établissent progressivement leur domination sur tout le territoire. Royauté pitoyable au début, monarchie absolue au XVIIe et XVIIIe siècles. Le roi agrandit son royaume de plusieurs façons: en faisant la guerre, en soutenant l'Église catholique, en rendant la justice et en devenant ainsi un arbitre entre des factions rivales, en accordant des privilèges en échange de terres, par le jeu des alliances (mariages, traités, chartes...). Comme le pouvoir royal est héréditaire, tous ces gains s'accumulent au cours des années. En même temps l'administration royale, repré-

— *Tu sais ce que c'est... On était avec des copains...*
On s'est dit: Tiens... si on prenait la Bastille!...

sentée par les baillis d'abord et par les intendants ensuite, étend patiemment sa domination, comme une araignée sa toile. Une fois que la Révolution de 1789 aura mis fin à la monarchie absolue et installé les classes bourgeoises au pouvoir, cette administration sera renforcée grâce à la disparition des provinces trop particularistes.

Quelques dates importantes:

58 av. J.C.: Conquête de la Gaule par les Romains. Jules César vainc le chef des Gaulois, Vercingétorix. Celui-ci symbolise la bravoure, mais aussi la défaite, car il n'a pas réussi à unifier les tribus gauloises qui étaient trop anarchiques.

Du Ier au IVe siècle: Romanisation qui marque profondément le pays.

IIe siècle: Début de la christianisation.

Ve siècle: Invasions barbares.

486: Clovis, roi des Francs, bat les Alamans à Tolbiac. Après sa victoire, il se convertit au christianisme. L'idée de la nation française est née.

987: Hugues Capet fonde la dynastie des Capétiens. Le pouvoir royal a été longtemps limité par la féodalité. Sous le régime féodal, les Français obéissent au seigneur et non au roi. En théorie, le vassal est le sujet du roi, son suzerain, mais en réalité, les seigneurs sont complètement indépendants. Il n'y a pas une Francie à ce moment-là, mais cinquante Francies. Avec Hugues Capet commencent l'agrandissement territorial et le développement de la puissance royale.

1214: Victoire de Bouvines. Philippe Auguste démontre la puissance de la monarchie capétienne sur ses vassaux coalisés avec l'empereur d'Allemagne. Création des baillis et prévôts pour rendre la justice au nom du roi.

1226–1270: Règne de Saint Louis. Un des plus célèbres rois de France à cause de sa piété et de son rôle de justicier. On aime le représenter assis sous un chêne, en train de rendre la justice.

1337–1453: Guerre de Cent Ans, entre la France et l'Angleterre. Juste au moment où la France va devenir anglaise, apparaît Jeanne d'Arc (1412–1431). Elle n'est qu'une humble Lorraine, née à Domrémy, mais elle délivre Orléans, fait sacrer le roi de France à Reims; elle est livrée aux Anglais et brûlée vive en 1431. C'est la plus grande et la plus pure des héroïnes françaises, personnification du patriotisme national et de la foi religieuse. Après sa mort, les Anglais sont repoussés jusqu'à Calais (1453).

1461–1483: Règne de Louis XI. Grâce à ce roi impopulaire mais tenace et travailleur, les provinces suivantes sont rattachées à la France: la Bourgogne, l'Artois, la Franche-Comté, la Provence, l'Anjou, le Maine.

1598: Proclamation de l'Édit de Nantes. C'est par cet édit que le bon roi Henri IV met fin aux guerres de religion qui ensanglantent le pays. Pour régner à Paris, il se convertit à la religion catholique.

1610–1643: Règne de Louis XIII. Richelieu devient son ministre en 1624. Son but est triple: la ruine politique des protestants français, l'abaissement des grands seigneurs et celui de la menaçante Maison d'Autriche. Créateur de l'absolutisme royal.

1643–1715: Règne de Louis XIV, le Roi-Soleil, monarque absolu de droit divin. Sous son règne, la France est à la tête de l'Europe au point de vue politique, économique et culturel.

1789: La Révolution française met fin à l'Ancien Régime. Abolition des privilèges de la Noblesse et du Clergé. Proclamation de la République et des Droits de l'homme: Liberté, Égalité, Fraternité. Importance capitale de cette révolution avec laquelle commence l'ère des gouvernements démocratiques dans le monde et qui fait de la France le champion des droits de l'individu. Les vieilles provinces sont remplacées par les départements. Adoption du système métrique et création des grandes écoles.

1799–1815: Bonaparte, d'abord consul, rétablit la monarchie absolue en devenant empereur sous le nom de Napoléon Ier le Grand. Célèbre pour son génie militaire, il travaille également à unifier la nation par la centralisation du gouvernement et par la création du Code civil, de la Légion d'honneur, de la Banque de France et de l'Université.

1815–1830: Restauration des Bourbons: Louis XVIII et Charles X.

1830–1848: Monarchie de Juillet. Louis-Philippe Ier.

1848–1851: IIe République.

1852–1870: Second Empire. Napoléon III. Prospérité matérielle.

1870: Guerre franco-allemande: la France est vaincue.

1870–1940: IIIe République.

1914–1918: Première guerre mondiale. Victoire chèrement payée.

1919–1939: L'entre-deux-guerres: période de crises financières et d'instabilité gouvernementale.

1939–1945: Deuxième guerre mondiale. Le maréchal Pétain devient le chef de l'État français après la défaite de 1940 pendant qu'à Londres le général de Gaulle lance son fameux appel. «La France a perdu une bataille, la France n'a pas perdu la guerre,» disait-il en substance. Une des périodes les plus noires de l'histoire de France à cause des difficultés matérielles et de la crise morale succédant à la défaite.

1945–1958: IVe République: grande instabilité ministérielle. L'Union française, composée des anciennes colonies, se désagrège. Perte de l'Indochine en 1954; la Tunisie et le Maroc deviennent indépendants en 1956.

1958: Proclamation de la Ve République. Le général de Gaulle devient le premier Président de la République en 1959.

1962: Fin de la guerre d'Algérie.

Questions

1. Pourquoi le passé est-il si important aux yeux des Français?
2. De quel sentiment sont-ils imprégnés?
3. Quels dangers menaçaient la formation de l'unité française?
4. Comparez la monarchie des temps féodaux à celle du XVIIe siècle?
5. Pourquoi Vercingétorix a-t-il été vaincu?
6. Qu'est-ce que le régime féodal?
7. **Pourquoi Saint Louis est-il si célèbre?**

8. Pourquoi Jeanne d'Arc est-elle devenue la patronne de la France?
9. Quel roi personnifie la monarchie absolue?
10. Napoléon a-t-il seulement été un génie militaire?
11. Que savez-vous du général de Gaulle?

La Grandeur de la France

Dans le premier chapitre de ses Mémoires de guerre, le Général de Gaulle expose l'idée qu'il se fait de la France.

Toute ma vie, je me suis fait une certaine idée de la France. Le sentiment me l'inspire aussi bien que la raison. Ce qu'il y a, en moi, d'affectif imagine naturellement la France, telle la princesse des contes ou la madone aux fresques des murs, comme vouée à une destinée éminente et exceptionnelle. J'ai d'instinct l'impression que la Providence l'a créée pour des succès achevés ou des malheurs exemplaires. S'il advient que la médiocrité marque, pourtant, ses faits et gestes, j'en éprouve la sensation d'une absurde anomalie, imputable aux fautes des Français, non au génie de la patrie. Mais aussi, le côté positif de mon esprit me convainc que la France n'est réellement elle-même qu'au premier rang; que, seules, de vastes entreprises sont susceptibles de compenser les ferments de dispersion que son peuple porte en lui-même; que notre pays, tel qu'il est, parmi les autres, tels qu'ils sont, doit, sous peine de danger mortel, viser haut et se tenir droit. Bref, à mon sens, la France ne peut être la France sans la grandeur.

Cette foi a grandi en même temps que moi dans le milieu où je suis né. Mon père, homme de pensée, de culture, de tradition, était imprégné du sentiment de la dignité de la France. Il m'en a découvert l'Histoire. Ma mère portait à la patrie une passion intransigeante à l'égal de sa piété religieuse. Mes trois frères, ma sœur, moi-même, avions pour seconde nature une certaine fierté anxieuse au sujet de notre pays. Petit Lillois* de Paris, rien ne me frappait davantage que les symboles de nos gloires: nuit descendant sur Notre-Dame, majesté du soir à Versailles*, Arc de Triomphe dans le soleil, drapeaux conquis frissonnant à la voûte des Invalides*. Rien ne me faisait plus d'effet que la manifestation de nos réussites nationales: enthousiasme du peuple au passage du Tsar de Russie*, revue de Longchamp*, merveilles de l'Exposition*, premiers vols de nos aviateurs. Rien ne m'attristait plus profondément que nos faiblesses

Lillois: Charles de Gaulle est né à Lille.
Versailles: le Château de Versailles était la résidence des rois de France.
Invalides: édifice construit pour honorer les héros nationaux. Le tombeau de Napoléon se trouve sous le dôme.
Tsar de Russie: Alexandre III de Russie vint à Paris pour célébrer l'alliance franco-russe (1893).
Longchamp: célèbre champ de courses dans le Bois de Boulogne à Paris
Exposition: par exemple, l'Exposition universelle de 1889 pour laquelle l'ingénieur **Eiffel construisit sa tour**

et nos erreurs révélées à mon enfance par les visages et les propos: abandon de Fachoda*, affaire Dreyfus*, conflits sociaux, discordes religieuses. Rien ne m'émouvait autant que le récit de nos malheurs passés: rappel par mon père de la vaine sortie du Bourget et de Stains*, où il avait été blessé; évocation par ma mère de son désespoir de petite fille à la vue de ses parents en larmes: «Bazaine* a capitulé!»

Extrait de L'Appel, *de Charles de Gaulle,*
Librairie Plon, Paris.

Fachoda: ville sur le Nil, au Soudan, d'abord occupée par les Français puis abandonnée aux Anglais (1898)
Dreyfus: officier français accusé injustement de trahison. Cette affaire divisa la France en deux camps (1894–1906).
Le Bourget et Stains: agglomérations situées dans la banlieue parisienne
Bazaine: maréchal français qui capitula devant les Prussiens en 1870

Questions

1. Sur quoi le général de Gaulle fonde-t-il son idée de la France?
2. A quoi attribue-t-il les malheurs de la France?
3. Expliquez: la France ne peut être la France sans la grandeur.
4. Où a grandi la foi du général de Gaulle?
5. Quels sont les symboles des gloires françaises?
6. Énumérez quelques erreurs et faiblesses françaises.

Dialogue N° 3

Dans un jardin public, deux vétérans de la guerre de 1914–1918 se chauffent au soleil en évoquant de vieux souvenirs.

Le père Poilu: — Ça chauffe aujourd'hui.
Le père Bontemps: — Ça chauffe même un peu trop. Tu ne trouves pas?
Le père Poilu: — Non. Ma vieille blessure de guerre s'en trouve bien, au contraire. Toi, avec ta jambe de bois, tu ne sens rien.
Le père Bontemps: — Non, je ne sens rien mais ce n'est pas gai. Quand je pense que ça fait presque cinquante ans que je la traîne derrière moi...
Le père Poilu: — Hé oui! On se fait vieux, quoi. On n'est pas oubliés, mais c'est tout comme.
Le père Bontemps: — On appartient à l'époque préhistorique, quoi! Quand je parle à mes petits-enfants des taxis de la Marne*, ils ne comprennent pas.
Le père Poilu: — Les miens me demandent parfois pourquoi nous ne lancions pas des fusées contre l'ennemi. Tu te rends compte! Quelle jeunesse! Pauvre France!

taxis de la Marne: épisode de la guerre de 1914–1918. Pour arrêter les troupes allemandes, il fallait transporter d'urgence des renforts: c'est ce qu'on a fait en réquisitionnant des taxis.

Le père Bontemps: — On n'a pas besoin d'être très courageux pour appuyer sur le bouton qui fait partir ces satanés engins modernes. Nous, on chargeait à la baïonnette. Il ne fallait pas avoir froid aux yeux. C'est comme ça qu'on sauvait le pays et l'humanité tout entière.
Le père Poilu: — Et puis, on nous fêtait, on nous embrassait. Tu te rappelles?
Le père Bontemps: — Si je me rappelle! C'était le bon vieux temps. Grosdidier était avec moi le jour de l'Armistice et si tu savais ce qu'on a pu boire ce jour-là!
Le père Poilu: — A propos, où est Grosdidier? Ça fait trois semaines que je ne l'ai pas vu.
Le père Bontemps: — Tu ne savais pas? Il est mort la semaine passée.
Le père Poilu: — Le pauvre! C'était un vrai brave, lui, un homme comme on n'en fait plus aujourd'hui.
Le père Bontemps: — Si on allait prendre quelque chose? Ça nous changera les idées.

Exercices

Répondez sur le modèle indiqué.

I. Depuis combien de temps traînes-tu ta jambe? 50 ans?
Réponse: Oui, ça fait presque 50 ans que je traîne ma jambe.

1. Depuis combien de temps souffres-tu de tes blessures? 50 ans?
2. Depuis combien de temps marches-tu avec une canne? 50 ans?
3. Depuis combien de temps te sers-tu d'une canne? 50 ans?
4. Depuis combien de temps habites-tu ici? 40 ans?
5. Depuis combien de temps travailles-tu ici? 40 ans?
6. Depuis combien de temps connais-tu Grosdidier? 60 ans?
7. Depuis combien de temps te promènes-tu? Une heure?
8. Depuis combien de temps te chauffes-tu? Une heure?
9. Depuis combien de temps viens-tu dans ce parc? 20 ans?
10. Depuis combien de temps penses-tu à ce projet? Une semaine?

II. Tu vois toujours Grosdidier?
Réponse: Ça fait trois semaines que je n'ai pas vu Grosdidier.

1. Tu lis toujours le journal?
2. Tu écoutes toujours la radio?
3. Tu regardes toujours la télévision?
4. Tu te promènes toujours?
5. Tu t'arrêtes toujours ici?
6. Tu te reposes toujours?
7. Tu fumes toujours?
8. Tu bois toujours?
9. Tu travailles toujours?
10. Tu vas toujours au café?

L'Importance du passé

III. On ne nous fête plus aujourd'hui. *Réponse:* On nous fêtait autrefois.

1. On ne nous connaît plus aujourd'hui.
2. On ne nous comprend plus aujourd'hui.
3. On ne nous craint plus aujourd'hui.
4. On ne nous écrit plus aujourd'hui.
5. On ne nous attend plus aujourd'hui.
6. On ne nous plaint plus aujourd'hui.
7. On ne nous reçoit plus aujourd'hui.
8. On ne nous sert plus aujourd'hui.
9. On ne nous sourit plus aujourd'hui.
10. On ne nous applaudit plus aujourd'hui.
11. On ne nous voit plus aujourd'hui.
12. On ne nous entend plus aujourd'hui.

IV. Grosdidier va mourir? *Réponse:* Il est mort la semaine passée.

1. Le prince va mourir?
2. Le bébé va naître?
3. Le seigneur va venir?
4. La princesse va arriver?
5. Les généraux vont partir?
6. Les soldats vont descendre?
7. L'empereur va revenir?
8. Le consul va devenir empereur?
9. Les soldats vont aller en Afrique?
10. Le roi va monter sur le trône?

V. La Providence a créé la France? *Réponse:* Oui, elle l'a créée.

1. Il a éprouvé cette sensation?
2. Le sentiment a inspiré cette idée?
3. Les frères ont eu cette fierté?
4. Les visages ont révélé l'erreur?
5. L'Allemagne avait vaincu la France?
6. La France a perdu la bataille?
7. Napoléon a réformé l'administration?
8. Les Anglais ont brûlé Jeanne d'Arc?
9. Les Français ont repoussé l'attaque?
10. Le roi a étendu sa domination?

VI. Il a soumis la ville? *Réponse:* Oui, il l'a soumise.

1. Ils ont mis la baïonnette?
2. On a surpris l'armée?
3. On a pris la ville?
4. On a conquis la ville?
5. On a soumis la ville?
6. Il a appris la nouvelle?
7. Il a admis sa faute?
8. Il a compris la faute?
9. Il a promis la victoire?
10. Il a commis la faute?

VII. Il a offert la liberté? *Réponse:* Oui, il l'a offerte.

1. Il a ouvert la porte de la ville?
2. Il a détruit la ville?
3. Il a conduit l'armée?
4. Il a dit cette parole?
5. Il a écrit cette lettre?
6. Il a rejoint l'armée?
7. Il a plaint la France?
8. Il a découvert l'erreur?
9. Il a fait la guerre?
10. Il a introduit la réforme?

La France actuelle

VIII. Cela vous frappait? *Réponse:* Rien ne me frappait davantage.

1. Cela vous convainquait?
2. Cela vous blessait?
3. Cela vous grandissait?
4. Cela vous décourageait?
5. Cela vous soutenait?
6. Cela vous réjouissait?
7. Cela vous plaisait?
8. Cela vous faisait souffrir?

IX. Cela vous émouvait? *Réponse:* Rien ne m'émouvait davantage.

1. Cela vous attristait?
2. Cela vous inspirait?
3. Cela vous intéressait?
4. Cela vous inquiétait?
5. Cela vous offensait?
6. Cela vous exaltait?
7. Cela vous abaissait?
8. Cela vous irritait?

X. Pour renforcer son autorité, le roi fait la guerre.
Réponse: Le roi renforce son autorité en faisant la guerre.

Pour renforcer son autorité,
1. le roi se convertit.
2. le roi devient l'arbitre des seigneurs.
3. le roi rend la justice.
4. le roi soutient l'Église.
5. le roi combat ses ennemis.
6. le roi vainc ses ennemis.
7. le roi soumet les seigneurs.
8. le roi détruit ses ennemis.
9. le roi établit des baillis.
10. le roi accorde des privilèges.

XI. Ce sont mes enfants. *Réponse:* Ce sont les miens.

1. Ce sont ses parents.
2. Ce sont nos bons amis.
3. Ce sont leurs professeurs.
4. C'est son mari.
5. C'est sa fille.
6. C'est ton pays.
7. C'est ma jambe.
8. C'est votre ville.
9. C'est leur patrie.
10. Ce sont ses vieilles blessures.
11. C'est leur grand ami.
12. C'est mon château.
13. C'est notre ville.
14. C'est ta baïonnette.
15. Ce sont tes grands-parents.
16. C'est notre roi.
17. Ce sont vos grands succès.
18. C'est ton seigneur.
19. C'est sa victoire.
20. Ce sont nos triomphes.

La Vie économique

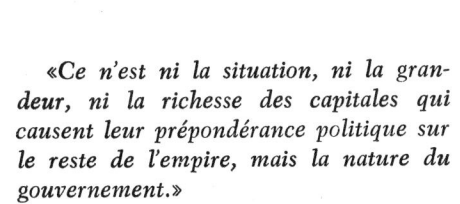

« Ce n'est ni la situation, ni la grandeur, ni la richesse des capitales qui causent leur prépondérance politique sur le reste de l'empire, mais la nature du gouvernement. »

Alexis de Tocqueville (1805–1859)

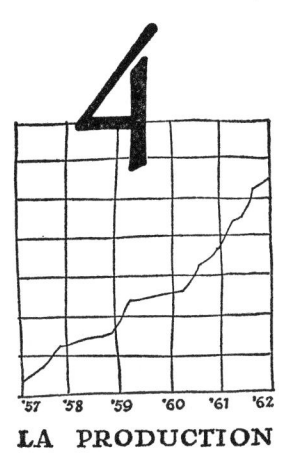

LA PRODUCTION

Beaucoup d'Américains croient que la France est un pays essentiellement agricole et arriéré au point de vue économique. On vante bien ses articles de luxe, ses robes, ses cognacs et ses vins, comme on vante le charme désuet de ses petits villages tranquilles. Or la France des années 1960 est en pleine révolution industrielle. Il suffit de visiter la Lorraine pour comprendre pourquoi on commence à appeler cette région le Texas français ou la nouvelle Ruhr. Que ce soit en Lorraine ou ailleurs, on assiste à une activité fébrile: de nouvelles usines surgissent du sol, les affaires sont florissantes, tout se modernise... même les hôtels, ajoutent les touristes.

Le progrès actuel est d'autant plus remarquable que la France n'a pas beaucoup de matières premières. Elle a assez de minerai de fer et de bauxite, mais elle doit importer du charbon (malgré ses gisements importants en Lorraine et dans le Nord) du coton, de la laine, du jute, du caoutchouc, du plomb, du zinc, etc. Quant au pétrole, elle en a un peu sur son propre territoire et elle commence à exploiter les énormes champs pétrolifères du Sahara. Mais le manque de matières premières ne constitue pas un véritable handicap puisque c'est surtout la transformation en produits finis qui enrichit un pays. Il ne faut pas oublier non plus que la France a été en guerre de 1939 à 1962: deuxième guerre mondiale, puis la guerre en Indochine et en Algérie. Ces guerres ont porté de rudes coups à l'économie du pays. Pendant ce temps, d'autres nations pouvaient s'industrialiser rapidement.

Mais ce qui a longtemps étouffé l'économie française et ce qui l'étouffe encore aujourd'hui dans certains secteurs, c'est le poids du passé. Il est beaucoup plus facile d'industrialiser et de moderniser un pays jeune qu'un pays comme la France où l'on sent la résistance de vieilles habitudes et traditions. C'est ce qui explique l'existence de structures sclérosées et de nombreuses contradictions et anomalies. La France est résolument tournée vers l'avenir mais une petite minorité influente continue de penser avec nostalgie à la France préindustrielle. Ceux qui en font partie refusent de voir grand; ils se méfient des nouvelles machines qui, selon eux, vont faire de l'homme un esclave; ils ne veulent pas adopter les nouvelles techniques qui bouleverseraient leurs vieilles façons de faire et les traditions séculaires; plutôt que d'investir des capitaux pour moderniser l'équipement, pour produire en série, ils préfèrent produire un nombre limité d'articles de très bonne qualité qu'ils seront sûrs de vendre, même si les prix en sont élevés.

Il faut signaler ici l'existence de nombreux groupes de pression. Pour ne citer que les plus connus: les betteraviers et les bouilleurs de cru qui produisent de l'alcool. Ou encore les Halles de Paris, dont les mandataires ont pu être comparés à des seigneurs féodaux. L'exemple suivant montre leur toute-puissance, de même que la sclérose de certains circuits de distribution.

Un producteur de la vallée du Rhône vend des poires à raison de 50 centimes le kilo. Arrivées à Paris, elles coûtent entre 0 fr. 80 et 1 fr. 20. A Strasbourg, 1 fr. 80. Suivons les opérations. A Avignon, l'expéditeur envoie les poires à Paris par le train. Là, le grossiste décharge le wagon et met les poires dans son camion, pour les décharger ensuite aux Halles et les vendre à un grossiste de Strasbourg. Les poires sont rechargées dans un camion, puis expédiées par le train à Strasbourg. Il en résulte une grosse perte de temps et de travail. Les prix sont élevés à cause de ces nombreuses manipulations et des intermédiaires qui ont des marges de bénéfice exagérées.

Une autre survivance du passé est la conception artisanale du travail. Sur 900 000 établissements industriels, près de la moitié n'occupent qu'une personne. 30 seulement occupent plus de 5 000 ouvriers. Le fait que les patrons soient presque aussi nombreux que les employés ne devrait pas surprendre dans le pays de l'individualisme. Le Français est artisan dans l'âme; c'est dans l'indépendance qu'il trouve le cadre idéal pour faire son ouvrage avec amour. Malheureusement, c'est aussi à cause de cet esprit d'indépendance qu'on trouve, par exemple, plus de mille modèles différents de robinets et que six corps de métier sont nécessaires pour installer un lavabo. D'où les prix élevés et la lenteur des travaux.

Cependant les lois de l'économie rationnelle obligent le petit patron à s'associer avec d'autres pour fonder des établissements où la production en série permettra d'augmenter les salaires et de diminuer les prix. Si l'économie française de nos jours est si florissante, c'est que la concentration des entreprises est très forte dans les grands secteurs de la production nationale. En effet, 98% de la production pétrolière sont assurés par 13 entreprises; 97% de la production sidérurgique sont assurés par 11 entreprises; 85% de la production automobile sont assurés par 3 entreprises. En 1955, plus de 41% du chiffre d'affaires dans l'industrie et le commerce ont été réalisés par 0,15% des entreprises, ce qui montre bien l'ampleur du mouvement de concentration.

L'Intervention de l'État

Située entre les États-Unis et la Russie, la France n'a choisi ni le régime capitaliste ni le régime socialiste, mais un mélange des deux. La propriété reste privée, l'initiative personnelle est libre, mais l'intervention de l'État est devenue nécessaire après la guerre de 1939–1945. Voici, à titre d'exemple, quelques secteurs de l'économie qui sont dirigés par l'État: Électricité de France (construction de barrages hydro-électriques, de centrales thermiques, distribution du courant), Gaz de France, Charbonnages (extraction et industrie du charbon), Régie Renault (production automobile), P.T.T. (Postes, Télégraphe, Téléphone), Banque de France et autres banques nationalisées, Air France, plusieurs sociétés de constructions aéronautiques, S.N.C.F. (Société Nationale de Chemins de Fer Français), Compagnie Générale Transatlantique, Radiodiffusion et Télévision françaises, Manufacture du tabac, etc.

De cette sorte, l'État emploie 1/5e des salariés français. C'est lui qui fournit toute l'énergie, sauf celle du pétrole, et qui dispose des transports (la route et la navigation intérieure appartiennent aux secteurs privés). Ce rôle important est renforcé par l'intervention directe ou indirecte dans l'économie pour la développer au maximum. L'action de l'État est nécessaire quand il s'agit:

1. *d'investir:* investissements, subventions et prêts peuvent stimuler l'activité du pays.
2. *de moderniser:* la productivité, c'est-à-dire le volume de production par heure, peut seulement augmenter si l'on équipe les usines d'outils et de machines perfectionnés.
3. *d'orienter la production:* au lieu d'exporter son minerai de fer, il serait beaucoup plus avantageux de le transformer sur place en produits manufacturés, en machines-outils par exemple.
4. *de convertir de vieilles industries en industries modernes:* à Lyon par exemple, la production de fibres synthétiques est devenue beaucoup plus importante que celle de la soie.
5. *de décentraliser:* certaines régions, comme la Bretagne, sont économiquement faibles et doivent être stimulées par l'implantation d'industries. De la même façon, on peut décongestionner la région parisienne où l'ouvrier doit souvent faire un long trajet avant d'arriver à l'usine.
6. *d'exporter:* l'exportation peut être encouragée grâce à des avantages accordés aux exportateurs.
7. *de réaliser le Marché Commun.* La participation de la France à ce marché européen est d'une importance considérable: elle met fin au protectionnisme d'autrefois et force les producteurs à se moderniser afin de pouvoir concurrencer les prix des autres producteurs européens. Les conséquences en sont que le niveau de vie des Français augmente rapidement et qu'une mentalité «européenne» commence à se développer.

Grâce à l'action combinée de l'État et de chefs d'entreprises modernes, l'économie française est florissante actuellement, malgré le manque de matières premières et les retards entraînés par les guerres. La France a peut-être été pendant l'entre-deux-guerres une nation de cigales parmi des nations de fourmis: la voilà devenue fourmi à son tour. Pour le prouver et en guise de conclusion, voici quelques succès de la technique française:

— *Métallurgie:* train de laminage continu roulant à 90 km/heure.

— *Électronique:* machines à calculer les plus rapides du monde, images de télévision les plus nettes grâce à leur définition de 813 lignes, télescope électronique, microscope électronique.

— *Fibres synthétiques et matières plastiques.*

— *Produits chimiques:* 10% de la production mondiale de soufre.

— *Centrales électriques:* atomiques (Marcoule, etc.), hydro-électriques (Génissiat, Donzère-Mondragon, Kembs, etc.), marémotrice (à l'embouchure de la Rance, en Bretagne), thermique (celle de Carling, dans la Moselle, est une des plus puissantes de l'Europe).

— *Transports:* les trains les plus rapides du monde (les puissantes locomotives électriques françaises sont exportées dans tous les pays du monde), la qualité des autos, des téléphériques, des fameux avions à réaction Caravelle, des hélicoptères, du plus long paquebot du monde «France».

«La France n'est pas seulement habitée par des poètes, des peintres, et des pâtissiers. Les Français sont aussi habiles à préparer du ciment que de la pâte feuilletée, alors que les Anglais et les Allemands ont parfois tendance à confondre les deux opérations.» (David Schoenbrun)

Questions

1. Quels produits français vante-t-on surtout?
2. A quoi compare-t-on la Lorraine?
3. Qu'est-ce que la France doit importer?
4. Qu'est-ce qui étouffe certains secteurs?
5. Quels sont les principaux groupes de pression français?
6. Pourquoi les poires sont-elles si chères quand le consommateur les achète?
7. Combien de corps de métier sont nécessaires pour poser un lavabo?
8. Nommez quelques secteurs nationalisés.
9. Comment l'État intervient-il?
10. Quelles sont les conséquences du Marché Commun?
11. Quelles sortes de centrales électriques la France construit-elle?
12. Quels produits français se vendent aux États-Unis?

Une Usine transplantée

J'ai voulu aller voir sur place ce que sont les effets de tels changements et j'ai visité, à Annecy*, une usine tout entière transplantée: l'usine Gillette, qui fabrique des lames de rasoir. Cette usine, qui se

Annecy: ville située au bord d'un beau lac dans le nord des Alpes

La Vie économique

trouvait à Paris, éprouvait le besoin de s'agrandir. Quand elle en demanda l'autorisation, le ministre de la Reconstruction (alors Claudius Petit) suggéra: «Et pourquoi n'iriez-vous pas en province?» Il offrit le choix entre six villes, dont Annecy. Le charme de la Haute-Savoie rendit le transfert plus facile, car le personnel de maîtrise, qu'il fallait à tout prix convaincre, n'aurait pas accepté de suivre l'affaire dans une ville déplaisante. «Le cadre attire les cadres.»* Annecy avait ses montagnes, son lac, ses platanes, une population intelligente et active, une municipalité accueillante. Le maire dit: «Nous nous chargeons de la voirie si le MRL* construit vos logements.»

Le Ministère de la Reconstruction et du Logement accepta. Les dirigeants de Gillette ajoutèrent une subvention de seize millions et des logements attrayants furent construits. Quelques immeubles d'appartements et nombre de petits pavillons avec jardin. Quand les arbres auront poussé, cela fera un quartier agréable. Pendant que l'on construisait, à Annecy, l'usine nouvelle, l'usine de Paris continuait à tourner. Le déménagement se fit à la date fixée (le 7 mai 1953) et le travail ne fut pas arrêté un seul jour. Quatre-vingt-cinq personnes avaient accepté de quitter Paris: cadres, maîtrise et techniciens. Le reste du personnel a été recruté et formé sur place. Sur les quatre-vingt-cinq personnes déplacées, trois seulement ont demandé à repartir cependant que huit anciens, qui avaient d'abord refusé d'aller vivre à Annecy, ont demandé (et obtenu) de rejoindre.

J'étais là par un jour chaud et beau; je me suis assis dans leurs jardins, avec des employés, des ouvriers, leurs femmes, et je leur ai demandé leurs impressions.

— Au début, m'ont-ils dit, nous avons trouvé le déracinement assez pénible. Que voulez-vous? Nous avions à Paris nos familles, des amis. Ça ne se remplace pas en un mois... Mais, maintenant, ça va... D'abord, on met dix minutes pour aller de la maison à l'usine. Vous vous rendez compte? Ça fait deux heures de gagnées par jour... Nous prenons peu de temps pour déjeuner, de sorte que nous sommes libres à seize heures trente... Alors c'est la vie au grand air, le jardinage, le bricolage... Enfin je vois mes enfants qui, à Paris, grandissaient presque inconnus de moi, et ils se portent mieux qu'en ville... Vous ne serez pas étonné d'apprendre que, pour l'ensemble du personnel, il y a ici plus de mariages et de naissances qu'à Paris.

— Avez-vous, à Annecy, de meilleurs logements?

— La plupart d'entre nous, oui; mais les loyers sont plus élevés... A Paris, quelques-uns avaient des baux* anciens, dans de vieilles maisons à loyers incroyablement bas... Ici, c'est de quatre à quinze mille francs par mois... Mais la vie est transformée.

Puis j'ai interrogé le directeur:

— Pas de regrets?

le cadre attire les cadres: jeu de mots sur les deux sens de «cadre»
MRL: Ministère de la Reconstruction et du Logement
baux: pluriel de bail (lease)

— Loin de là. Nous travaillons mieux; nous sommes moins dérangés... Naturellement, il faut maintenir le contact avec Paris, mais c'est si facile... En prenant l'avion à Genève, nous sommes à Paris en une heure. On peut y aller du matin au soir. Avec les nouveaux moyens de transports, la province participe, quand elle le veut, à la vie de Paris... Et nous avons en plus tous les plaisirs locaux: la montagne, le ski, le lac, le golf.

— En somme, les avantages du transfert sont humains autant qu'économiques?

— Sans aucun doute, à la condition de bien choisir son point de chute.

Le brillant maire d'Annecy, que j'ai rencontré, se loue des industries nouvelles qui se sont installées chez lui; mais il estime que, si l'État veut continuer la décentralisation, il devra aider les municipalités auxquelles ces quartiers nouveaux imposent de grands frais et rapportent peu de recettes nouvelles.

Extrait de La France change de visage *d'André Maurois,*
Librairie Gallimard, Paris. Tous droits réservés.

Questions

1. Pourquoi le narrateur est-il allé à Annecy?
2. Que fabrique l'usine Gillette?
3. Pourquoi le transfert a-t-il été facile?
4. De quoi voulait se charger le maire?
5. Pourquoi le travail n'a-t-il pas été arrêté?
6. Pourquoi le déracinement a-t-il été pénible au début?
7. Combien de temps faut-il pour aller à l'usine?
8. Quelles sont les distractions du personnel?
9. Comparez les loyers à Paris et ceux à Annecy.
10. Comment le directeur va-t-il à Paris?
11. Le maire d'Annecy est-il satisfait?

Dialogue N° 4

Nous sommes au marché.

Un marchand: — Elles sont tigrées, mes bananes! Toutes tigrées! Regardez, ma petite dame! C'est pour rien!

Un autre marchand: — Mes derniers suisses sont à vous!

Un autre marchand: — Des occasions! Des affaires!

Mme *Bertrand:* — C'est combien, vos radis?

La marchande: — Cinquante centimes la botte.

Mme *Bertrand:* — C'est cher. Tout à l'heure, on m'en a offert à 40 centimes.

La marchande: — Mais regardez seulement mes radis. Ils sont frais, pas vrai? Tenez, croquez-moi celui-là. Vous m'en direz des nouvelles.

Mme Bertrand: — Bon. Je vous en prends deux bottes.
La marchande: — Voici, ma belle. Un coup d'œil à mes radis, mes petites dames! Par ici!
Mme Jourdan: — Hé bonjour, Madame Bertrand. Comment allez-vous?
Mme Bertrand: — Bonjour, Madame Jourdan. Ça va très bien, merci.
Mme Jourdan: — Vous avez la santé: c'est le principal!
Mme Bertrand: — Oui, Dieu merci. Alors, vous avez trouvé ce qu'il vous faut?
Mme Jourdan: — Oh! Tout est si cher! Les fruits, les légumes. Quant au prix du bifteck, n'en parlons pas. C'est scandaleux!
Mme Bertrand: — Il paraît que le lait va encore augmenter...
Mme Jourdan: — Et dire que mon mari me reproche toujours de trop dépenser. Les hommes ne se rendent vraiment pas compte!

Dix minutes plus tard, à la devanture d'un magasin de modes.

Mme Jourdan: — Qu'il est mignon, ce petit chapeau!
Mme Bertrand: — Vous avez vu le prix?
Mme Jourdan: — C'est exorbitant, c'est vrai. Mais on peut être sûr au moins que ce n'est pas de la camelote. Vous entrez avec moi? Mon mari sera furieux, mais pour une fois que je trouve un chapeau qui me plaît!

Exercices

Répondez sur le modèle indiqué.

I. La botte de radis coûte 50 centimes.
   Réponse: C'est cher, 50 centimes la botte!

   1. Le kilo de poires coûte 2 fr.
   2. La paire de chaussures coûte 40 fr.
   3. La bouteille de vin blanc coûte 1 fr. 50.
   4. La livre de pommes de terre coûte 25 centimes.
   5. La boîte de sardines coûte 1 fr.
   6. Le sac de charbon coûte 3 fr.
   7. La douzaine d'œufs coûte 2 fr. 80.
   8. Le mètre de soie coûte 50 fr.
   9. Le flacon de parfum coûte 50 fr.
   10. Le litre de lait coûte 60 centimes.

II. En un jour, je gagne deux heures.
    Réponse: C'est beaucoup, deux heures par jour.

   1. En une heure, je fais 100 km.
   2. En un mois, je gagne 5 000 fr.
   3. En un an, je gagne 60 000 fr.
   4. En un jour, je fume deux paquets de cigarettes.

5. En une semaine, je travaille 46 heures.
6. En un mois, je fais 25 heures supplémentaires.
7. En un trimestre, je fais 10 voyages.
8. En un semestre, je lis 20 livres.
9. En une minute, je peux vendre 10 bottes de radis.
10. En une heure, je peux boire deux bouteilles.

III. Elle a finalement accepté.
 Réponse: Hier, elle n'aurait pas accepté.

1. Elle a finalement refusé.
2. Elle a finalement compris.
3. Elle a finalement aidé.
4. Elle a finalement dit oui.
5. Elle a finalement gagné.
6. Elle a finalement perdu.
7. Elle a finalement participé.
8. Elle a finalement chanté.
9. Elle a finalement regardé.
10. Elle a finalement dormi.

IV. Pendant qu'on construit, l'usine continue à tourner.
 Réponse: Pendant qu'on construisait, l'usine continuait à tourner.

1. Pendant qu'on travaille, les enfants grandissent.
2. Pendant qu'on prépare le déménagement, les femmes pensent au ski.
3. Pendant qu'on agrandit l'usine, celle de Paris tourne toujours.
4. Pendant qu'on fait la guerre, les autres pays se modernisent.
5. Pendant qu'on installe l'usine, il faut travailler à Paris.
6. Pendant qu'on est à Annecy, on a sa famille à Paris.

V. Les arbres pousseront, puis ça fera un quartier agréable.
 Réponse: Quand les arbres auront poussé, ça fera un quartier agréable.

1. On convaincra le personnel, puis on produira plus.
2. On obtiendra la permission, puis on pourra transplanter l'usine.
3. On transplantera l'usine, puis on produira plus.
4. Le MRL construira des logements, puis on fera le déménagement.
5. On agrandira l'usine, puis la production augmentera.
6. L'usine sera transplantée, puis la production commencera.
7. Les enfants grandiront, puis ils se marieront.
8. Les poires seront rechargées, puis elles seront expédiées à Lyon.
9. Le grossiste mettra les poires dans un wagon, puis on les enverra à Paris.
10. Il vendra les poires, puis il en achètera d'autres.

VI. C'est satisfaisant si on choisit bien son point de chute.
 Réponse: C'est satisfaisant à la condition de bien choisir son point de chute.

1. C'est satisfaisant si on maintient le contact avec Paris.
2. C'est satisfaisant si on construit plus.
3. C'est satisfaisant si on produit plus.
4. C'est satisfaisant si on va dans un endroit agréable.

5. C'est satisfaisant si on vit à Annecy.
6. C'est satisfaisant si on obtient l'aide du Gouvernement.
7. C'est satisfaisant si on suit l'affaire.
8. C'est satisfaisant si on offre le choix.
9. C'est satisfaisant si on convainc le personnel.
10. C'est satisfaisant si on fait attention.

VII. Ce progrès est remarquable. En effet, la France n'a pas beaucoup de matières premières.
Réponse: Ce progrès est d'autant plus remarquable que la France n'a pas beaucoup de matières premières.

1. La situation était grave. En effet, la France était en guerre.
2. La prospérité est grande. En effet, la France se modernise.
3. Les industriels sont optimistes. En effet, il n'y a plus de guerres.
4. L'économie est florissante. En effet, il n'y a pas de chômage.
5. Les groupes de pression sont puissants. En effet, ils sont là depuis longtemps.
6. Les poires sont chères. En effet, elles passent par beaucoup d'intermédiaires.
7. Les prix sont élevés. En effet, six corps de métier sont nécessaires.
8. L'intervention de l'État est nécessaire. En effet, l'économie doit être stimulée.
9. La participation au Marché Commun est importante. En effet, elle développe la modernisation.
10. Le rôle de l'État est grand. En effet, il emploie 1/5e des salariés.

Paris

«*Paris vaut bien une messe.*»

Henri iv (1553–1610)

    Le gai Paris, la reine du monde, la Ville Lumière, la cité éternelle... C'est en ces termes qu'on désigne l'attraction irrésistible que la capitale de la France exerce sur le monde entier. Le tort serait pourtant de croire que Paris est la France. Il est vrai qu'on peut y prendre une connaissance rapide et agréable du pays, mais cette connaissance serait incomplète et inexacte: Paris n'est que le cœur de la France. En même temps, Paris est plus que la France à cause de son rayonnement sur l'Europe, sur le monde entier. Victor Hugo* résume ainsi son universalité: «Paris est synonyme de Cosmos. Paris est Athènes, Rome, Sybaris*, Jérusalem, Pantin*. Toutes les civilisations y sont en abrégé, toutes les barbaries aussi. Paris serait bien fâché de n'avoir pas une guillotine.»

    Paris n'a pas été bâti en un jour. Les premiers habitants s'étaient établis sur la petite île qui s'appelle aujourd'hui *Île de la Cité,* parce que le sol était fertile et qu'ils pouvaient se défendre facilement. Leur village, Lutèce, serait peut-être resté petit et inconnu et une autre ville, grandie sur les bords de la Loire par exemple, serait devenue la capitale. Mais Paris est le centre de gravité du Bassin parisien, d'où l'importance grandissante de Lutèce. A cette raison géographique s'ajoute une historique: les rois de France ont choisi cette ville comme résidence. C'est à partir de l'Île de France que l'unité territoriale et nationale s'est faite peu à peu et c'est Paris qui est devenu l'organe de coordination d'un pays morcelé en provinces particularistes. Napoléon a continué l'œuvre de centralisation des rois en plaçant à la tête de chaque département un préfet. L'activité économique a été soumise, elle aussi, à cette polarisation, comme on s'en rend compte en regardant le réseau du chemin de fer et des routes. Tous les chemins mènent à Paris.

    Paris se compose d'une foule de Paris aussi variés que possible et unifiés par deux mille ans d'histoire. «Chacun de ces Paris a ses traditions

Victor Hugo: écrivain français (1802–1885)
Sybaris: ancienne ville d'Italie, célèbre pour la mollesse de ses habitants
Pantin: agglomération industrielle située dans la banlieue parisienne

historiques, sa localisation géographique, ses coutumes, ses lois» (Chombart de Lauwe). New York a Broadway, Wall Street, Greenwich Village, etc., mais pour la même superficie, la variété est beaucoup plus grande à Paris. On y trouve des quartiers qui ressemblent à de paisibles villages de province, avec leurs rues étroites, leurs artisans, leur charme désuet. Ainsi, autour de la Gare Montparnasse, on rencontre beaucoup de Bretons*. Il arrive aussi que certains métiers attirent les habitants d'une même province. Par exemple, 80% des patrons de bistrots sont d'origine auvergnate*.

Les différentes fonctions de Paris sont localisées aussi.

— Le Quartier latin est un centre éducatif. C'est là qu'on trouve la Sorbonne, les grandes écoles, les bibliothèques et le fameux Boulevard Saint-Michel (le Boul' Mich', pour les étudiants).

— La vie intellectuelle, littéraire et artistique se manifeste surtout dans ce même Quartier latin et dans le quartier de Saint-Germain-des-Prés.

— La fonction politique occupe le triangle formé par le Palais de l'Élysée (résidence du Président de la République), le Palais-Bourbon (siège de l'Assemblée Nationale) et le Luxembourg (siège du Sénat).

— Près de la cathédrale Notre-Dame se trouvent les bâtiments qui abritent la Préfecture de Police, la justice (le Palais de Justice à l'ombre de la Sainte-Chapelle) et l'administration de la ville (Hôtel de Ville).

— L'École Militaire et les Invalides au Champ de Mars exercent une fonction militaire.

— Le Paris des affaires, sur la rive droite, a pour centre la Bourse. C'est là que se trouvent les grandes banques et les grands magasins (Le Printemps, les Galeries Lafayette, etc.). Tout près se dressent les Halles que Zola* appelait le «ventre de Paris», marché pittoresque mais destiné à disparaître dans les années à venir.

— La vie sociale, la vie du beau monde est localisée dans les quartiers allant du Bois de Boulogne à l'Arc de Triomphe.

On déplore souvent la concentration d'un si grand nombre de fonctions vitales dans une seule ville. On a pu opposer Paris au désert français, bon nombre de régions ne profitant pas de la prospérité générale. La carte de France fait penser à une gigantesque toile d'araignée avec, au centre, une araignée goulue. Malgré les efforts entrepris pour décentraliser le pays (interdiction de construire de nouvelles usines à Paris, implantation d'industries dans les provinces), Paris continue d'absorber le meilleur et le pire du pays. Presque le cinquième de la population habite dans la région parisienne.

A côté de quartiers et de monuments somptueux, Paris a ses quartiers pauvres et laids, ses taudis, ses maisons sans W.C. ni eau courante, sa crasse et ses vices. Il resemble en cela à beaucoup d'autres capitales. Mais

Breton: de la Bretagne
auvergnate: de l'Auvergne
Zola: écrivain français (1840–1902)

— J'ai peur, Georges!

en même temps, il offre le spectacle d'une vie extrêmement variée, intense, excitante et délicieuse. Paris peut décevoir: il ne peut pas laisser indifférent.

Questions
1. En quels termes désigne-t-on l'attraction de Paris?
2. Paris est-il la France?

3. Expliquez la citation de Victor Hugo.
4. Pourquoi Paris est-il devenu la capitale de la France?
5. Quelle a été l'œuvre de Napoléon?
6. Nommez les principales fonctions de Paris.
7. Expliquez l'expression «Paris et le désert français».
8. Quels sont les avantages et les dangers de la centralisation?

Une Ville idéale

Nous sommes au Paradis. Le Père éternel consulte un Parisien sur la construction d'une ville idéale.

— Où vais-je poser ma ville? En plaine ou en montagne?

— Seigneur, la montagne est belle, mais elle est peu favorable à la vie et au développement d'une très grande cité. Pensez: les voies d'accès, l'intensité du trafic, la circulation des foules...

— Bien! Alors, la rase plaine, puisque c'est plus commode.

— Non, Seigneur, permettez: pas la plaine rase, mais un large val orné de quelques collines qui puissent offrir des points de vue et animer l'horizon.

— Soit! j'adopte les collines. Quelle forme aura la ville? Sera-t-elle ronde? Comme un de mes astres, comme le soleil ou la lune?

— Seigneur, vous avez fait les astres; mais vous avez fait aussi l'œuf qui est un symbole de vie. Je propose que la ville nouvelle ait la forme sacrée d'un œuf.

— L'idée ne me déplaît pas. Tu parlais d'un large val. Cela suppose un cours d'eau.

— J'allais y venir, Seigneur. Pas trop considérable, le cours d'eau. Que ce ne soit pas un obstacle, pas une séparation!

— Entendu! Il coulera du nord au sud...

— Ma foi, Père, j'aimerais le voir marcher d'est en ouest, pour que les églises qu'on élèvera sur ses rives, en votre honneur, Père, soient orientées selon l'usage et demeurent parallèles aux berges de notre fleuve.

— Alors je trace ton fleuve ainsi, du levant au ponant*.

— Pardon, Seigneur, pas si raide! Je propose bien que le fleuve suive une direction telle, mais non sans décrire une courbe. Vous m'entendez bien, Père éternel: Une souple courbe, pour la grâce, pour le plaisir.

— Pour le plaisir! Oui, j'entends bien. Et puis, pas trop large, le fleuve, avec des ponts, je suppose.

— Oui, Seigneur, avec un grand nombre de ponts tous différents les uns des autres, et de beaux bateaux sur le fleuve et même . . .

— Je te vois venir. Tu vas me demander une île, une petite île.

— Au moins deux îles*, cher Seigneur, deux îles bien serrées l'une contre l'autre.

du levant au ponant: de l'est à l'ouest
deux îles: l'île de la Cité et l'île Saint-Louis

— Entendu pour tes deux îles. Et après?
— Seigneur, il y aura donc une rive gauche et une rive droite...
— Nécessairement.
— Nécessairement. Sur la rive gauche, nous placerons les écoles. Je veux dire les grandes écoles, car, de petites écoles, il y en aura partout. Quand je parle des grandes écoles, je parle de ces maisons où l'intelligence des hommes veille et travaille d'âge en âge. Nous aurons, sur cette rive-là, quelques palais vénérables; mais aussi de vieux quartiers qui grimperont non sans flânerie au flanc d'une douce colline*. Au sommet de la colline, je vois un temple* dans lequel reposeront les dépouilles des morts illustres.
— Et sur la rive droite, mon enfant?
— Sur la rive droite, Seigneur, nous aurons de grandes avenues, des magasins gorgés de marchandises précieuses, des théâtres, des jardins. Nous y verrons aussi les demeures des faux dieux — vous savez bien, Seigneur, qu'il y en a toujours. — Je veux parler des grandes banques, je veux parler de la Bourse. Mais, non loin de là, pour le contraste, quelque somptueuse bibliothèque, comme une citadelle de l'esprit près des grouillants quartiers d'affaires. Des ruelles populeuses aussi. Puis, vers la périphérie, des gares et des cimetières.
— Attends un peu, mon enfant. Es-tu d'avis de prévoir ce qu'on appelle des gratte-ciel, pour amuser les badauds?
— Oh! non! pas de gratte-ciel, Seigneur! Faisons une ville solide et sérieuse. Pas trop de ciment, de la pierre. De la place libre, pour l'avenir. De la fantaisie et quand même de l'ordre. Et puis, au nord, une colline délicieuse, surmontée d'une église blanche*. Une colline d'où l'on pourrait entendre toute la ville respirer, chanter, gémir, souffrir, vivre, et prier, naturellement.
— Oui, prier, naturellement, répéta le Seigneur d'un air pensif.
Alors le Père éternel partit soudain à rire et cela fit, dans les Demeures*, le plus joli bruit du monde.
— Mon enfant, dit-il enfin, tout en dessinant ta ville, suivant tes indications, j'ai pensé qu'au bout du compte je la connaissais, ta ville. Vous autres, Parisiens, vous êtes tous les mêmes. On vous propose de faire une ville idéale, et vous recommencez Paris...

Extrait de Introduction à la Ville Lumière *de Georges Duhamel, France Illustration, avril 1951.*

douce colline: il s'agit de la montagne Sainte-Geneviève du Quartier latin.
temple: le Panthéon
église blanche: la basilique du Sacré-Cœur sur la butte de Montmartre
Demeures: Paradis

Questions

1. Que veut construire le Père éternel?
2. Pourquoi ne choisit-il pas la montagne?
3. Quelle forme aura la ville?
4. Pourquoi le fleuve devra-t-il couler d'est en ouest?
5. Qu'y aura-t-il sur le fleuve?

6. Que placera-t-il sur la rive gauche?
7. Où seront les quartiers d'affaires?
8. Pourquoi n'y aura-t-il pas de gratte-ciel?
9. Pourquoi la «colline délicieuse» plaît-elle tellement au Seigneur?
10. Expliquez et commentez la dernière phrase.

Dialogue N° 5

Un Parisien rentre à Paris en voiture. Il est accompagné d'une jeune femme qui n'a jamais vu la capitale.

Elle: — C'est ça, Paris? Ces maisons grises?
Lui: — Presque. Nous sommes dans la banlieue.
Elle: — Je ne voudrais pas vous choquer, mais je ne puis m'empêcher de trouver ces pavillons hideux.
Lui: — Paris a ses laideurs, je dois le reconnaître. Allons, ne soyez pas si déçue.
Elle: — Que voulez-vous! J'imaginais autrement mon premier contact avec la Ville Lumière.
Lui (après un quart d'heure): — Alors, toujours déçue?
Elle: — Toujours. Je vois des petits magasins, des terrasses de café, des bancs publics. Ça ne manque pas de charme, mais c'est si provincial.
Lui: — C'est vrai ici. Mais attendez un peu. Vous me direz si la Tour Eiffel et les Invalides ont une allure provinciale.
Elle: — Dites donc! Qu'est-ce que c'est? Est-ce que je rêve?
Lui: — C'est tout simplement le soleil couchant sous l'Arc de Triomphe. Le coup d'œil est joli! Pas vrai?
Elle: — Il est sublime! Arrêtez la voiture, je vous en supplie.
Lui: — Pour vous faire plaisir. Mais vous le regretterez bientôt. Le bruit et les fumées des autos gâchent tout.
Elle: — Mais pas du tout. Comment peut-on dire une chose pareille devant cette splendeur? Je ne connais rien de plus beau.
Lui: — Voilà ce que j'appelle être plus parisien que les Parisiens. Vous ne serez plus si emballée quand vous verrez la lèpre des quartiers pauvres.
Elle: — Racontez toujours, Monsieur Rabat-Joie. Paris a mon cœur, je suis conquise!

Exercices

Répondez sur le modèle indiqué.

I. C'est beau? *Réponse:* Je ne connais rien de plus beau.

1. C'est joli?
2. C'est provincial?
3. C'est hideux?
4. C'est gai?
5. C'est agréable?
6. C'est petit?

44   *La France actuelle*

    7. C'est large?   9. C'est vieux?
    8. C'est doux?   10. C'est délicieux?

II. Cette ville est petite. Et ce village? *Réponse:* Il est petit aussi.

    1. Cette maison est grise. Et ce monument?
    2. Cette femme est conquise. Et cet homme?
    3. Cette rue est hideuse. Et ce pavillon?
    4. Les marchandises sont précieuses. Et l'or?
    5. Cette rivière est grande. Et le fleuve?
    6. Cette ville est ronde. Et le soleil?
    7. Cette colline est délicieuse. Et le cours d'eau?
    8. Cette île est différente. Et ce pont?
    9. Cette rue est étroite. Et le passage?
   10. Cette bibliothèque est somptueuse. Et le monument?

III. Vous trouvez ça hideux?
Réponse: Je ne puis m'empêcher de trouver ça hideux.

    1. Vous adoptez cette forme?   6. Vous admirez l'Arc de Triomphe?
    2. Vous aimez Paris?   7. Vous revenez?
    3. Vous riez?   8. Vous le croyez?
    4. Vous dites non?   9. Vous courez?
    5. Vous êtes déçue?   10. Vous gémissez?

IV. La ville doit avoir la forme d'un œuf.
Réponse: Je propose que la ville ait la forme d'un œuf.

    1. La ville doit être ovale.
    2. Le fleuve doit décrire une courbe.
    3. Le fleuve doit suivre cette direction.
    4. Le fleuve doit aller dans cette direction.
    5. On doit faire une ville solide.
    6. On doit mettre des écoles.
    7. Vous devez construire une ville idéale.
    8. On doit interdire les gratte-ciel.

V. L'unité se fait. *Réponse:* L'unité s'est faite.

    1. Les habitants s'établissent dans l'île.
    2. Beaucoup de villes se construisent.
    3. Les deux femmes se voient.
    4. Elles se taisent.
    5. Ils se servent.
    6. Elle se sent triste.
    7. Ils se rendent à Paris.
    8. Elle se réjouit.
    9. Les garçons se plaignent.
   10. Les portes s'ouvrent.
   11. Elles se mettent à chanter.
   12. La ville se défend.
   13. Ils s'aperçoivent à l'Arc de Triomphe.

14. Les vieilles touristes s'assoient.
15. Tous les petits enfants s'endorment.
16. Les étudiants s'inscrivent à l'Université.
17. Elles se conduisent comme des bébés.
18. Ils se rejoignent à la gare.
19. Les autos se suivent.
20. Elles se comprennent.

VI. L'île est serrée contre l'autre.
Réponse: Elles sont serrées l'une contre l'autre.
1. Cet arbre pousse à côté d'un autre.
2. Le touriste s'assied à côté d'un autre.
3. L'auto roule derrière l'autre.
4. Le garçon s'avance à côté de l'autre.
5. Le bateau descend après l'autre.
6. Le piéton court devant l'autre.
7. La maison est différente de l'autre.
8. Le train roule vers l'autre.

VII. Ces îles sont serrées contre les autres.
Réponse: Elles sont serrées les unes contre les autres.
1. Les taxis s'arrêtent derrière les autres.
2. Les marchandises sont tombées sur les autres.
3. Les ponts sont différents des autres.
4. Les enfants jouent avec les autres.
5. Les touristes sortent après les autres.
6. Les avions volent derrière les autres.
7. Les joueurs jouent contre les autres.
8. Les garçons sautent par-dessus les autres.

La Province

« Paris est une solitude peuplée; une ville de province est un désert sans solitude. »

François Mauriac (né en 1885)

Aux yeux d'un Parisien, tout ce qui n'est pas Paris ne compte pas. Une grande ville de province et un minuscule « patelin » sont confondus dans le même mépris. Ce n'est que pendant les vacances que le Parisien daigne honorer la province de sa présence. Et après avoir goûté le calme rustique et respiré l'air pur des campagnes, il retrouve avec soulagement son village parisien: il ne peut vivre nulle part ailleurs. Quand son travail ou ses obligations l'en éloignent, il éprouve un sentiment d'exil dont la force augmente avec la distance. Quel drame quand il doit commencer loin de la capitale sa carrière de fonctionnaire ou de professeur! De sous-préfecture en sous-préfecture, puis de préfecture en préfecture, il se rapproche lentement et « arrive » finalement.

A leur tour, les gens de province méprisent les gens de Paris, les accusant de tous les vices. Mais ils s'arrangent toujours pour y aller le plus souvent possible. Il arrive qu'ils n'en reviennent jamais. Sur 100 Parisiens, 60 sont d'origine provinciale. Une semaine après son arrivée dans la capitale, un Breton ne dit plus: « Je suis breton » mais « je suis de Paris ». Le provincial devenu parisien renie ses origines comme l'immigrant qui débarque aux États-Unis.

Que manque-t-il donc à la province? Le confort? La culture? Certaines régions comme le Nord, le Nord-Est, la région lyonnaise, sont fortement industrialisées. Le confort matériel y est souvent supérieur à celui de Paris. Des distractions de première qualité y sont offertes. La radio et la télévision retransmettent depuis Paris les meilleurs programmes. Les cathédrales, les musées, les monuments historiques, les ouvrages d'art, les réalisations de l'architecture moderne: tous ces éléments leur donnent une élégance et un charme authentiques et personnels. Certaines capitales régionales font ainsi concurrence à la Capitale.

Et pourtant, on s'ennuie en province. Malgré toutes les différences régionales — cuisine, coutumes, fêtes, traditions, langue — la vie semble la même partout. Derrière une façade de bonheur calme et sans histoires se dissimulent les vices et les passions. La province, c'est le miroir installé à la fenêtre du premier étage pour épier les passants. C'est le volet qu'on entr'ouvre à minuit pour voir qui rentre si tard. C'est la messe du dimanche où chaque absence, chaque retard, chaque toilette neuve sont notés avec l'œil du policier. C'est le café où le garçon n'a plus besoin de demander aux consommateurs ce qu'ils veulent prendre: «Alors? Comme d'habitude?» Le temps passe, interminable. Les jeunes font pétarader leurs scooters dans un simulacre d'effervescence et partent, Dieu sait où, avec leur petite amie en croupe. La province a ses passions, ses crimes, ses drames, comme les décrivent si bien Balzac dans *Eugénie Grandet,* Flaubert dans *Madame Bovary,* Mauriac dans *Le Nœud de Vipères.* Tout se sait, depuis la fugue du percepteur jusqu'au prix du chapeau de la sous-préfète. En province, on se connaît: à Paris, on s'ignore.

Chose curieuse, de même que les Parisiens se sentent supérieurs aux gens de la province, ceux-ci ont leur propre échelle des valeurs pour ce qui est des différentes régions. On pourrait aisément prendre la Loire comme une sorte de Mason-Dixon Line, partageant la France en Français du Nord et en Méridionaux. Ceux-ci trouvent les gens du Nord froids, flegmatiques, lents, tristes comme un jour sans pain, sans vin et sans soleil. Des Méridionaux les autres Français disent qu'ils sont sales, menteurs, vantards, paresseux, immoraux, incroyants. On se moque de leur accent. On se plaint de leur tendance à tout exagérer. On ne les prend pas au sérieux.

Entre les différentes provinces, on se traite de la même façon. Les Bretons ont la réputation d'être arriérés, naïfs, méfiants, têtus. Les Normands sont fins et rusés, dit-on (d'où l'expression «donner une réponse de Normand»). Les Alsaciens, de l'avis unanime, sont des «Boches». Piqués au vif, les Alsaciens ripostent en conseillant aux «Français de l'intérieur» de rester chez eux. Les Lorrains, eux, ne veulent absolument pas être confondus avec leurs voisins alsaciens; ils se vantent d'avoir plus souffert que les autres provinces et d'avoir fourni à la France le contingent le plus fort de génies, de héros et de martyrs.

Les relations entre villes peuvent être aigres-douces aussi. Pour prouver sa supériorité, on a toujours un stock d'histoires ou d'anecdotes mettant en relief la stupidité des autres. Un village se moque de la façon de manger ou de parler du village voisin. Au régiment, les Parisiens forment un bloc contre les provinciaux. Ceux-ci, à leur tour, forment des clans auvergnat, marseillais, lyonnais... Bref, aucune province, aucune ville, aucun village ne veut être confondu avec les autres. «Hors de Paris, il n'y a pas de salut pour les honnêtes gens» (Molière).

Questions
1. Quelle est l'attitude du Parisien vis-à-vis de la province?
2. Que fait un fonctionnaire parisien nommé en province?
3. Pourquoi le Breton habitant Paris ne dit-il pas: «je suis breton»?

Dessin d' Hermann Paul

— *Il faudra venir nous voir à la campagne. Plus on est de fous, plus on rit.*

4. Comment certaines villes de provinces peuvent-elles faire concurrence à Paris?
5. Pourquoi s'ennuie-t-on en province?
6. Pourquoi y sait-on tout?
7. Que pensent les Français du Nord des Méridionaux?
8. Que pense-t-on des Bretons? des Normands? des Alsaciens?
9. De quoi se vantent les Lorrains?
10. Que se passe-t-il au régiment?

Moyenneville, France

Moyenneville est une sous-préfecture de 20 à 30 000 habitants. La ville est née d'un monastère, d'un bourg de défense ou d'un marché. Elle

La Province

est ancienne et remonte aux temps gallo-romains. Autour d'elle sont d'autres centres urbains, situés à trente-cinq kilomètres environ: une étape de cavalerie. On aurait tort de croire que les Moyennevillois sont tous nés dans la ville. 75% sont venus du dehors: fonctionnaires (environ 5% de la population), corps de santé (5%), armée et gendarmerie (5%), campagnards attirés par la ville et l'industrie. La moitié environ des ouvriers sont syndiqués. L'industrie représente à peu près 40% de la population. Le commerce fait 25% avec les banques (succursales des grands établissements).

Le sous-préfet de Moyenneville est un homme jeune, cultivé; il a été chef de cabinet d'un préfet. La sous-préfète, élégante, fait de fréquents séjours dans sa famille, à Paris. Tous deux essaient de réveiller la ville qui tend à s'endormir. Ils patronnent les jeunesses musicales*, les tournées théâtrales, et sont en coquetterie avec un jeune abbé libéral qui organise des conférences. Moyenneville possède trois cinémas dont un, catholique, «évite de projeter sur l'écran des êtres déchus et des milieux équivoques». Le public moyennevillois préfère la peinture des beaux sentiments aux films noirs qui triomphent aux Champs-Élysées*. *Monsieur Vincent* et *La Symphonie pastorale* lui ont plu. Le rapprochement eût surpris Gide. La bourgeoisie riche «suit les spectacles de Paris». 75%* des ménages ont un poste de radio.

On reçoit peu et surtout en famille. De nombreux Moyennevillois sont sans amis. Mais les banquets corporatifs ou de sociétés (anciens élèves du lycée, syndicat de marchands de vin en gros, anciens combattants, harmonie municipale, chorale mixte, ex-prisonniers de guerre) réunissent de trente à cent personnes et sont l'occasion de repas excellents. Deux hôtels rivaux les accueillent, l'un légèrement axé à gauche, l'autre à droite, tous deux renommés pour le même plat régional. La cuisine est non-partisane. Le 14 Juillet, il y a une retraite aux flambeaux, et l'on danse aux carrefours.

Le journal local s'efforce de ne contrarier violemment aucune tranche de son public. Il donne la parole, dans une Tribune Libre, aux différents partis. Cela implique une certaine indifférence. A la vérité, ce journal est surtout lu pour les nouvelles sportives, les chiens écrasés, les points de chute de la foudre, le roman-feuilleton et l'horoscope quotidien. Les femmes exigent des recettes de cuisine et une chronique de la mode. A partir de midi, on achète les journaux de Paris. Les hebdomadaires illustrés ont à Moyenneville une clientèle importante. Il y a deux libraires, l'un de gauche (modérée), l'autre de droite (tolérante). La Bibliothèque municipale a trente mille volumes, surtout XVIIe à XIXe siècles. Elle a peu

jeunesses musicales: association musicale qui organise des concerts dans les villes de France
Champs-Élysées: célèbre avenue qui mène de l'Arc de Triomphe à la Place de la Concorde à Paris
Monsieur Vincent: grand film français sur la vie de saint Vincent de Paul
La Symphonie pastorale: film français inspiré du roman d'André Gide
75%: en 1962, ce pourcentage est bien plus élevé, presque tout le monde ayant la radio. 23% des ménages ont la télévision.

de visiteurs et des crédits insuffisants. Pourtant la courbe des prêts monte légèrement.

Extrait de Portrait de la France et des Français,
d'André Maurois, Librairie Hachette, Paris.

Questions

1. Qu'est-ce qui peut être à l'origine d'une ville?
2. Les habitants sont-ils tous nés à Moyenneville?
3. Comment le sous-préfet essaie-t-il de réveiller la ville?
4. Quels films le cinéma catholique ne veut-il pas montrer?
5. Quels films préfère le public?
6. Expliquez: «Le rapprochement eût surpris Gide».
7. Que fait la bourgeoisie riche?
8. Quelles associations organisent des banquets?
9. Quelle est la politique du journal local?
10. Pourquoi lit-on ce journal?

Rédaction

Décrivez Moyenneville, États-Unis, en basant votre description sur *Moyenneville, France*.

Dialogue N° 6

Au village, chez le coiffeur.

Le coiffeur: — C'est pour une coupe de cheveux?
Le client: — C'est ça. Rafraîchissez-les dans la nuque et sur les côtés, mais n'en coupez pas trop.
Le coiffeur: — Soyez sans crainte. Monsieur est sans doute de passage chez nous?
Le client: — Oui, je compte passer l'été ici. Vous devez nous maudire, nous autres touristes, de venir troubler votre village.
Le coiffeur: — Pas moi, en tous cas. Je ne me plains pas de la clientèle supplémentaire. Alors? Vous vous plaisez?
Le client: — Et comment! Je suis de Paris. Alors, vous comprenez, les fumées, le bruit... On ne vit plus. Tandis qu'ici, on peut dormir en paix. Tout est si calme (*roulement de tambour*). Mais qu'est-ce que c'est que ça?
Le coiffeur: — Ce n'est rien. C'est notre brave garde champêtre.
Le garde champêtre: — Avis. La municipalité vous invite cordialement à participer aux fêtes du 14 juillet. Retraite aux flambeaux, feux d'artifice, grand bal au Café de la Paix. Le dimanche, 18 juillet, le Football Club organise son grand bal annuel avec la participation de tous les clubs de la région. Le 25 juillet, grande fête patronale. Les détails seront annoncés ultérieurement.

Le client: — Depuis quand votre patelin se mêle-t-il d'imiter la ville? Je croyais avoir choisi un coin tranquille pourtant!
Le coiffeur: — Que voulez-vous! Autrefois, les jeunes voulaient quitter le village. Mais depuis que nous avons un Syndicat d'Initiative*, tout le monde vient faire un tour chez nous. Ça fait marcher le commerce.
Le client: — Aïe! Pas si vite. Vous me faites mal.
Le coiffeur: — Mille excuses! Je rêvais!
Le client: — Eh bien! à ce rythme-là, vous aurez vite fait de transformer votre charmant petit village en une vulgaire station estivale.
Le coiffeur: — Tranquillisez-vous. Nous n'en sommes pas encore là. Après juillet, tout redeviendra calme à souhait. Voilà! C'est fini. Une petite friction à l'alcool, Monsieur?
Le client: — Non merci. Ça suffit comme ça!

Syndicat d'Initiative: sorte de Chamber of Commerce

Exercices

Répondez sur le modèle suivant.

I. J'en coupe beaucoup? *Réponse:* N'en coupez pas trop.

   1. J'en demande beaucoup?
   2. J'en donne beaucoup?
   3. J'en prépare beaucoup?
   4. J'en mange beaucoup?
   5. J'en lave beaucoup?
   6. J'en goûte beaucoup?
   7. J'en commence beaucoup?
   8. J'en raconte beaucoup?
   9. J'en change beaucoup?
   10. J'en cache beaucoup?

II. Même exercice sur le modèle suivant:
J'en coupe beaucoup? *Réponse:* N'en coupe pas trop.

III. J'en épie plusieurs. *Réponse:* N'en épiez pas trop.

   1. J'en imite plusieurs.
   2. J'en écoute plusieurs.
   3. J'en accuse plusieurs.
   4. J'en adore plusieurs.
   5. J'en arrête plusieurs.
   6. J'en installe plusieurs.
   7. J'en ouvre plusieurs.
   8. J'en offre plusieurs.
   9. J'en accepte plusieurs.
   10. J'en appelle plusieurs.

IV. Même exercice sur le modèle suivant:
J'en épie plusieurs. *Réponse:* N'en épie pas trop.

V. Je fais trop de bruit? *Réponse:* Oui, n'en faites pas trop.

   1. Je bois trop de vin?
   2. Je sers trop de pain?
   3. Je reçois trop d'amis?
   4. Je mets trop de sucre?
   5. Je prends trop de viande?

6. Je décris trop de choses?
7. Je vois trop de films?
8. Je fais trop de fautes?
9. Je lis trop de mauvais livres?
10. Je maudis trop de touristes?

VI. Même exercice sur le modèle suivant:
Je fais trop de bruit? *Réponse:* Oui, n'en fais pas trop.

VII. Je me plains du bruit. *Réponse:* Ne vous en plaignez pas trop.

1. Je me plains de la fumée.
2. Je me moque du village.
3. Je me rapproche de Paris.
4. Je me vante de ma province.
5. Je me fais beaucoup de soucis.
6. Je me sépare de ma ville.
7. Je me sers de ce stylo.
8. Je me réjouis de ce repos.
9. Je me venge de ce bruit.
10. Je me contente de ce résultat.

VIII. Même exercice sur le modèle suivant:
Je me plains du bruit. *Réponse:* Ne t'en plains pas trop.

IX. Faut-il rafraîchir les cheveux? *Réponse:* Oui, rafraîchissez-les.

1. Faut-il couper les cheveux?
2. Faut-il mettre la nappe?
3. Faut-il prendre le train?
4. Faut-il transformer les villages?
5. Faut-il quitter la ville?

X. Même exercice sur le modèle suivant:
Faut-il rafraîchir les cheveux?
Réponse: Non, ne les rafraîchissez pas.

XI. On vit encore? *Réponse:* Non, on ne vit plus.

1. On respire encore?
2. On mange encore?
3. On parle encore?
4. On écoute encore?
5. On compte encore?
6. On dort encore?
7. On rêve encore?
8. On part encore?
9. On chante encore?
10. On lit encore?

XII. D'abord il goûte le charme, puis il retrouve sa ville.
Réponse: Après avoir goûté le calme, il retrouve sa ville.

1. D'abord il respire l'air pur, puis il retrouve sa ville.
2. D'abord il séjourne à la campagne, puis il retrouve sa ville.
3. D'abord il voyage, puis il retrouve sa ville.
4. D'abord il critique les provinciaux, puis il retrouve sa ville.
5. D'abord il visite les musées, puis il retrouve sa ville.

La Province

XIII. D'abord il va à la campagne, puis il retrouve sa ville.
  Réponse: Après être allé à la campagne, il retrouve sa ville.

  1. D'abord il va à l'étranger, puis il retrouve sa ville.
  2. D'abord il arrive à la gare, puis il retrouve sa ville.
  3. D'abord il sort du taxi, puis il retrouve sa ville.
  4. D'abord il revient de la campagne, puis il retrouve sa ville.
  5. D'abord il descend du train, puis il retrouve sa ville.

XIV. D'abord il s'amuse, puis il retrouve sa ville.
  Réponse: Après s'être amusé, il retrouve sa ville.

  1. D'abord il se plaint du bruit, puis il retrouve sa ville.
  2. D'abord il se moque des provinciaux, puis il retrouve sa ville.
  3. D'abord il s'ennuie à la campagne, puis il retrouve sa ville.
  4. D'abord il se réveille, puis il retrouve sa ville.
  5. D'abord il s'éloigne, puis il retrouve sa ville.

Le Peuple français

«*Il n'existe pas de race latine, ni de race française, ni de race bretonne, ni de race aryenne, mais une culture latine, une nation française, un peuple breton, des langues aryennes ou indo-européennes.*»

PIERRE GAXOTTE (né en 1895)

Les étrangers ont souvent de fausses conceptions au sujet du peuple français en tant que groupe ethnique: ils s'imaginent que le Français possède les caractéristiques d'une race. Une anecdote célèbre cite le cas d'un Anglais qui voit une Française rousse en débarquant à Calais et qui note gravement dans son carnet: «Les Françaises sont rousses.» Aux yeux de la plupart des étrangers cependant, le Français est un Latin. On se fait de lui l'image suivante:

«Il est petit, surtout dans le Midi de la France; ses yeux sont bruns; il est assez gros et agile; il marche fièrement comme un coq; quand il parle, il gesticule, il hoche la tête, il lève les bras au ciel, il fait des grimaces; il rit ou sourit constamment. Bref, c'est un acteur amusant et charmant, trop charmant même pour qu'on puisse avoir confiance en lui.»

Ce stéréotype ne résiste pas à un examen attentif. Il est vrai que les caractéristiques sur lesquelles il s'appuie existent. Mais à côté de ce type on peut également trouver le Français blond, grand, aux yeux bleus, calme et froid. Selon les statistiques, le Français du Midi n'est pas plus petit que celui du Nord. Le Français moyen mesure 1m,70: il n'a que deux centimètres de moins que l'Américain. La Française mesure deux centimètres de plus que l'Américaine, affirment les mêmes statistiques. Quant aux cheveux du Français, ils sont bruns pour la plupart, mais la couleur de ses yeux se répartit de façon égale entre le brun, le marron, le gris et le bleu.

Tous ces détails indiquent assez que la race française n'existe pas. Les livres d'histoire français parlent souvent de «nos ancêtres, les Gaulois», mais à ces Gaulois il faut ajouter les Celtes, les Francs, les Slaves, les Wisigoths, les Ibères et tous les immigrants récents. De même que les États-Unis ont été le «melting-pot» de la nation américaine, la France a été le creuset dans lequel s'est formé un amalgame de races différentes.

Être français ne veut donc pas dire appartenir à une race mais à une communauté soumise au même climat, aux mêmes traditions et surtout au même mode de vie. Ouverte à tous, la France ne connaît guère le racisme. Elle continue à absorber les éléments les plus composites sans faire de distinctions entre la couleur de la peau, la forme du crâne, la religion ou la politique. Des Russes, des Espagnols, des Italiens, des Musulmans, des Noirs, etc., ont ainsi pu devenir des Français à part entière. Certains d'entre eux se sont distingués dans le monde politique, littéraire et artistique. On est français par l'esprit et non par le sang.

La Montée des jeunes

En 1913, la France comptait 39 millions d'habitants; en 1946, 40 millions seulement; en 1963, 47 millions. Ces chiffres sont éloquents. Ils révèlent que la France qui était en pleine décadence démographique jusqu'à la deuxième guerre mondiale a vu sa natalité reprendre à une vitesse presque miraculeuse.

La limitation des naissances n'avait pas été un phénomène spécifiquement français; seulement, elle avait été beaucoup plus forte en France qu'ailleurs. De plus, 1 300 000 Français avaient été tués pendant la première guerre mondiale et 600 000 pendant la deuxième (en 1945, les États-Unis avaient perdu environ 400 000 hommes, sur une population de 140 millions). Les conséquences du recul démographique ont été funestes à tous les points de vue. Entre 1918 et 1939, la France a suivi l'exemple de la Chine antique en s'entourant de murs: Ligne Maginot pour la protection militaire, barrières douanières pour la protection économique. Derrière ces murs, on se laissait vivre; on ne voulait pas souffrir ni se priver de quelque bien; devant les menaces qui s'accumulaient à l'horizon, on croyait que tout finirait par s'arranger ou qu'un miracle sauverait le pays. Quand des économistes avertis signalaient les dangers de la puissance militaire et économique de l'Allemagne, on les accusait de défaitisme; d'autres opposaient la qualité française à la camelote produite en série à l'étranger; d'autres s'en lavaient les mains en disant: «Que le Gouvernement s'en occupe. Qu'on nous laisse tranquilles.» Les ennemis de la France se réjouissaient de cette décadence et attendaient le moment propice pour l'attaquer. Ses amis hochaient la tête au chevet de «l'homme malade de l'Europe». C'est alors qu'a été adopté en 1939, juste avant la deuxième guerre mondiale, le Code de la Famille qui accordait une aide financière aux familles. Et presqu'aussitôt, la courbe des naissances remonte pour se stabiliser ensuite à un niveau de vitalité normale.

Les problèmes auxquels la France doit faire face sont immenses. Après avoir été «un pays de fils uniques et de célibataires» elle doit se débarrasser de ses habitudes de stagnation et de stérilité pour accueillir tous ces jeunes. Il y a beaucoup à faire dans le domaine de l'enseignement, du logement et de la création d'emplois. Beaucoup d'écoles se construisent actuellement, mais les crédits sont insuffisants. Grâce à l'aide de l'État, le nombre de maisons neuves augmente considérablement, mais la crise 5 du logement reste grave. Par exemple, il est difficile de trouver, à Paris, un appartement à loyer modéré. Et bien que la population ait augmenté de 6 millions en quinze ans, aucune nouvelle ville n'a été construite. En matière de productivité, la France exporte trop de matières premières, comme le fer et la bauxite: si on les transformait en produits manu- 10 facturés, beaucoup d'emplois nouveaux seraient créés de la sorte.

Malgré tous ces problèmes, la France aura moins de vieillards tournés vers le passé et plus de jeunes, dynamiques, entreprenants et tournés vers l'avenir. Demain, Marianne* redeviendra jeune et belle.

Marianne: femme qui symbolise la République française

Questions
1. Quel est le comportement d'un Latin?
2. Le Français du Nord est-il plus grand que celui du Midi?
3. Comparez le Français avec l'Américain moyen.
4. Comparez le «melting-pot» américain au creuset français.
5. Que veut dire *être français*?
6. Quelle est la population de la France?
7. Quelles sont les causes de la décadence démographique de la France?
8. Qu'est-ce que le Code de la Famille?
9. Quels sont les problèmes de l'expansion de la population?
10. Comment sera Marianne demain?

L'Unité nationale

Après avoir montré la diversité qui caractérise la position géographique de la France, André Siegfried indique les origines du peuple français.

Le caractère unique de la psychologie française provient justement 15 de cette diversité, que les siècles ont fini par fondre en une nouvelle unité. Il s'agit du reste d'un ensemble contradictoire, orienté à la fois vers l'Orient et l'Occident, vers le passé et vers l'avenir, vers la tradition et vers le progrès. Pas de pays plus hardi dans ses conceptions, pas de pays plus routinier dans ses habitudes: avec la France, selon le point de vue, il y 20 a toujours quelque chose à critiquer, mais aussi toujours quelque chose à admirer.

Il n'est pas plus simple de nous situer ethniquement. Il n'y a pas de race française, à tel point que l'expression, quand on l'emploie, ne signifie rien. Il y a des Germains dans le Nord, des Celtes (ou si l'on 25 veut des Alpins) dans le plateau central et dans l'Ouest, des Méditerranéens dans le Sud. Nous sommes, comme le disait Seignobos*, une

Seignobos: historien français

Le client: — Mais, dites-moi un peu. Pourquoi n'agrandissez-vous pas votre restaurant? Vous auriez une clientèle monstre et on serait moins serré.
Dubois: — Je n'en suis pas tellement sûr. Les temps peuvent changer, vous savez.
Le client: — Ne me dites pas que les touristes deviennent moins nombreux.
Dubois: — Peut-être pas. Mais, voyez-vous, si je voulais recevoir plus de clients, il faudrait construire, embaucher un autre cuisinier. J'aurais toutes sortes d'ennuis, quoi!
Le client: — Mais une fois que ce serait fait, vous pourriez vous croiser les bras.
Dubois: — Ma cuisine ne serait plus la même si elle était produite en série. Vous ne voudriez tout de même pas que je sacrifie la qualité à la quantité, non?
Le client: — Vous avez raison. Je n'avais pas envisagé la question sous cet angle-là.
Dubois: — Alors, encore un peu de bouillabaisse?
Le client: — Non. Mais réservez-moi une table demain.
Dubois: — Entendu. Je vous préparerai une spécialité à moi. Vous m'en direz des nouvelles.

Exercices

Répondez sur le modèle suivant.

I. Elles se sont fondues? *Réponse:* Oui, elles ont fini par se fondre.
   1. Elles se sont souri?
   2. Elles se sont vues?
   3. Elles se sont connues?
   4. Elles se sont soumises?
   5. Elles se sont comprises?
   6. Elles se sont aperçues?
   7. Elles se sont assises?
   8. Elles se sont battues?
   9. Elles se sont tues?
  10. Elles se sont endormies?

II. Le Gouvernement doit s'en occuper.
    Réponse: Oui, que le Gouvernement s'en occupe!
   1. Le Gouvernement doit en parler.
   2. Le Gouvernement doit les attaquer.
   3. Le Gouvernement doit nous sauver.
   4. Le Gouvernement doit nous laisser tranquilles.
   5. Le Gouvernement doit nous aider.
   6. Le Gouvernement doit nous donner de l'argent.

III. Vous connaissez quelqu'un qui le sait?
    Réponse: Je ne connais personne qui le sache.
   1. Vous connaissez quelqu'un qui le fait?
   2. Vous connaissez quelqu'un qui le dit?
   3. Vous connaissez quelqu'un qui attend?
   4. **Vous connaissez quelqu'un qui comprend?**

race de métis, mais on sait qu'une sélection trop grande ne développe pas l'intelligence et que tous les mélanges ne donnent pas de mauvais résultats. Le peuple français paraît s'être plutôt enrichi de ces apports variés; nous devons aux Latins notre lucidité intellectuelle, notre don d'expression; aux Celtes notre esprit artistique, notre individualisme poussé à l'occasion jusqu'à l'anarchie; aux Germains ce que nous avons de génie organisateur et constructif.

Mais ces différents caractères se sont fondus dans une synthèse à laquelle d'autres peuples, les Allemands par exemple, n'ont jamais réussi à procéder. L'unité nationale à laquelle nous sommes parvenus n'est pas fondée sur la race. Les origines ethniques peuvent être distinctes, mais, à la différence de l'Angleterre ou de l'Allemagne, il n'est aucune des races qui ait dominé les autres: tous les Français, qu'ils se rattachent au tronc germain, alpin ou méditerranéen, se considèrent comme étant français au même degré, sans aucune inégalité résultant du sang qui coule dans leurs veines (en dirais-je autant de l'Anglo-Saxon britannique à l'égard de Celte, ou du Nordique américain à l'égard du Dago new-yorkais, sans parler du mépris où le nazi d'hier tenait le Slave?). L'unité nationale provient bien davantage de l'adaptation séculaire au sol, au climat, d'une tradition historique ayant suscité et consolidé soit un genre de vie, soit une culture. C'est social plus que politique, la force de la nation n'étant pas dans l'État, mais dans la famille et surtout l'individu. En France, le civisme est médiocre, mais le ciment social a une solidité de roc.

Extrait de L'Âme des Peuples, *d'André Siegfried,*
Librairie Hachette, Paris.

Questions

1. Quelles sont les contradictions de la psychologie française?
2. Expliquez l'expression de Seignobos «une race de métis».
3. Que doivent les Français aux Latins, aux Celtes et aux Germains?
4. Les Français d'origine germanique se considèrent-ils comme des Français supérieurs en comparaison avec les Celtes?
5. Quels exemples de racisme sont cités par Siegfried?
6. Sur quoi est fondée l'unité nationale française?
7. En quoi consiste la force de la nation française?

Dialogue N° 7

Le père Dubois, restaurateur, s'entretient avec un de ses clients.

Dubois: — Alors? Ça vous plaît?
Le client: — Votre cuisine est absolument délicieuse. Tous mes compliments. Je ne connais personne qui sache faire la bouillabaisse comme vous.
Dubois: — Quand le client est content, je suis content aussi.

Le Peuple français

5. Vous connaissez quelqu'un qui reçoit?
6. Vous connaissez quelqu'un qui suit?
7. Vous connaissez quelqu'un qui part?
8. Vous connaissez quelqu'un qui construit?
9. Vous connaissez quelqu'un qui s'en va?
10. Vous connaissez quelqu'un qui peut aider?

IV. Je peux vous le dire maintenant?
Réponse: Ne me le dites pas maintenant, dites-le-moi plus tard.

1. Je peux vous parler maintenant?
2. Je peux vous quitter maintenant?
3. Je peux vous raconter ça maintenant?
4. Je peux vous brosser maintenant?
5. Je peux vous soigner maintenant?
6. Je peux vous présenter maintenant?
7. Je peux vous demander maintenant?
8. Je peux vous montrer maintenant?

V. Je peux vous aider maintenant?
Réponse: Ne m'aidez pas maintenant, aidez-moi plus tard.

1. Je peux vous examiner maintenant?
2. Je peux vous opérer maintenant?
3. Je peux vous expliquer maintenant?
4. Je peux vous annoncer maintenant?
5. Je peux vous emmener maintenant?
6. Je peux vous imiter maintenant?
7. Je peux vous aimer maintenant?
8. Je peux vous embrasser maintenant?

VI. Vous êtes sûr de ce que vous dites?
Réponse: Je n'en suis pas tellement sûr.

1. Vous êtes convaincu de ce que vous dites?
2. Vous êtes certain de ce que vous dites?
3. Vous êtes content de la cuisine?
4. Vous êtes surpris de la nouvelle?
5. Vous êtes fier de votre restaurant?
6. Vous êtes satisfait de mon restaurant?
7. Vous êtes responsable de cet accident?
8. Vous êtes mécontent de ce plat?

VII. On ne veut pas transformer l'économie.
Réponse: Si on transformait l'économie, ça irait mieux.

1. On ne veut pas développer l'industrie.
2. On ne veut pas suivre l'exemple.
3. On ne veut pas faire plus de logements.
4. On ne veut pas créer plus d'emplois.
5. On ne veut pas attendre.
6. On ne veut pas construire davantage.
7. On ne veut pas produire davantage.
8. On ne veut pas être entreprenant.

9. On ne veut pas comprendre.
10. On ne veut pas dire la vérité.

VIII. On croit que ça s'arrangera.
Réponse: Hier aussi, on croyait que ça s'arrangerait.
1. On croit qu'un miracle nous sauvera.
2. On croit qu'il y aura une guerre.
3. On croit que la France sera sauvée.
4. On croit que la France deviendra forte.
5. On croit que la France résistera.
6. On croit que la France produira plus.
7. On croit que la France trouvera une solution.
8. On croit que la France disparaîtra.

IX. Si je veux recevoir plus de clients, j'aurai des ennuis.
Réponse: Si je voulais recevoir plus de clients, j'aurais des ennuis.
1. Si vous agrandissez le restaurant, on sera moins serré.
2. S'il reçoit plus de clients, il faudra construire.
3. Si vous préparez une spécialité, nous dirons merci.
4. Si je produis des mets en série, vous ne voudrez pas les manger.
5. S'il vous le dit, vous ne le croirez pas.
6. Si nous avons le temps, nous reviendrons.
7. Si le restaurateur n'est pas sûr, il ne fera rien.
8. S'il y a de la bouillabaisse, il en reprendra.

X. Il est trop charmant; on ne peut pas avoir confiance en lui.
Réponse: Il est trop charmant pour qu'on puisse avoir confiance en lui.
1. Il est trop petit; on ne peut pas le voir.
2. Il est trop malade; on ne va pas le voir.
3. Il est trop amusant; on ne le prend pas au sérieux.
4. Il fait trop froid; on ne sort pas.
5. Il fait trop chaud; on ne part pas.
6. Il est trop fort; on ne le bat pas.
7. Elle est trop laide; il ne veut pas sortir avec elle.
8. Elle est trop intelligente; on ne la comprend pas.
9. Elle est trop spirituelle; on ne se moque pas d'elle.
10. Elle est trop gentille; on n'est pas furieux.

XI. Une des races a-t-elle dominé?
Réponse: Il n'y en a aucune qui ait dominé.
1. Un des pays est-il supérieur?
2. Une des races fait-elle exception?
3. Un des peuples devient-il meilleur?
4. Une des nations se réjouit-elle?
5. Un des genres de vie a-t-il dominé?
6. Une des races paraît-elle plus forte?
7. Une des races se sent-elle supérieure?
8. Une des races peut-elle dominer?

Les Classes sociales

PREMIÈRE PARTIE

« Ses origines? Sorti du peuple, il était décidé à n'y jamais rentrer. »

ROBERT DE FLERS (1872–1927)

Dans les pays démocratiques, les citoyens sont égaux aux yeux de la loi, mais certains naissent plus égaux que les autres (pour reprendre la formule d'Orwell). En France, malgré la Révolution française qui a mis fin aux privilèges des nobles et du clergé et proclamé l'égalité des citoyens, les différences sociales sont beaucoup plus accentuées qu'aux États-Unis, pays riche et neuf. On peut diviser la société française en quatre grandes catégories:

La Classe rurale

Elle comprend les paysans (à l'exception des grands propriétaires terriens), les salariés agricoles, les artisans agricoles, les petits commerçants ruraux possédant des terres. Le niveau de vie de cette classe est modeste et leur niveau culturel bas, mais leur importance est très grande. Alors qu'aux États-Unis, l'élément rural est réduit, en France plus de 40% de la population vit dans des communes de moins de 2 000 habitants et 20% de la population active est employée dans l'agriculture. La mentalité rurale y a donc plus de poids: une masse de petits villageois, souvent arriérés et vivant sans confort, influence certainement la destinée du pays. Le système électoral renforce cette importance du fait qu'il y a relativement plus d'élus ruraux que d'élus urbains.

La Classe ouvrière

Elle comprend les manœuvres sans qualification, les ouvriers qualifiés et les travailleurs indépendants (les petits artisans). Étant donné que l'ensemble des ouvriers constitue un élément relativement nouveau et encore étranger dans la société française, il ne fait pas sentir une influence qui correspondrait à son importance numérique (35% de la population).

Malgré l'action des syndicats, l'ouvrier français ne jouit pas de la même dignité dont jouit son camarade américain (voir le chapitre consacré à l'ouvrier, page 88).

Les Classes moyennes

C'est l'élément le plus typique en ce qui concerne le comportement et l'influence, bien qu'il ne réprésente que 25% de la population. A l'intérieur de ce groupe, il faut distinguer entre:

a) la bourgeoisie moyenne, comprenant les membres des professions libérales (médecins, pharmaciens, avocats, notaires, etc.), les cadres des grandes entreprises (ingénieurs, techniciens, etc.), les chefs d'entreprises moyennes, les fonctionnaires moyens (magistrats, professeurs, administrateurs, etc.), les grands commerçants.

b) la petite bourgeoisie, comprenant les petits fonctionnaires, les employés subalternes de l'administration et des entreprises privées, les petits commerçants, les chefs des petites entreprises artisanales.

Les membres de cette catégorie sont des bourgeois. Le mot «bourgeois» a plusieurs sens. Selon la terminologie communiste le bourgeois est un capitaliste décadent; l'ouvrier français nomme bourgeois tous ceux qui sont riches, tous les messieurs mieux habillés que lui. Mais le mot peut aussi indiquer une certaine qualité. Par exemple, cuisine bourgeoise, maison bourgeoise. Et finalement, il peut prendre un sens péjoratif et désigner la vulgarité, le conformisme, le manque de goût, l'étroitesse d'idées. Quand une femme dit à son mari: «Ce que tu peux être bourgeois!», elle lui reproche de ne pas être artiste, distingué, fin, libéral. Pour ces raisons, il ne viendrait à l'idée de personne de déclarer: «Je suis un bourgeois.» Les bourgeois, ce sont les autres.

La Classe dirigeante

On peut aussi l'appeler la haute bourgeoisie. Elle a remplacé aux leviers de commande l'ancienne aristocratie qui, elle, ne compte que 3 000 familles. Font partie de cette classe dirigeante les grands industriels, les financiers, les grands commis, les écrivains et artistes célèbres, les vedettes du théâtre, de la radio, de la télévision et du cinéma, tous ceux qui détiennent puissance et gloire dans le domaine des grandes affaires, des fonctions publiques et dans la vie intellectuelle et artistique du pays. Contrairement à la classe dirigeante américaine qui est très exclusive (cf. le livre de C. Wright Mills, *The Power Elite*), elle n'a pas un esprit de classe très développé. Étant donné le niveau culturel élevé de la bourgeoisie moyenne, elle maintient beaucoup de rapports avec cette classe moyenne et y recrute ses membres.

Théoriquement, il est possible à un fils d'ouvrier ou de paysan d'accéder aux plus hautes places. On aime citer dans tous les pays du monde, aux États-Unis en particulier, des exemples d'ascensions sociales extraordinaires. Un jeune homme honnête et travailleur arrive à la force de son poignet en France, "by his bootstraps" aux États-Unis: tel est le mythe soigneusement entretenu, fondé sur quelques cas de réussites éclatantes. Napoléon promettait le bâton de maréchal au plus humble de ses soldats et quelques-uns l'ont effectivement reçu durant cette période de guerres. Aujourd'hui, le passage d'une catégorie à l'autre est fort difficile (sauf dans le cas de la bourgeoisie moyenne cultivée, dont les membres accèdent facilement à l'étage supérieur). Par contre, au sein de la même classe, la mobilité est très grande: rien n'empêche le manœuvre, par exemple, de devenir ouvrier qualifié ou contremaître. La mobilité est grande aussi d'une génération à l'autre. Ainsi, le fils de l'ouvrier devient facilement instituteur. L'instituteur ambitieux fait faire des études secondaires et supérieures à son fils: celui-ci peut devenir ministre s'il est intelligent. Le fils du ministre appartiendra dorénavant à la classe supérieure, les descentes sociales étant extrêmement rares.

Chaque Français est particulièrement conscient de l'existence de ces barrières sociales. Celui qui appartient à une classe supérieure prétend y rester et empêche les autres d'y accéder. L'établissement d'une classe unique serait pour lui la prolétarisation. Il fait sentir sa supériorité et l'affiche de mille façons. L'ouvrier, n'ayant personne à qui se sentir supérieur, aspire à un idéal bourgeois. Mais comme son niveau de vie ne lui permet pas de réaliser son rêve, il manifeste parfois des sentiments de haine et de jalousie à l'égard des possédants. Les rapports entre riches et pauvres sont souvent tendus. On a même parfois l'impression d'assister à une véritable lutte.

Questions
1. Quelles sont les quatre classes de la société française?
2. Pourquoi l'élément rural a-t-il beaucoup d'importance?
3. Qui appartient à la bourgeoisie moyenne?
4. De quoi se compose la petite bourgeoisie?
5. Que veut dire le mot *bourgeois*?
6. Qui fait partie de la haute bourgeoisie?
7. Montrez que la haute bourgeoisie n'est pas une classe exclusive.
8. Quel mythe entretient-on à propos de l'ascension sociale?
9. Que promettait Napoléon?
10. Comment le fils de l'ouvrier peut-il faire partie de la classe dirigeante?

La Classe ouvrière

La vie moderne donne aux ouvriers comme aux autres salariés des avantages inconnus il y a trente ans, notamment des loisirs et des possibilités raisonnables d'en profiter agréablement. Rien, apparemment, ne place les travailleurs manuels en état d'infériorité: c'est même parfois le contraire. Ils ont, comme les autres, le temps de se créer une vie en dehors de leur travail où, semble-t-il, ils pourraient oublier leur émotion. Il n'en est rien: Pierre L..., au volant de sa 4CV*, «se sent n'être qu'un

4CV: voiture Renault de 4 chevaux vapeur

ouvrier». Il souffre même de la politesse qu'on lui témoigne quand il est bien vêtu, sa femme soigneusement coiffée. Il attribue cette attitude correcte au fait que l'on ignore sa qualité d'ouvrier. En réalité, ses complexes l'accompagnent partout, conditionnent toute sa personnalité. Un de ses camarades laisse même tomber, un jour de confidences: «On n'est pas au ban de la société, mais on en est la lanterne rouge.»

Quelles sont les raisons de cette conscience collective d'être un groupe situé au bas de la société? Essentiellement deux: le manque de considération, comme Pierre L... croit le déceler dans ses rapports avec autrui, et la subordination dans le travail. Les déclarations, en ce domaine, sont étrangement concordantes.

Un ajusteur affirme que «l'ouvrier ne jouit que de peu de considération le plus souvent». Une femme, bobineuse en électricité, déclare: «Oui, c'est toujours l'ouvrier le moins avantagé. On le méprise un peu. Faut dire que*, s'il était directeur, on lui dirait tout de suite Monsieur.» Un jeune ajusteur pense qu' «on considère l'ouvrier juste pour travailler, pas plus». Un tourneur renchérit: «L'ouvrier est un pauvre type.» Un jeune tourneur estime que les autres (les non-ouvriers) se désintéressent de l'ouvrier: «Ils ne le méprisent pas, mais le laissent de côté. Il ne compte pas pour eux.» Pour lui donner plus de poids, un ajusteur de cinquante ans précise son opinion par écrit: «Évidemment, on arrive à s'endormir, à être vacciné, mais nous sommes réellement des humiliés. Dans le train, l'autobus, en vacances, dans la rue même on lie parfois connaissance avec des inconnus, on se plaît, on parle de choses et d'autres; mais dès que vous avouez: «Je suis un ouvrier d'usine», si votre interlocuteur est lui-même d'une autre classe sociale, il tique immanquablement.»

La subordination pèse à l'ouvrier: il se sent contrôlé. Autour de lui, tout un personnel d'encadrement rôde, surveille, vérifie. Dans l'entreprise moderne, il y a non seulement la maîtrise qui commande, mais le régleur qui met la machine au point, le chronométreur qui étudie les «temps» de travail, le contrôleur qui vérifie les pièces. Un ouvrier soudeur entre deux âges forme le souhait que «personne ne le commande». Pour une jeune ouvrière, «on n'est pas irrité de devoir se conformer à des ordres quand ils sont justes, mais d'être toujours subordonnés». Même opinion chez un jeune ouvrier qualifié: «Ça me déplaît de recevoir toujours des ordres, mais qu'est-ce qu'on peut y faire?»

Cette situation dominée*, les travailleurs pensent qu'elle durera aussi longtemps qu'il y aura des ouvriers. L'avenir, pour eux, semble bouché. L'usine restera l'usine: ceux qui y travaillent ne verront pas, quoi qu'il arrive, leur statut, leur condition sociale changer profondément. La mélancolie ouvrière est attachée à l'usine comme le lierre à un mur. Un soudeur, dont le métier est pourtant considéré comme délicat, constate amèrement: «Dans la boîte*, on n'apprend plus rien; la vie est finie.» Pour un jeune

faut dire: il faut dire
situation dominée: condition inférieure
boîte: usine

homme, l'avenir semble noir à jamais: «Passer toute sa vie là (à l'atelier) pour être ensuite enterré. C'est ainsi que l'on vit ici, dans une sorte d'obscurité, à l'abri de tout le monde, sans contacts avec d'autres hommes....On ne veut pas ne pas compter, faire un travail sans éclat dans la société.»

Cette attitude pessimiste est récente; à l'époque classique du mouvement ouvrier, entre 1850 et 1936 environ, malgré des conditions de vie beaucoup plus dures qu'aujourd'hui, une incontestable force d'espérance donnait à la classe ouvrière un «moral élevé». Le manque de considération était particulièrement marqué: les différences sociales rabaissaient incontestablement le prolétaire au bas de l'échelle sociale. La subordination était particulièrement contraignante: les contremaîtres menaient rudement les hommes. Mais les ouvriers, pour compenser leur humiliation, possédaient, diffuse ou éclatante, la conviction de leur valeur en tant que groupe social; ils avaient une haute conscience de leur destin et de leur puissance future.

D'après A. Andrieux et J. Lignon, L'ouvrier d'aujourd'hui, *Éditions Marcel Rivière & Cie, 1960.*

Questions

1. Pourquoi l'ouvrier souffre-t-il de la politesse qu'on lui témoigne?
2. Quelles sont les deux raisons pour lesquelles il se sent inférieur?
3. Qu'arrive-t-il quand il lie connaissance avec des inconnus?
4. Par qui se sent-il surveillé à l'usine?
5. Que pense-t-il de l'avenir?
6. Quelle conviction possédait-il entre 1850 et 1936?

Dialogue N° 8

Deux étudiants visitent le château de Vitré, en Bretagne.

Denise: — Est-ce dans ce château que la Marquise de Sévigné a écrit ses fameuses lettres?
Luc: — Non, pas dans celui-ci. Je voulais d'abord te montrer cette forteresse féodale construite au XIVe siècle par les barons de Vitré.
Denise: — Ce donjon noir me fait frissonner. Surtout quand je pense au seigneur d'autrefois qui régnait en despote.
Luc: — Il est vrai qu'avant la Révolution, c'était lui qui faisait la pluie et le beau temps au village. Quand un manant faisait du braconnage ou refusait de payer l'impôt, on avait vite fait de le pendre haut et court. Sinon, on le jetait aux oubliettes.
Denise: — Où sont-elles?
Luc: — Viens, je vais te les montrer. Descendons par là. Attention! Les marches sont glissantes. Prends garde de tomber.
Denise: — Je comprends mieux à présent pourquoi la Révolution a été si sanglante, si... Au secours!

Luc: — Là! Voilà! Tu as failli tomber par la trappe du cachot. Un peu plus et tu disparaissais pour toujours.
Denise: — Assez, Luc! Ce souterrain me donne la chair de poule!
Luc: — Viens. Remontons au grand soleil. Quand nous serons sur les remparts, tu te sentiras mieux.

Cinq minutes plus tard.

Denise: — Ouf! Je respire!
Luc: Regarde-moi ce panorama. Tu vois tous ces villages et hameaux alentour?
Denise: — Le seigneur était censé les protéger, n'est-ce pas?
Luc: — C'est cela. Quoi qu'en pensent les partisans de l'égalité sociale, l'Ancien Régime avait ses avantages.
Denise: — Ça, par exemple! Monsieur défend les aristos*! Eh bien, moi, je suis pour la Révolution française, pour...
Luc: — Calme-toi! Là! Tu ne veux tout de même pas tomber dans le fossé.
Denise: — Ce que tu peux être rosse! Attends un peu. Quand nous serons en bas, je te dirai ce que je pense des préjugés de classe.
Luc: — ...et puis après, tu me pendras comme un vulgaire manant, hein?

aristo: **aristocrate**

Exercices

Répondez sur le modèle indiqué.

I. Les financiers gagnent beaucoup d'argent.
   Réponse: Alors je veux devenir financier.

   1. Les écrivains gagnent beaucoup d'argent.
   2. Les artistes gagnent beaucoup d'argent.
   3. Les commerçants gagnent beaucoup d'argent.
   4. Les médecins gagnent beaucoup d'argent.
   5. Les pharmaciens gagnent beaucoup d'argent.
   6. Les avocats gagnent beaucoup d'argent.
   7. Les notaires gagnent beaucoup d'argent.
   8. Les ingénieurs gagnent beaucoup d'argent.
   9. Les techniciens gagnent beaucoup d'argent.
   10. Les ministres gagnent beaucoup d'argent.

II. Où sont les oubliettes? *Réponse:* Viens. Je vais te les montrer.

   1. Où est le cachot?
   2. Où est la trappe?
   3. Où sont les tours?
   4. Où est le musée?
   5. Où sont les remparts?
   6. Où est le fossé?
   7. Où sont les souterrains?
   8. Où est la porte?

Les Classes sociales

III. Dites-lui qu'il est très rosse. *Réponse:* Ce que tu peux être rosse!
   1. Dites-lui qu'il est très impoli.
   2. Dites-lui qu'il très grossier.
   3. Dites-lui qu'il est très snob.
   4. Dites-lui qu'il est très bête.
   5. Dites-lui qu'il est très fier.
   6. Dites-lui qu'il est très bourgeois.
   7. Dites-lui qu'il est très vulgaire.
   8. Dites-lui qu'il est très blasé.
   9. Dites-lui qu'il est très paysan.
   10. Dites-lui qu'il est très désagréable.

IV. Tu n'es pas artiste.
   Réponse: Elle me reproche de ne pas être artiste.
   1. Tu ne travailles pas.
   2. Tu ne comptes pas.
   3. Tu ne parles pas comme il faut.
   4. Tu n'as pas d'argent.
   5. Tu n'apprends pas le bridge.
   6. Tu ne descends pas d'une vieille famille.
   7. Tu ne comprends pas les aristocrates.
   8. Tu ne fais pas partie de l'élite.
   9. Tu ne plais pas aux gens de la haute.
   10. Tu ne connais personne de bien.

V. On pendait le manant?
   Réponse: Oui, on avait vite fait de le pendre.
   1. On tuait le manant?
   2. On brûlait les hérétiques?
   3. On rendait la justice?
   4. On remplaçait le général?
   5. On guillotinait les nobles?
   6. On punissait les rebelles?
   7. On découvrait les rebelles?
   8. On prenait le château?
   9. On détruisait le château?
   10. On soumettait les habitants?

VI. Tu n'es pas tombée? *Réponse:* Non, mais j'ai failli tomber.
   1. Tu n'as pas eu peur?
   2. Tu n'es pas descendue?
   3. Tu n'as pas couru?
   4. Tu n'es pas partie?
   5. Tu n'es pas sortie?
   6. Tu n'as pas attendu?
   7. Tu n'as pas écrit?
   8. Tu n'as pas dit oui?
   9. Tu n'as pas ri?
   10. Tu n'as pas ouvert?

VII. Tu ne t'es pas blessée? *Réponse:* Non, mais j'ai failli me blesser.
   1. Tu ne t'es pas enfuie?
   2. Tu ne t'es pas perdue?
   3. Tu ne t'es pas trompée?
   4. Tu ne t'es pas assise?

5. Tu ne t'es pas endormie?
6. Tu ne t'es pas soumise?
7. Tu ne t'es pas fâchée?
8. Tu ne t'es pas cachée?
9. Tu ne t'es pas servie?
10. Tu ne t'es pas mariée?

VIII. J'ai failli tomber! *Réponse:* Oui, un peu plus et tu tombais.

1. J'ai failli glisser!
2. J'ai failli disparaître!
3. J'ai failli mourir!
4. J'ai failli perdre la tête!
5. J'ai failli avoir un accident!
6. J'ai failli descendre!
7. J'ai failli crier!
8. J'ai failli marcher dans un trou!
9. J'ai failli trouver la mort!
10. J'ai failli quitter ce monde!

IX. Tu te sens mieux quand nous sommes sur les remparts.
Réponse: Tu te sentiras mieux quand nous serons sur les remparts.

1. Tu es contente quand nous voyons le soleil.
2. Elle frissonne quand elle visite le château.
3. Vous criez quand c'est trop tard.
4. Nous avons la chair de poule quand il fait sombre.
5. Elle respire mieux quand ils sortent.
6. Elle obéit quand je le veux.
7. Tu viens quand le soleil est couché.
8. Elle s'en va quand il le faut.
9. Nous partons quand nous voulons.
10. Nous restons à la maison quand il pleut.

Les Classes sociales

DEUXIÈME PARTIE

«L'égalité, c'est une utopie. C'est une rigolade.» JEAN GIONO (né en 1895)

Les facteurs qui sont à l'origine des classes sociales sont, comme aux États-Unis, la naissance, l'éducation, la profession et le mode de vie. Mais les manifestations de ces différences varient beaucoup d'un pays à l'autre.

La naissance

Une famille établie depuis longtemps dans une ville jouit d'un prestige plus grand que celui dont jouit une famille qui vient d'arriver. L'adoption d'une famille par la communauté est plus rapide aux États-Unis, où des institutions comme le "welcome wagon" ou les cercles accélèrent le mouvement d'assimilation.

L'éducation

Un fossé profond sépare les trois degrés de l'enseignement. Celui qui n'a pas pu faire d'études secondaires et supérieures restera toujours un «primaire».

La profession

«Il n'y a pas de sot métier», dit le proverbe. En réalité, certains métiers marquent d'une manière ou d'une autre ceux qui les exercent. Celui qui cultive la terre se dit «agriculteur»: les autres l'appellent «paysan». Les commerçants sont souvent accusés d'être avares et malhonnêtes. On n'admire guère les pompiers à cause de leur proverbiale lenteur à se rendre sur les lieux de l'incendie. Le chef de gare, surtout celui des petites gares de province, amuse toujours, sans doute parce qu'il fait partir le train d'un geste raide et mécanique et qu'il essaie de faire l'important devant des voyageurs contents de quitter le «sale trou». En ce qui concerne les professions supérieures, une enquête menée par la revue *Réalités* indique que les Français «notent» chaque profession selon certains critères. Ainsi, le chirurgien et le diplomate jouissent du plus grand prestige; le chirurgien, l'acteur de cinéma et le banquier gagnent le plus; l'artiste peintre, le modéliste de haute couture et l'acteur de cinéma sont censés exercer la profession la plus agréable; le médecin, l'ecclésiastique, l'instituteur, le professeur de lycée et le chirurgien, sont les plus admirés pour leur haute valeur morale; le fonctionnaire, le notaire et le médecin ont la profession la plus stable; l'ingénieur, le chercheur scientifique, le pétrolier ont le plus d'avenir dans leur métier. Un Américain peut être surpris de constater que les Français admirent tellement l'instituteur de classes primaires : c'est qu'il représente un idéal de culture désintéressée. Le fait que la stabilité entre en considération dans le choix d'un métier est remarquable aussi : un Français change moins souvent de métier que l'Américain. Quant aux professions d'avenir, elles indiquent clairement la grande renaissance économique, de même qu'un certain esprit de pionnier qui est en contradiction avec le besoin de stabilité noté plus haut.

Le mode de vie

En premier lieu, c'est l'adresse qui compte. Chaque ville, chaque village a ses quartiers riches et ses quartiers pauvres. Le XVIe Arrondissement à Paris semble être le sommet de la hiérarchie de la résidence. Le grand chic serait évidemment de posséder un hôtel particulier à Paris et un château à la campagne. Si on a un appartement, on sera d'autant plus respecté qu'il se trouvera dans la partie supérieure de l'immeuble. Mais s'il n'y a pas d'ascenseur, le premier étage est plus désirable, à cause de l'escalier. Le mobilier renseigne également sur la classe sociale: l'ouvrier achète ses meubles chez Lévitan*; le petit bourgeois a souvent un mobilier de style Renaissance; le bourgeois respectable a des meubles anciens, de style Louis XV, Louis XVI ou Empire. La façon dont on s'habille est également révélatrice, quoi qu'en dise le proverbe «l'habit ne fait pas le moine». Aux États-Unis, il est difficile de classer les gens d'après les vêtements qu'ils portent. Un Américain des classes supérieures est souvent en tenue simple, voire négligée; quant à l'ouvrier américain, il gagne assez largement sa vie pour se permettre de s'habiller aussi bien que son patron. En France, si on se poste à la sortie d'une église, on peut distinguer nettement les différentes couches, ce qui ne serait pas aisé en Amérique. Le Français qui montre ses bretelles ou se met en manches de chemise se classe dans une catégorie inférieure.

Pour ce qui est de la nourriture, on distingue entre les aliments du pauvre et ceux du riche. Sont considérés comme pauvres: le pain, les pâtes, les pommes de terre, tous les aliments qui «bourrent», le gros vin rouge, l'assaisonnement à l'ail et à l'oignon (à cause de l'odeur trop forte!). Sont considérés comme riches: la viande, les mets fins, les grands vins et les liqueurs. Un employé modeste qui fume une cigarette à tabac américain au lieu de la classique gauloise est accusé de trahison par ses camarades. Les

Lévitan: grande maison d'ameublement

Les Classes sociales

mêmes distinctions sociales sont valables pour ce qui est des magasins. Il y a des épiceries, des boulangeries, des boucheries, etc., dont la clientèle appartient à une certaine classe. Quand une femme du peuple achète de la viande, elle aime choisir le meilleur morceau, surtout devant d'autres acheteurs. Pour elle, c'est un luxe qu'elle ne peut pas se permettre tous les jours mais, ajoute-t-elle, «pour une fois, on mangera comme les gens bien». Elle met son point d'honneur à payer comptant, persuadée qu'elle est qu'il n'y a que les pauvres qui achètent à crédit.

Pour ce qui est des moyens de transports, la gradation va de la bicyclette (pompeusement surnommée «la petite reine») à la limousine de luxe avec chauffeur, en passant par le vélomoteur, la grosse moto, la 2CV, la 3CV, la 4CV*, etc. A la SNCF*, il y a deux classes, la première et la seconde, que ce soit dans les trains ou dans les salles

2CV, 3CV, 4CV: automobile de deux, de trois, de quatre, etc. chevaux vapeur
SNCF: Société Nationale des Chemins de Fer Français

d'attente (avant la guerre de 1914–1918, il y avait encore quatre classes). Il faut être Français pour comprendre le sentiment de satisfaction qu'on éprouve en grimpant dans un wagon de première. En cas d'affluence, quand certains compartiments de première vides sont mis à la disposition des voyageurs de seconde, tout le monde se jette à l'assaut, délaissant les wagons prolétaires.

Gens de la haute et gens du peuple n'ont pas le même genre de distractions. Ceux-ci vont au bistrot pour y boire un demi; ceux-là au bar pour y commander un "drink". Ceux-ci jouent à la belote; ceux-là au bridge. Sont considérés comme populaires et un peu vulgaires: le football, la boxe, le catch, le cyclisme. L'escrime et le tennis sont l'apanage des classes aisées. Comme tout le monde va en vacances depuis l'instauration des trois semaines de congé payé, on s'évertue à organiser des vacances sortant de l'ordinaire. Se classent immédiatement dans une catégorie supérieure ceux qui peuvent dire: «Nous avons fait une croisière en Méditerranée.» Ou: «Cet été, nous avons découvert un Botticelli re-mar-qua-ble dans une petite église de campagne en Italie.» Ou encore: «Oui, nous avons survolé l'Etna en hélicoptère: c'était d'une beauté, d'une grandeur!» Tout comme l'Anglais du type «non-U»* qui ne prononce pas ses «H», le Français qui fait des fautes de prononciation ou de grammaire, ou qui parle avec un accent provincial, ne jouit d'aucun prestige social (on pardonne cependant l'accent à ceux qui sont déjà «arrivés»). Malheur au parvenu qui dit: «On peut pas lui causer» au lieu de: «On ne peut pas causer avec lui,» ou: «Bonjour, Madame la Baronne,» au lieu de: «Bonjour, baronne.»

Les Français sont donc profondément conscients du problème des classes. Parvenus à un certain niveau, ils cultivent leur supériorité par tous les moyens et chassent l'intrus qui commet l'impardonnable faute de goût de ne pas vouloir rester à sa place. Malgré leur credo démocratique, ils n'ont pas comme les Américains la croyance à l'égalité des chances. Cependant, l'industrialisation actuelle va certainement émousser l'antagonisme entre possédants et non-possédants. Les distinctions économiques tendront à s'atténuer si l'ouvrier et le paysan prennent part à la prospérité générale. A ce moment-là, le mode de vie des diverses catégories s'unifiera comme aux États-Unis. L'automation réduira le nombre des ouvriers manuels et remplacera ceux-ci par un nombre accru de techniciens, de spécialistes et de travailleurs intellectuels. Le gouvernement pourra, par une politique consciente, accélérer la distribution égale des revenus par des mesures fiscales, par la réglementation des salaires, par la sécurité sociale. Il pourra aussi hâter la démocratisation de l'enseignement. Mais l'exemple des États-Unis est là pour nous rappeler qu'une société sans classes est une utopie. Il ne faut pas oublier l'influence décisive des classes dirigeantes sur les pouvoirs publics, celle des parents pour protéger l'avenir de leurs enfants. En outre, comment peut-on ignorer le fait que le meilleur système d'éducation ne réussira jamais à faire disparaître les

non-U: non Upper-class

inégalités des aptitudes naturelles? Cependant, la France des années 1960 est en train d'évoluer vers un type de société américain, caractérisé par l'embourgeoisement des classes pauvres, ce qui représente un certain progrès.

Questions

1. Quels sont les facteurs qui déterminent les classes sociales?
2. Qu'est-ce qu'un «primaire»?
3. Quelle est la différence entre *agriculteur* et *paysan*?
4. Pourquoi le chef de gare amuse-t-il?
5. Quelles professions jouissent du plus grand prestige?
6. Qui admire-t-on le plus?
7. Pourquoi l'adresse compte-t-elle?
8. Quand est-il préférable d'habiter au premier étage?
9. Pourquoi est-il difficile de classer les gens d'après leurs vêtements aux États-Unis?
10. Quels sont les aliments du pauvre?
11. Quels sont les moyens de transport des différentes catégories sociales?
12. Quelles sont les distractions des gens du peuple? des gens de la haute?
13. Comment se classe-t-on en parlant?
14. Comment les distinctions sociales peuvent-elles s'atténuer?
15. Pourquoi l'égalité sociale est-elle une utopie?

Une Conquête difficile

Le narrateur, Alain Quesnard, courtise une jeune fille aristocrate, Sylvie de Palantreuil.

Ma mère aussi appréciait ces mœurs sages, si proches des siennes par certains côtés. Elle était au courant de toutes mes rencontres et les encourageait. Au lieu de m'enfuir tel un brigand en pleine nuit pour hanter les Batignolles*, je passais les cinq à sept* du dimanche à l'ombre des Invalides*, devant une citronnade, au milieu de dégénérés à chevalière. Je m'élevais dans la société, comme on dit.

Philippe de Palantreuil* ne voyait pas cette intrusion d'un bon œil. Il me l'a fait comprendre un matin de mai.

— Vous avez tort de sortir si souvent avec Sylvie, a-t-il observé en classe. D'ailleurs ses parents sont agacés.

— Agacés?

Deux jours plus tard, Sylvie cherchait à me faire la même remarque. Cela se passait au Musée Rodin. Elle a agité ses gants.

— Savez-vous, cher Alain, qu'on ne vous aime guère, chez moi?

— Vraiment?

les Batignolles: quartier populeux de Paris
les cinq à sept: de cinq heures à sept heures
les Invalides: voir note p. 24. Les Invalides se trouvent dans un quartier chic.
Philippe de Palantreuil: cousin de Sylvie et camarade de lycée d'Alain

— On vous appelle: «ce jeune Quesnard!» m'a-t-elle dit avec cette muflerie qui tient souvent lieu de distinction dans les «grandes familles».
— Vos parents trouvent que nous nous voyons trop, ai-je supposé.
— C'est sûrement cela, a-t-elle admis en souriant un peu.

J'avais des doutes. D'instinct, je les ai confiés à Gilberte*. Avec sa jalousie et sa conscience de classe, la solide militante à qui j'avais préféré Sylvie serait certainement d'un bon conseil dans cette affaire.
— Pauvre gros, a-t-elle triomphé d'une voix rauque. Tu ne vois pas qu'il te manque une particule?

En quittant la «permanence»,* j'ai réfléchi. Elle avait probablement raison. La mère Palantreuil* avait dû chercher vainement mon nom dans le Bottin* mondain. Je n'étais pas le «leur» monde. Je ne portais même pas un de ces noms doubles où certains bourgeois, tels les fabricants d'ascenseurs et de livres d'histoire, voient un brevet de qualité. Quand je sortirais de l'école des hauts fonctionnaires, on envisagerait peut-être de faire le «sacrifice», si Sylvie y tenait. Mais pour l'heure, on ne voulait plus entendre parler de ce Quesnard sans blason. Voilà ce qu'on pensait.

Du jour où j'ai découvert cette infamante disposition des Palantreuil à mon égard, j'ai espacé mes coups de téléphone à leur fille. Sans leur en vouloir puisque le droit d'aimer son sang et de choisir ses relations me paraissait sacré, je me sentais humilié. Je comprenais soudain avec quelle envie et quelle amertume le papetier Bonnet* devait considérer mes attaches bourgeoises. Il n'était pas de mon «rang», comme je n'étais pas de celui de Sylvie.

Logiquement, ce seul rapprochement aurait dû me décourager de poursuivre mon entreprise. Mais l'ambition sociale est de celles qui rendent plats et veules les plus orgueilleux. Je l'avais constaté à la Crête*: pour un dîner chez les riches ou les puissants, combien de révolutionnaires ou d'apôtres sont prêts à renier leurs maîtres et leurs idées!

J'ai revu mes nobles avec des sentiments nouveaux. J'ai fait remarquer à la cantonade que mon père serait sans doute colonel s'il n'avait donné glorieusement sa vie, et que mon grand-père maternel était ingénieur des tabacs*. Je parlais surtout de l'«oncle Charles»,* mon meilleur atout.

— Tiens, papa connaît ton oncle! m'a dit Sylvie un beau jour, très contente.

Puis, une autre fois:

— Tu sais: mes parents sont revenus sur leurs impressions!

J'étais sauvé. Dans leur vanité, les Palantreuil n'avaient pas aperçu

---

Gilberte: une amie d'Alain qui milite en faveur des classes pauvres
permanence: salle d'études au lycée
la mère Palantreuil: notez la nuance de mépris.
Bottin: l'équivalent du *Who's Who*
Bonnet: père d'un camarade de lycée d'Alain
Crête: villa élégante dans laquelle Alain a été admis pendant les vacances
ingénieur de tabacs: ingénieur de l'État chargé de la fabrication du tabac
oncle Charles: l'oncle Charles est auditeur au Conseil d'État

Les Classes sociales 75

mes efforts pour mettre en valeur la famille Quesnard. Il leur suffisait de savoir que j'étais catholique, petit-fils de polytechnicien* et correctement habillé. Pourvu que je m'assure une belle carrière et qu'un quelconque «auditeur au Conseil d'État» fît pendant à l' «Hector de Palantreuil, officier de la Légion d'honneur», ils seraient disposés à contresigner le faire-part. Dès lors, sans que je sache au juste s'il fallait y voir l'effet d'une conversation entre la mère et la fille, Sylvie s'est permis de me dire qu'elle m'aimait.

— Dans cinq ans, nous pourrons nous fiancer, m'a-t-elle annoncé.
— Bonjour cousin, a claironné le lendemain dans le hall du lycée le stupide Philippe, mystérieusement admis dans le secret.

Extrait de Le Grand Dadais, *de Bertrand Poirot-Delpech,*
Éditions Denoël, Paris.

polytechnicien: ingénieur formé à la fameuse École polytechnique

Questions

1. Pourquoi la mère d'Alain encourage-t-elle les rencontres?
2. Que pensait Philippe de Palantreuil de ces rencontres?
3. Pourquoi les parents de Sylvie étaient-ils agacés?
4. Pourquoi Alain a-t-il confié ses doutes à Gilberte?
5. Alain en voulait-il aux Palantreuil?
6. Pourquoi a-t-il continué son entreprise?
7. Comment a-t-il mis sa famille en valeur?
8. Comment a réagi Sylvie?
9. Que pensez-vous de la promesse: «Dans cinq ans nous pourrons nous fiancer»?

Dialogue N° 9

Une étudiante américaine a été invitée aux noces de Gilbert et d'Amélie, sœur de Denis.

Sally: — A Paris, tu nous parlais des joies paisibles de la province. Je t'avoue que je ne m'attendais pas à trouver une effervescence pareille.
Denis: — Ce n'est pas une petite affaire que de préparer les noces d'une fille gâtée. (*Il chante sur l'air de Faust*) «Amélie, tu es si belle dans ce miroir...»
Amélie: — Tu as fini? Gilbert et moi, nous avons autre chose à faire maintenant. Nous sommes en train de lancer les invitations mais nous avons peur de faire des impairs.
Denis: — Tu ne parles pas de la réception après la cérémonie civile?
Gilbert: — Pas de problème de ce côté-là. Il y aura juste un petit dîner intime avec le notaire et le maire. C'est plutôt les invitations au lunch qui nous donnent du fil à retordre. Nous nous sommes mis d'accord sur les membres de la famille, mais les autres...

Amélie: — Crois-tu qu'il est convenable d'inviter le contremaître de Gilbert qui est communiste? C'est un brave homme, mais je ne veux pas d'histoires.
Gilbert: — Je réponds de lui. Il est plus doux qu'un mouton. Il se dit communiste mais au fond, ce n'est qu'un rouspéteur. Si tu insistes, on le mettra entre le curé et l'adjudant de gendarmerie. De cette façon...
Sally: — Diable! Je ne m'y retrouve plus dans cette jungle sociale.
Denis: — La lutte des classes reste âpre en effet. Surtout dans les régions rurales où les préjugés sont plus tenaces que dans les grandes villes.
Sally: — Continuez, Monsieur le Professeur.
Denis: — Ne te moque pas de moi. Je ne serai pas professeur avant longtemps. Je n'ai pas pu obtenir de sursis. C'est une véritable catastrophe.
Sally: — Ne prends pas ça au tragique, va! Si tu veux, je t'écrirai au régiment.
Denis: — «O ma fleur! ô mon immortelle!
    Seul être pudique et fidèle
    Où vive encore l'amour de moi!»
Sally: — Eh! Doucement! Ne t'excite pas, sinon je vais me fâcher!
Denis: — Pardonne-moi. Je citais du Musset. C'est lui le responsable.

Exercices

Répondez sur le modèle indiqué.

I. Dis-moi de ne pas m'installer. *Réponse:* Ne t'installe pas.

  1. Dis-moi de ne pas m'enfuir.
  2. Dis-moi de ne pas m'asseoir.
  3. Dis-moi de ne pas m'amuser.
  4. Dis-moi de ne pas m'approcher.
  5. Dis-moi de ne pas m'arrêter.
  6. Dis-moi de ne pas m'avancer.
  7. Dis-moi de ne pas m'expliquer.
  8. Dis-moi de ne pas m'endormir.
  9. Dis-moi de ne pas m'étonner.
 10. Dis-moi de ne pas m'inquiéter.

II. Même exercice sur le modèle suivant:
Dites-moi de ne pas m'installer. *Réponse:* Ne vous installez pas.

III. Dis-moi de ne pas me moquer de toi.
Réponse: Ne te moque pas de moi.

  1. Dis-moi de ne pas me décourager.
  2. Dis-moi de ne pas me rendre malade.
  3. Dis-moi de ne pas me permettre cela.
  4. Dis-moi de ne pas me cacher.
  5. Dis moi de ne pas me coucher.

6. Dis-moi de ne pas me croire si intelligent.
7. Dis-moi de ne pas me fâcher.
8. Dis-moi de ne pas me fiancer.
9. Dis-moi de ne pas me marier.
10. Dis-moi de ne pas me dépêcher.

IV. Même exercice sur le modèle suivant:
Dites-moi de ne pas me moquer de vous.
Réponse: Ne vous moquez pas de moi.

V. Quelle effervescence!
Réponse: Je ne m'attendais pas à trouver une effervescence pareille!

1. Quelle élégance!
2. Quelle beauté!
3. Quelle réception!
4. Quelle affaire!
5. Quelle famille!
6. Quelle cérémonie!
7. Quelle jungle!
8. Quelle poésie!
9. Quelle distinction!
10. Quelle qualité!

VI. Elle existera. *Réponse:* Existera-t-elle?

1. Elle a dit cela.
2. Elle triomphe.
3. Elle répète.
4. Elle se mariera.
5. Elle aime.
6. Elle viendra.
7. Elle a raison.
8. Elle agite les gants.
9. Elle ajoute cela.
10. Elle aide.

VII. Philippe ne voit pas ça d'un bon œil. Il me le fait comprendre un matin.
Réponse: Philippe ne voyait pas ça d'un bon œil. Il me l'a fait comprendre un matin.

1. Je ne comprends pas. On m'explique ça un matin.
2. Je suis humilié. Je me venge un matin.
3. J'ai raison. Je découvre leur snobisme un matin.
4. Je ne suis pas de leur monde. On me le dit un matin.
5. Je triomphe. Elle me déclare son amour un matin.
6. Je suis sauvé. Philippe claironne «Bonjour, cousin!» un matin.
7. Il me suffit de dire cela. Je fais remarquer mes alliances un matin.
8. Je ne veux pas me marier. Je l'annonce un matin.

VIII. Elle se permet de me dire qu'elle m'aime.
Réponse: Elle s'est permis de me dire qu'elle m'aimait.

1. Elle me raconte qu'elle va se fiancer.
2. Elle m'assure que j'ai tort.
3. Elle répète que j'agace ses parents.
4. Elle me fait comprendre que je ne suis pas de leur monde.
5. Elle prétend que je ne veux pas me marier.
6. Elle comprend que je me sens humilié.
7. Elle m'informe qu'elle ne m'aime plus.

8. Elle dit qu'elle me comprend.
9. Elle pense que cela suffit.
10. Elle affirme qu'elle ne me connaît pas.

IX. En quittant la permanence, je réfléchis. Elle a raison.
Réponse: En quittant la permanence, j'ai réfléchi. Elle avait raison.

1. En quittant la maison, je cours. Il neige.
2. En quittant la chambre, j'allume la lampe. Il fait sombre.
3. En quittant le café, j'appelle un taxi. Je suis en retard.
4. En quittant le cinéma, je revois la jeune fille. Elle est avec un autre.
5. En quittant l'école, je mets mon manteau. J'ai froid.
6. En quittant la classe, je la suis. Elle paraît pressée.
7. En quittant le lycée, je téléphone. Personne ne sait la nouvelle.
8. En quittant le restaurant, je trouve un portefeuille. Dois-je l- garder?

X. Je quitte la permanence. Je réfléchis. Elle a raison.
Réponse: J'ai quitté la permanence. J'ai réfléchi. Elle avait raison.

1. Je ne suis pas de leur monde.
2. Je décide de les convaincre.
3. Je pars du lycée.
4. Personne ne me voit sortir.
5. J'entre dans une cabine téléphonique.
6. Je cherche le numéro.
7. Malheureusement, je ne le trouve pas.
8. Je suis furieux.
9. Je sors de la cabine.
10. Il fait déjà sombre.
11. J'éclate de rire.
12. Un passant me regarde drôlement.
13. C'est un de mes professeurs.
14. Il est en train de se promener.
15. Je lui raconte tout.
16. Il me console.
17. Il me dit de rentrer.
18. Alors je rentre.
19. Je me couche.
20. Il n'y a rien d'autre à faire.

Le Paysan

«J'aime les paysans, ils ne sont pas assez savants pour raisonner de travers.»

MONTESQUIEU (1689–1755)

D'après un stéréotype très répandu, la France serait un pays de petits villages, de vieilles fermes primitives, de paysans en blouse et en sabots. C'était vrai il y a cent ans et encore aujourd'hui on peut sentir dans la mentalité du Français des traits paysans. Mais la proportion des paysans dans la population active diminue de jour en jour à mesure que le pays se modernise et le paysan du type traditionnel est progressivement remplacé par un agriculteur ressemblant davantage au «farmer» américain.

Le paysan traditionnel

Sa ferme est petite, d'aspect pauvre; le confort y est inexistant; pas de fauteuils. Elle n'a que 10 hectares* (la moitié des fermes françaises sont dans ce cas). Pour compliquer les choses, ces 10 hectares sont dispersés un peu partout. Le paysan perd donc beaucoup de temps quand il va d'un champ à l'autre. Les produits de sa ferme lui permettent à peine de vivre. Il a une paire de bœufs ou de vaches pour tirer la charrue ou la charrette. Le travail est dur et la vie monotone. L'hiver, il travaille 8 heures; l'été, 12 heures. Il se lève alors avant l'aube et part faucher un champ de blé. Sa femme l'y rejoindra quand elle aura fini de donner à manger aux bêtes. A 8 heures, ils mangent de la soupe, un morceau de lard ou des œufs et un morceau de fromage. Ils continuent de moissonner jusqu'à midi. Alors ils mangent encore de la soupe, des pommes de terre ou des haricots cuits avec un morceau de porc salé et du fromage. Ils retournent ensuite au champ. Comme le soleil est chaud, l'homme est en bras de chemise; sur la tête il a un chapeau de paille ou une casquette. La femme porte une jupe et une blouse noires. A l'ombre d'une haie, il y a une bouteille de vin coupé d'eau. A 4 heures, ils cassent la croûte (jambon et fromage), après quoi le travail continue jusqu'au crépuscule. Rentrés chez eux, après un souper frugal composé de soupe et de fromage (la viande de boucherie est un luxe pour le dimanche), ils

hectare: environ 2,5 «acres»

finissent leur journée de travail en exécutant les mille travaux qui sont toujours à faire dans une ferme.

Malgré tout ce travail, les récoltes sont à peine suffisantes : le paysan s'obstine à planter du blé dans un sol qui gagnerait à être transformé en pâturage. S'il n'est pas sûr de joindre les deux bouts, il travaillera pour un autre, soit comme métayer*, soit comme ouvrier agricole, tout en essayant de cultiver son propre lopin de terre. Ou encore, il travaillera à l'usine, laissant à sa femme et à ses enfants le soin de s'occuper de l'exploitation.

Cette vie pénible et pleine d'insécurité explique certains traits communs à ce type de paysan.

Il est économe et frugal. Une grêle peut détruire toute une récolte ; il faut donc avoir des provisions. D'ailleurs, comme les profits sont maigres, il ne faut rien jeter, même pas les miettes de pain.

Il se plaint constamment : du mauvais temps qui menace la récolte, d'un rhumatisme qui l'empêchera de travailler, des prix... Il est résolument pessimiste, entendant de cette façon conjurer un avenir incertain.

Il est patient et obstiné. L'expérience lui apprend que s'il ne ruse pas avec les éléments, s'il ne remet pas mille fois la main à l'ouvrage, la nature ne lui donnera rien en échange. Il supportera longtemps une injustice jusqu'au jour où, brusquement, il aura une flambée de colère : autrefois, c'étaient les jacqueries*, aujourd'hui, ce sont les démonstrations agricoles et les barrages de route.

Il est routinier. Il est habitué à régler son travail sur le rythme naturel des jours et des saisons et selon les traditions léguées par ses ancêtres. Il fait donc la sourde oreille chaque fois qu'on lui parle de modernisation, de nouvelles méthodes de culture. Il veut faire comme son père et son grand-père.

Il aime le travail bien fait. Il ne s'intéresse pas à la productivité, mais l'expérience lui montre que si, par exemple, son champ est mal labouré, la récolte en souffrira. Il sait aussi qu'un paysan dont le travail est mal fait n'a pas droit au respect au village.

Il est profondément attaché à sa terre, bien plus que le fermier américain pour qui elle n'est qu'un outil de travail. C'est une terre sur laquelle il travaille patiemment, sans relâche, avec amour ; c'est elle qu'il va voir le dimanche en guise de distraction ; elle est sa maîtresse, dit Michelet ; sa religion, dit Mauriac.

Il est farouchement individualiste. L'habitude de travailler seul, de vivre dans une ferme isolée des autres, d'être son propre patron engendre un ardent désir d'indépendance. Il rend service aux autres, il leur donne un coup de main. Mais il n'a pas d'amis, il reste chez lui.

Il est méfiant dans ses relations avec autrui. Il se méfie quand on vient lui parler d'un projet de coopérative. Il se méfie surtout de l'État, de ses représentants les gendarmes qu'il est toujours prêt à accueillir avec

métayer: agriculteur qui travaille pour un propriétaire rural
jacquerie: révolte paysanne

Le Paysan

la fourche ou le fusil. Il se méfie aussi des beaux messieurs de la ville qui, croit-il, veulent le «rouler». Il se méfie de tous les autres, du monde entier. «Qu'on me laisse tranquille» est sa devise.

Il se sent incompris. Tout se modernise autour de lui, ce n'est plus comme autrefois. Quand il va en ville, les gens se retournent sur son passage: «C'est un péquenot*. Il sent mauvais.» Il est un peu le parent pauvre dans cette nouvelle société. Il perd confiance dans son métier, dans sa terre, et se demande s'il ne ferait pas mieux d'aller se faire embaucher comme ouvrier et de s'établir en ville.

Tels sont les traits principaux de la vie, des conditions de travail et de la mentalité du paysan traditionnel. Ils nous font mieux comprendre pourquoi la productivité dans certaines régions est encore relativement basse; pourquoi l'exode rural est très prononcé; pourquoi les prix agricoles sont trop élevés pour soutenir la concurrence étrangère.

Heureusement qu'il existe aussi en France des agriculteurs dynamiques et modernes. Ils sont en minorité numérique mais ils possèdent la majorité des terres arables. Grâce à l'emploi systématique d'engrais et de machines, ils produisent 50 quintaux* de blé par hectare, alors que la moyenne pour la France est de 27 quintaux. Ils étudient les progrès de la science agronomique et emploient des techniques rationnelles: spécialisation des cultures, fertilisation, électrification, conduite d'eau et irrigation. Ils s'associent et forment des groupements pour acheter des machines et des tracteurs (en 1948 il y avait 66 000 tracteurs en France, il y en avait 600 000 en 1959) et pour vendre leurs produits sans les faire passer entre les mains d'intermédiaires. Ils tiennent une comptabilité de tout ce qui se fait, s'achète ou se vend; ils écoutent à la radio les bulletins météorologiques et les nouvelles concernant les prix agricoles. Bref, ces agriculteurs modernes appliquent à l'agriculture les méthodes industrielles.

Leur nombre augmente de plus en plus pour les raisons suivantes:
1. L'État est en train de regrouper les champs dispersés. Cette opération s'appelle le Remembrement. Une fois qu'elle sera achevée, l'exploitation des terres deviendra plus rentable.
2. Le développement de la circulation routière, la radio et la télévision mettent fin à l'isolement du paysan. Des idées nouvelles gagnent les régions les plus reculées.
3. L'exode rural provoque souvent un choc psychologique chez ceux qui restent: pour survivre, ils doivent moderniser leur exploitation. Le vide attire aussi des fermiers d'Algérie ou d'autres pays du Marché Commun.
4. Le Marché Commun ouvre d'immenses perspectives à la France qui pourrait nourrir une population beaucoup plus grande. Mais les prix agricoles doivent baisser: on ne peut les faire baisser qu'en augmentant la productivité.

péquenot: terme de mépris désignant le campagnard
quintal: environ 220 «pounds»

5. L'État augmente le nombre des écoles d'agriculture, des vulgarisateurs chargés de donner des conseils techniques aux paysans, des stations d'expérimentation, des marchés-gares.

Questions

1. Comment est la ferme d'un paysan traditionnel?
2. Pourquoi le paysan perd-il beaucoup de temps?
3. Comment travaille-t-il?
4. Que mange-t-il?
5. Quand mange-t-il de la viande de boucherie?
6. Que fait-il s'il ne peut pas joindre les deux bouts?
7. De quoi se plaint-il constamment?
8. Comment se révolte-t-il?
9. Montrez son esprit routinier.
10. Quand se méfie-t-il?
11. Pourquoi perd-il confiance dans son métier?
12. Qu'est-ce que le Remembrement?
13. Pourquoi le paysan est-il moins isolé maintenant?
14. Quel est le rôle de l'État dans le domaine agricole?

La Sagesse du paysan

L'écrivain Jean Giono, de l'Académie Goncourt, oppose la sagesse et les traditions paysannes au modernisme. A droite de la route d'Apt à Avignon, écrit-il, s'élèvent des fermes fidèles au passé; à gauche, on fait de la culture intensive selon des méthodes modernes.

J'ai assisté, il y a quelque temps, à une conversation entre un paysan de ce côté droit, c'est-à-dire un paysan habitant une ferme du XVIIe siècle, et un ingénieur du génie rural. Le premier était un vieux bonhomme en buis, expert en moutons, en petits vignobles, en blés, en pommes de terre, en lavandes. Cela se passait dans les terres sauvages du haut Var*, près des déserts de Canjuers. L'agriculture est héroïque dans ces régions: c'est un art de Robinson Crusoë, il y faut tout savoir faire et Dieu a décidé qu'on n'avait pas le droit de se tromper. Il y faut un art de finesse et comprendre les décrets de la Providence avant qu'ils soient exprimés. Le vieil ami chez lequel j'étais est un paysan de ces lieux sans pitié depuis mille ans, si l'on tient compte qu'il est simplement le successeur actuel de cinquante générations de sa famille qui, tantôt ici, tantôt là, ont toujours été paysans dans ces régions. L'ingénieur rural était un garçon de trente-cinq ans. Sorti des écoles et prisonnier de l'administration. Il s'agissait pour mon vieil ami d'obtenir une aide financière pour transformer en route une piste qui, depuis des siècles, permettait l'accès à la ferme. Le paysan voulait bien prendre une partie des frais à sa charge, mais demandait pour le reste l'aide du génie rural. L'ingénieur vint à la ferme et

Var: département du Midi de la France

Le Paysan

j'y étais pour mon plaisir d'ailleurs: cette ferme est aussi belle que les plus belles et les plus anciennes maisons de Toscane*. Elle a été jadis la ferme d'une commanderie de Templiers transformée au XVIIe. Elle est à la fois une sorte de monastère tibétain et une forteresse féodale. Ses bergeries ont la solennité des voûtes de cathédrales, ses ombres sont veloutées, ses couloirs sonores, et son abri, profondément protecteur pour qui connaît les angoisses nocturnes et même diurnes des terres sauvages et désertes. J'y viens goûter une paix qu'on trouve rarement ailleurs et reprendre contact avec les «essences». A noter que mon vieil ami et sa famille: sa femme, ses deux filles, ses trois fils (un va partir pour l'Algérie), sont sensibles de la même façon que moi et pour les mêmes raisons: ils comprennent tout à demi-mot. Ils paraîtraient «péquenots» à Paris, mais ici, où le Parisien paraîtrait imbécile, ils sont subtils, perspicaces et proches des dieux comme les héros grecs. L'ingénieur fit la moue devant le bel âtre qui nous ravissait et nous réunissait (il en aurait ravi et réuni d'autres); il parla de chauffage au mazout, il demanda où était la machine à laver; il entreprit mon vieil ami sur «la nécessité de marcher avec son siècle»; il s'étonna des fenêtres minuscules qui perçaient les murs de 2 mètres d'épaisseur. On lui fit remarquer qu'à l'endroit où l'on était souffle, pendant au moins cent cinquante jours par an, un vent non seulement à décorner les bœufs, mais à emporter les bœufs eux-mêmes. Il nous fit alors un cours substantiel sur les matériaux modernes qui permettent de résister à tant de pression, etc. Bref, il fut très mécontent de cette ferme (qui s'appelle «Silance» avec un a). Nous fûmes morigénés de belle façon. Tout le confort moderne sortait des narines de l'ingénieur comme la fumée sort des naseaux des étalons qui rongent leur frein, et il décida que le Conseil général*, l'État, la France ne consentiraient jamais à donner un centime pour permettre l'accès d'un bâtiment «aussi vétuste qu'insalubre». On lui fit remarquer que le vétuste tenait le coup dans des conditions particulièrement dures; que l'insalubre avait permis au grand-père de mourir à quatre-vingt-dix-sept ans et à la grand-mère de mourir à cent trois ans; il ne voulut rien entendre. «A moins... à moins, dit-il, que vous fassiez installer au moins une salle de bains et un water.» Les grands mots venaient d'être lâchés.

Mon vieil ami n'est pas têtu: il a fait sa salle de bains, et son water. La baignoire sert beaucoup quand on tue le cochon, le reste du temps on la remplit de pommes de terre. Le water ne sert pas du tout: le fumier est trop précieux. D'ailleurs, l'ingénieur avait oublié qu'à «Silance» on n'a de l'eau que si on prend la peine de la tirer d'un puits. La tuyauterie et la robinetterie du «sanitaire» sont factices, mais grâce à ces subterfuges on a pu avoir un chemin à peu près convenable.

Je suis très intéressé par les administrations et les fonctionnaires qui veulent *faire marcher les fermes avec leur siècle*. On n'a pas si souvent l'occasion de rire. S'il est un mode de vie qui, au XXe siècle, soit en tout point semblable à ce qu'il était au premier, c'est bien le mode de vie paysan.

Toscane: région de l'Italie centrale
Conseil général: assemblée chargée de délibérer sur les affaires départementales

Il faut, en 1959, exactement autant de temps que sous Ponce Pilate pour faire germer un grain de blé. Et ce ne sont pas les laboratoires des diverses confessions politiques qui changeront quoi que ce soit avec leurs chiens à deux têtes, leurs abricots expérimentaux gros comme des citrouilles et leurs groseilles gonflées comme les ballons rouges de notre enfance. Quand on aura fini de s'amuser avec des expériences et des salles de bains, on s'apercevra que c'est le Zodiaque qui fait pousser les fruits à leur taille et à leur saison et qui construit les fermes dans les champs.

Extrait de Les Fermes ne marchent pas avec le siècle, *de Jean Giono, Plaisir de France, mai 1959.*

Questions

1. En quoi le paysan était-il expert?
2. Expliquez: «les décrets de la Providence».
3. Depuis combien de temps cette famille habite-t-elle cette région?
4. Que voulait obtenir le paysan?
5. Qu'a été la ferme jadis?
6. Pourquoi l'écrivain va-t-il à cette ferme?
7. A qui compare-t-il les membres de la famille?
8. De quoi l'ingénieur s'est-il étonné?
9. Le paysan a-t-il pu obtenir l'aide de l'État?
10. A quoi servent la salle de bains et le water?
11. Que pensez-vous de ce paysan qui ne «marche pas avec son siècle»?

Dialogue N° 10

Jules a quitté son village pour aller travailler en ville. Un jour, il rencontre Léon. Celui-ci est fermier.

Jules: — Hé! Léon. Où vas-tu comme ça?
Léon: — C'est toi, Jules? Je ne t'ai presque pas reconnu. Tu ne regrettes pas d'être parti?
Jules: — Que non! J'ai une belle place ici. Le boulot est dur, mais quand la journée est finie, on peut se reposer. Tandis que chez les vieux à la maison, on se tapait douze heures par jour. Et toi? Ça va? Comment va être la récolte?
Léon: — Tu devrais voir mon blé. Des épis longs comme ça! Si le temps reste beau...
Jules: — Tu vas remplir le bas de laine.
Léon: — Tu penses! Je suis dans les dettes jusqu'au cou.
Jules: — Oh! Je connais la musique. Vous vous plaignez toujours à la campagne, même quand les greniers sont pleins à craquer.
Léon: — Tu n'y es pas. Pour moderniser ma ferme, j'ai été obligé d'acheter un tracteur. Le boulot est facile maintenant, mais chaque mois, il y a les traites à payer. C'est la misère mécanisée, quoi!
Jules: — Et qu'est-ce que tu vas faire?
Léon: — On nous a promis des subventions, mais on a assez des belles

promesses. C'est marrant, ces messieurs de Paris s'imaginent qu'on va se calmer. Eh bien, non! On va faire un barrage.

Jules: — Ah! je comprends à présent pourquoi il y a tant de tracteurs dans les rues. Ça promet, dis donc!

Léon: — Ce n'est pas drôle, tu sais. Pendant ce temps-là, le travail m'attend à la ferme.

Jules: — Et moi, on m'attend à l'usine. Je me sauve. Viens donc chez nous ce soir.

Léon: — On verra.

Exercices

Répondez sur le modèle indiqué.

I. Il est parti. *Réponse:* Il regrette d'être parti.
   1. Il est devenu ouvrier.
   2. Il est né paysan.
   3. Il est resté paysan.
   4. Il est allé à l'usine.
   5. Il est arrivé en retard.

II. Il a quitté le village.
   Réponse: Il regrette d'avoir quitté le village.
   1. Il a acheté le tracteur.
   2. Il a fait des dettes.
   3. Il a perdu sa place.
   4. Il a pris une autre place.
   5. Il a attendu.

III. Il s'en est allé. *Réponse:* Il regrette de s'en être allé.
   1. Il s'est reposé.
   2. Il s'est endetté.
   3. Il s'est sauvé.
   4. Il s'est plaint.
   5. Il s'est arrêté.

IV. Il faut jeter quelque chose? *Réponse:* Il ne faut rien jeter.
   1. Peut-on faire quelque chose?
   2. Va-t-il comprendre quelque chose?
   3. Faudra-t-il planter quelque chose?
   4. Voulait-il entendre quelque chose?
   5. Pourra-t-on obtenir quelque chose?
   6. Fait-il construire quelque chose?
   7. Veut-il étudier quelque chose?
   8. Peut-il acheter quelque chose?
   9. Va-t-il détruire quelque chose?
   10. Faut-il remplacer quelque chose?

V. Faut-il tuer quelqu'un? *Réponse:* Il ne faut tuer personne.
   1. Veut-on aider quelqu'un?
   2. Va-t-il écouter quelqu'un?
   3. Voit-on venir quelqu'un?

4. Pourra-t-il voir quelqu'un?
5. Fait-il partir quelqu'un?
6. Aime-t-il recevoir quelqu'un?
7. Veut-il blesser quelqu'un?
8. Faut-il remplacer quelqu'un?
9. Va-t-il menacer quelqu'un?
10. Peut-il prendre quelqu'un?

VI. On est toujours paysans. *Réponse:* On a toujours été paysans.
1. On travaille toujours.
2. On se plaint toujours.
3. On se trompe toujours.
4. On a toujours l'occasion de rire.
5. On rit toujours.
6. On comprend toujours.
7. On est toujours dans la misère.
8. On mange toujours de la soupe.
9. On plante toujours du blé.
10. On fait toujours des promesses.

VII. Dois-je m'établir en ville?
Réponse: Elle se demande si elle ne ferait pas mieux de s'établir en ville.
1. Dois-je m'en aller?
2. Dois-je me servir d'un tracteur?
3. Dois-je me reposer?
4. Dois-je me rendre en ville?
5. Dois-je me promener?
6. Dois-je m'occuper d'autre chose?
7. Dois-je m'expliquer?
8. Dois-je m'arrêter?
9. Dois-je me taire?
10. Dois-je me coucher?

VIII. Cet ami est vieux. *Réponse:* C'est un vieil ami.
1. Cet arbre est vieux.
2. Cet homme est vieux.
3. Cet habit est vieux.
4. Cet abri est vieux.
5. Cet écrivain est vieux.

IX. Cet âtre est beau. *Réponse:* C'est un bel âtre.
1. Cet étalon est beau.
2. Cet endroit est beau.
3. Cet œuf est beau.
4. Cet enfant est beau.
5. Cet amour est beau.

X. Cet art est nouveau. *Réponse:* C'est un nouvel art.
1. Cet accès est nouveau.
2. Cet ingénieur est nouveau.
3. Cet ami est nouveau.
4. Cet aspect est nouveau.
5. Cet abricot est nouveau.

Le Paysan

XI. On respecte le paysan. Son travail est bien fait.
   Réponse: On respecte le paysan dont le travail est bien fait.
   1. On admire le paysan. Sa ferme est belle.
   2. On n'aime pas le paysan. Ses champs sont mal entretenus.
   3. Où est le paysan? Ses enfants sont bien élevés.
   4. Comment s'appelle la ferme? Ses bergeries ont des voûtes.
   5. C'est un paysan. Son grand-père est mort à 97 ans.
   6. Je connais une ferme. Ses murs ont deux mètres d'épaisseur.
   7. Je suis entré dans une salle. Son âtre était très beau.
   8. On a construit une salle de bains. Sa baignoire ne sert pas souvent.

L'Ouvrier

« Dans nos sociétés modernes, la position de l'ouvrier vivant du salaire que lui donne un de ses concitoyens tient de celle de l'homme libre et de celle de l'esclave. »

Prosper Mérimée (1803–1870)

Pour beaucoup d'ouvriers français, vivre consiste à travailler, à manger et à dormir. Ont-ils au moins la satisfaction de toucher un haut salaire? En comparaison avec les autres pays de l'Europe, la France n'a aucun retard en matière de salaire. Mais l'ouvrier américain gagne le double de ce que gagne son camarade français. Il est difficile de donner des chiffres précis sur la paie mensuelle, mais on peut dire que:

1. L'ouvrier de la région parisienne gagne 25% de plus que l'ouvrier de province.

2. Certains secteurs sont favorisés. Par exemple, l'ouvrier travaillant dans l'industrie du pétrole touche le double de son camarade travaillant dans l'ameublement ou dans les textiles.

3. Les allocations familiales apportent un gain substantiel aux pères de famille. En 1962, un père de deux enfants touchait $50 par mois; pour trois enfants, il touchait $55; pour quatre enfants, $64. On voit l'importance que peut avoir cette aide dans le budget d'un ouvrier.

Combien gagne un ouvrier en comparaison avec les autres professions? Ci-après, quelques chiffres sur les salaires mensuels. En 1961, le salaire moyen de tous les travailleurs français était de $140. Un ingénieur polytechnicien débutait à $420; une sténodactylographe à $100; un cheminot de la SNCF gagnait entre $75 et $85; un ouvrier qualifié gagnait à Paris $125. L'Américain trouvera ces salaires insuffisants. L'ouvrier français peut tout de même vivre assez bien s'il n'est pas exigeant. Pour le superflu, il est obligé de se tourner ailleurs. S'il habite à la campagne, il peut exploiter une petite ferme. Dans son petit jardin, il peut cultiver des légumes et élever des lapins et des poules. Il peut aussi faire du bricolage. Très souvent sa femme travaille aussi: à qualification égale, elle touche environ le même salaire que son mari. Mais la solution la plus fréquente consiste à faire des heures supplémentaires. Bien que, légalement, la semaine de travail soit fixée à 40 heures, les ouvriers travaillent en moyenne 46 heures; un sur cinq travaille même plus de 48 heures.

Malgré tout ce labeur, les fins de mois sont souvent pénibles. Dépendant presque uniquement de son salaire, l'ouvrier a un sentiment d'insécurité; il se sent également frustré dans son travail et vis-à-vis de la société. Bien que sa situation se soit améliorée, il se plaint constamment d'être exploité par son patron. Autour de lui, il voit se multiplier les signes de richesse, sans qu'il profite des fruits de son travail. Il n'a pas d'ardeur au travail et on l'accuse souvent d'être un fainéant, d'avoir un rendement inférieur à celui de l'ouvrier américain ou allemand. Et pourtant, on a constaté, par exemple, que l'équipe française qui pose des pipe-lines selon les méthodes américaines travaille plus vite qu'une équipe américaine. Pourquoi alors ce manque d'ardeur? Autrefois, l'ouvrier français partait le matin en chantant, dit Péguy; aujourd'hui, il aime toujours le travail, mais pas celui qu'il fait à l'usine. La qualité n'est plus récompensée, ni l'ingéniosité, ni l'intelligence. Ce qui importe, c'est la somme de travail, la régularité d'un geste moyen. Dans ces conditions, l'ouvrier qui a l'âme d'un artisan ne peut pas se réaliser. Il est un peu comme l'élève original et intelligent dans une classe de cancres.

Il souffre également de travailler dans une vaste entreprise anonyme (hier, la France était encore un pays de petites entreprises). Ses relations avec le patron ne sont pas cordiales. Le patron moderne fait construire des terrains de sports, organise des colonies de vacances pour les enfants des ouvriers, distribue des cadeaux à Noël. Malgré tout cela, le fossé subsiste. D'un côté du fossé se dresse le chef qui entend se faire obéir, qui n'explique pas ses buts et ses méthodes, qui ne se gêne pas pour dire ses quatre vérités. De l'autre se tient l'ouvrier méfiant. Il comprend que la hiérarchie est un mal nécessaire mais il souffre d'avoir à obéir constamment à des ordres, même s'ils sont justes. Quant au contremaître, ce n'est pas le moniteur du type américain qui conseille plutôt qu'il n'ordonne: c'est un adjudant.

Sorti de l'usine, l'ouvrier retrouve sa condition inférieure dans l'attitude de la société. Extérieurement, il est difficile de distinguer un ouvrier d'un petit employé: il s'habille de la même façon, il a son scooter et même son auto. Mais cette assimilation est superficielle. L'ouvrier est différent et se sent différent; la société le trouve différent et le lui montre bien. Les bourgeois sont gênés devant cet être qu'ils trouvent «primaire», grossier, inculte, dépensier, ivrogne... Ils ont vaguement peur de ses colères violentes. Pour ces raisons, l'ouvrier ne se sent pas à l'aise dans la société française.

Ce tableau est bien sombre. Demain, peut-être, l'ouvrier sera plus heureux. Son salaire sera plus élevé et sa dignité sociale plus grande. Ses enfants vont déjà au lycée avec les fils de bourgeois. C'est seulement avec la promotion de l'ouvrier que la France pourra résoudre le problème de ce que les sociologues appellent «la mélancolie ouvrière».

Questions

1. Comparez les salaires français à ceux des autres pays d'Europe.
2. Comparez le salaire de l'ouvrier français à celui de l'ouvrier américain.
3. Pourquoi un ouvrier français gagne-t-il davantage s'il a des enfants?
4. Que fait un ouvrier s'il ne gagne pas assez?
5. Combien d'heures de travail fait-il par semaine?
6. De quoi se plaint-il?
7. Pourquoi n'aime-t-il pas le travail de l'usine?
8. Comment sont ses relations avec le patron?
9. Quelle attitude ont les bourgeois vis-à-vis de lui?

L'Ardeur au travail en décroissance?

L'écrivain contemporain Georges Duhamel, de l'Académie française, expose ici le problème de l'ouvrier d'aujourd'hui.

Dans quelles conditions besognent ces équipes industrielles, et quels sont les éléments qui peuvent ranimer chaque jour leur ardeur au travail? La plupart des artisans . . . sont tous ou presque tous «qualifiés», comme il est d'usage maintenant de dire: ils connaissent leur métier, ils ont d'abord été apprentis, puis compagnons; s'ils persévèrent dans l'indépendance, ils pourront devenir «petits patrons» et ils resteront, peut-être, les maîtres de leur entreprise.

L'évolution de l'industrie moderne s'efforce de transférer la «qualification» de l'homme à la machine. L'homme garde une fonction, sans doute, mais il suffit de visiter une usine de grande importance pour comprendre que, chaque jour, de nouveaux éléments humains se trouvent éliminés de l'ensemble et systématiquement remplacés par des organismes automatiques. Il est évident que, jusqu'à nouvel ordre, et pour certaines interventions, l'homme semble irremplaçable. Il sera néanmoins remplacé, quelque jour. L'empire de la cybernétique n'est encore qu'à son aurore et toutes les anticipations de rêveur solitaire risquent fort d'être dépassées avant que ne tombe le soir sur cette prodigieuse aventure.

Mais prenons les choses comme elles sont, à cette heure du siècle, et faisons effort pour imaginer la condition morale de l'ouvrier que nous avons vu, ici, en France, en Amérique, au Japon, partout en somme où le travail dit à la chaîne est organisé selon les normes les plus strictes. Imaginons les pensées de l'ouvrier dont le devoir est d'attendre le moment où la pièce passe devant lui et de visser avec soin et avec énergie le troisième boulon à partir de l'extrémité supérieure de cette pièce. Ce travail, coupé sans nul doute par le temps d'un repas et d'un repos, sera poursuivi pendant huit heures consécutives: après quoi le travailleur passera la clef anglaise à son remplaçant de la deuxième équipe. Il ira se laver, quittera son vêtement de travail, endossera son vêtement de ville, regagnera son gîte et prendra le repas du soir. S'il dispose encore de quelque argent et d'une élémentaire liberté d'esprit, il sera peut-être bon pour prendre place dans les ténèbres

d'un cinéma de quartier puis faire station dans un bar avant de regagner
sa couche. On m'objectera que certaines entreprises ont fondé des bibliothèques pour leur personnel. Je fais moi-même partie d'une association qui
s'appelle «l'Université à l'usine». Oui, c'est fort bien. Mais comment
parler d'ardeur ou d'enthousiasme pour un être humain qui, mêlé aux
machines, soumis à la discipline des machines, est évidemment condamné à
s'acquitter d'une tâche qui n'est pas toujours sans péril, mais qui ne lui
procure aucune des joies que donne le travail personnel, individuel, le
travail qui suppose l'initiative et l'invention?

Extrait de Problèmes de l'heure, *de Georges Duhamel,*
Mercure de France, Paris.

Questions

1. Qu'est l'ouvrier avant de devenir «petit patron»?
2. Quelle est l'évolution de l'industrie moderne?
3. L'homme est-il irremplaçable?
4. Qu'est-ce que le travail à la chaîne?
5. Que fait l'ouvrier après l'usine?
6. Qu'est-ce que certaines entreprises ont fondé?
7. Pourquoi l'ouvrier n'a-t-il pas de joie au travail?

Dialogue N° 11

Marguerite Huguin va au café du coin: on l'appelle au téléphone.

Mme *Huguin:* — Allo!
L'employé: — Madame Huguin, s'il vous plaît.
Mme *Huguin:* — A l'appareil. C'est de la part de qui?
L'employé: — Ici, les Établissements S.O.C.A.L. Je vous téléphone au
  sujet de votre mari.
Mme *Huguin:* — Mon Dieu! Il lui est arrivé quelque chose?
L'employé: — Ne vous affolez pas, Madame. Ce n'est rien de bien grave.
  Il s'est heurté la tête contre un wagonnet. Le médecin a été alerté sur
  le champ. Il vient justement d'arriver dans l'ambulance.
Mme *Huguin:* — Et qu'est-ce qu'il dit?
L'employé: — Il dit que votre mari a eu une sacrée veine. Il se fait fort
  de le remettre sur pied en l'espace de quinze jours.
Mme *Huguin:* — Et mon mari? Qu'est-ce qu'il dit, lui?
L'employé: — Oh! Lui? Il est gai comme un pinson. Pensez s'il est
  heureux de s'en être tiré à si bon compte, il vous dit de ne pas vous
  inquiéter, allez!
Mme *Huguin:* — Merci, Monsieur. Dites-lui que je viens tout de suite.

Mme Huguin sort du café. Elle rencontre une voisine, Mme Droz.

Mme *Droz:* — Qu'est-ce qui vous arrive? Vous êtes blanche comme un
  linge!

Mme *Huguin:* — C'est Raoul. Il a été blessé à la tête. On vient de l'hospitaliser.
Mme *Droz:* — Quel malheur! Vous aviez déjà assez de soucis comme ça. La grippe chez vous et puis cet accident... Ça va vous coûter les yeux de la tête.
Mme *Huguin:* — Oh! Ce n'est pas tellement ça. On s'en sortira avec la Sécurité sociale. Mais comment pourrai-je voir mon mari à l'hôpital?
Mme *Droz:* — Ne vous en faites pas. Je m'occuperai de vos gosses. Comme ça...
Mme *Huguin:* — C'est vraiment chic de votre part. Je vous le revaudrai.

Exercices

Répondez sur le modèle indiqué.

I. Donner des chiffres précis, c'est difficile.
Réponse: Il est difficile de donner des chiffres précis.

1. Parler du travail de l'ouvrier, c'est facile.
2. Faire partie de cette association, c'est nécessaire.
3. Comparer les salaires, c'est intéressant.
4. Trouver des ouvriers plus qualifiés, c'est impossible.
5. Faire travailler les ouvriers comme cela, c'est injuste.
6. Aller travailler ailleurs, c'est souvent préférable.
7. Dire la vérité, c'est bon.
8. Acheter un scooter, c'est possible.
9. Faire trop d'heures supplémentaires, c'est mauvais.
10. Dire qu'il a raison, c'est juste.

II. Voici le scooter de Raoul.   *Réponse:* Où est celui de Paul?

1. Voici la paie de Raoul.
2. Voici les enfants de Raoul.
3. Voici la femme de Raoul.
4. Voici le patron de Raoul.
5. Voici les filles de Raoul.
6. Voici le contremaître de Raoul.
7. Voici les parents de Raoul.
8. Voici la famille de Raoul.
9. Voici les camarades de Raoul.
10. Voici les cigarettes de Raoul.

III. On a alerté le médecin?   *Réponse:* Oui, il a été alerté.

1. On a hospitalisé l'ouvrier?
2. On a appelé Madame Huguin?
3. On a remplacé les ouvriers?
4. On a construit les terrains?
5. On a résolu le problème?
6. On a soumis le personnel?
7. On a condamné les ouvriers?
8. On a reçu la délégation?
9. On a éliminé les hommes?
10. On a organisé la fête?

IV. Même exercice sur le modèle suivant:
On a alerté le médecin? *Réponse:* Oui, il vient d'être alerté.

V. Sa situation s'est améliorée.
Réponse: Bien que sa situation se soit améliorée, il n'est pas heureux.

    1. Il a de quoi manger.
    2. Il peut s'acheter un scooter.
    3. Il fait des heures supplémentaires.
    4. Il comprend la situation.
    5. Il part en vacances.
    6. Il va au cinéma.
    7. Il sait son métier.
    8. Il admet une certaine amélioration.
    9. Il est moins pauvre.
    10. Il croit au progrès.

VI. C'est la tête? *Réponse:* Oui, il a été blessé à la tête.

    1. C'est le bras?
    2. C'est le pied?
    3. C'est les jambes?
    4. C'est l'épaule droite?
    5. C'est les mains?
    6. C'est les yeux?
    7. C'est les genoux?
    8. C'est le visage?
    9. C'est la poitrine?
    10. C'est le front?

VII. Ne vous inquiétez pas!
Réponse: Il vous dit de ne pas vous inquiéter.

    1. Ne vous affolez pas!
    2. Ne vous en faites pas!
    3. Ne vous plaignez pas!
    4. Ne vous en accusez pas!
    5. Ne vous gênez pas!
    6. Ne vous éloignez pas!
    7. Ne vous fâchez pas!
    8. Ne vous dépêchez pas!
    9. Ne vous pressez pas!
    10. Ne vous mettez pas à pleurer!

VIII. Même exercice sur le modèle suivant:
Ne vous inquiétez pas! *Réponse:* Il lui dit de ne pas s'inquiéter.

Le Caractère

PREMIÈRE PARTIE

« La France est une personne. »

JULES MICHELET (1798–1874)

On a beau essayer de définir un peuple, on se rend vite compte qu'aucune formule ne peut donner une idée juste de cet ensemble complexe et organique. C'est qu'un peuple est comme un être humain: il échappe aux classifications. Dans le cas de la France, la recherche d'une définition est encore plus grande à cause des sangs très divers qu'elle a reçus au cours des siècles. Et de même que la géographie de la France est pleine de contrastes, la psychologie du peuple français est caractérisée par de nombreuses contradictions. C'est peut-être dans ces contradictions que réside le secret de l'équilibre, de l'élasticité et de l'esprit créateur du génie français. On les retrouve toujours dans l'histoire et dans les manifestations de la vie publique actuelle.

La Prudence

L'esprit de prudence des Français est proverbiale, comme l'attestent de vieux dictons: «Un Tiens vaut mieux que deux Tu l'auras», «deux sûretés valent mieux qu'une». La France est un vieux pays qui a été souvent agité par des guerres, des famines, des crises de toutes sortes. Il n'est pas possible d'amasser, de perdre et de se refaire des fortunes plusieurs fois de suite comme aux États-Unis. La prudence s'impose donc tout naturellement. Il y a en France des industriels de la vieille école qui préfèrent limiter leur production et se contenter d'un chiffre d'affaires modeste mais sûr. De même, beaucoup de Français sont attirés par une place peut-être mal payée mais stable et suivie d'une retraite. Sous un dehors capricieux et changeant, les Français sont profondément conservateurs.

En contradiction avec cet esprit casanier et pantouflard, se manifeste le goût du risque. Le bourgeois s'est souvent fait pionnier, comme l'atteste l'histoire de France. Autrefois, c'étaient les Croisés, les explorateurs, les missionnaires, les fondateurs et les colons de l'empire colonial. Aujourd'hui les pionniers français sont des économistes. Le plus illustre d'entre eux est Jean Monnet, grâce à qui la France s'est engagée dans une nouvelle révolution industrielle.

L'Épargne

L'épargne est dictée par l'esprit de prudence. Autrefois, on remplissait son bas de laine; aujourd'hui, on porte son argent à la caisse d'épargne. Le gouvernement ne manque jamais de prouver la santé de l'économie par la confiance de l'épargnant. Les parents encouragent leurs enfants à remplir leur tirelire. Il n'est pas étonnant que les nouvelles pièces d'un franc soient longtemps restées introuvables au début de leur mise en circulation: tout le monde les collectionnait!

Le Français aime aussi faire durer les choses à cause de son horreur du gaspillage. Il se sert de sa voiture beaucoup plus longtemps que l'Américain. Quand un objet se casse, il s'ingénie à le rafistoler. Il fume sa cigarette jusqu'au bout. Il éteint la lampe en sortant d'une chambre. Le soir il mange une soupe faite avec les restes du déjeuner. La France est le pays de la bricole et des économies de bouts de chandelle.

Pratiquée à l'excès, la vertu de l'épargne devient un vice. On peut avancer que les Français sont moins généreux que les Américains. Il y a bien des sociétés de philanthropie, des œuvres de bienfaisance, des foyers, etc., mais aucune de ces institutions n'a l'envergure d'une Fondation Ford par exemple. Pourquoi? D'abord, parce que la charité est un luxe que seul un pays riche peut se permettre. Ensuite, parce que le Français n'aime pas donner à une organisation anonyme: comme dans tous les autres domaines, il veut rester personnel. Il est prêt à «se saigner aux quatre veines» pour sa famille ou pour un ami. L'esprit d'entraide est particulièrement développé parmi les ouvriers. Mais au-delà d'un cercle personnel, on s'en remet à l'État pour soulager les misères: c'est lui qui est la plus grande société de philanthropie.

Pourtant, si la vieille mentalité du bas de laine est restée dans les mœurs, de nouvelles habitudes commencent à se prendre. Les avantages de la Sécurité sociale rendent les risques de maladie, de vieillesse, etc., moins menaçants. Il n'est plus si impérieux qu'autrefois de garder une poire pour la soif. Et devant les tentations modernes, comment résisterait-on? Malgré son horreur des dettes et d'un budget mal équilibré, le Français n'hésite plus à acheter une voiture à crédit. Pour lui, la vente à tempérament n'est pas un endettement. La ménagère marchande moins au marché. Instinctivement, elle achète le morceau le plus cher pour être sûre de la qualité. C'est ce qu'une expérience originale a révélé. On avait coupé un fromage en deux et marqué chaque moitié à un prix différent. C'est le morceau le plus cher qui a été vendu le premier.

Questions

1. Pourquoi est-il difficile de définir les Français?
2. Quels dictons montrent bien la prudence française?
3. Donnez des exemples de cette prudence.
4. Qu'est-ce qui est en contradiction avec l'esprit de prudence?
5. Qui est Jean Monnet?
6. Qu'est-ce qui a remplacé le bas de laine?
7. Donnez des exemples de l'esprit d'épargne.
8. Pourquoi n'y a-t-il pas beaucoup de sociétés de philanthropie en France?
9. Pourquoi n'a-t-on plus tellement peur des maladies et de la vieillesse?
10. Quelle expérience montre qu'on achète souvent le morceau le plus cher?

Qu'est-ce qu'un Français?

L'humoriste français, Pierre Daninos, définit ses compatriotes par le truchement d'un major anglais, héros d'un de ses livres à succès.

Je me suis souvent demandé ce que mon ami* trouverait s'il ouvrait un Français.

By Jove!... Comment définir un Français?

La rituelle définition du Français qui mange du pain, ne connaît pas la géographie et porte la Légion d'honneur n'est pas tout à fait inexacte (quoique la Légion d'honneur*, lorsqu'on s'approche de très près, ne soit parfois que le Ouissam Alaouite*).

Mais elle est insuffisante.

Je suis effrayé à la pensée que si mon ami ouvrait un Français, il tomberait, saisi de vertige, dans un abîme de contradictions.

Vraiment... Comment définir ces gens qui passent leurs dimanches à se proclamer républicains et leur semaine à adorer la Reine d'Angleterre, qui se disent modestes, mais parlent toujours de détenir le flambeau de la civilisation . . . , qui adorent entendre leurs chansonniers* tourner en dérision les culottes de peau*, mais auxquels le moindre coup de clairon donne une jambe martiale, qui détestent que l'on critique leurs travers, mais ne cessent de les dénigrer eux-mêmes, qui se disent amoureux des lignes, mais nourrissent une affectueuse inclination pour la tour Eiffel, qui admirent chez les Anglais l'ignorance du «système D»,* mais se croi-

mon ami: il s'agit d'un chirurgien.
Légion d'honneur: ordre national français établi pour récompenser les services rendus à la France
Ouissam Alaouite: ordre militaire marocain
chansonniers: auteurs de chansons satiriques
culottes de peau: expression familière qui désigne les vieux soldats, en particulier les généraux
système D: expression familière qui désigne l'art de se débrouiller, c'est-à-dire de se tirer d'affaire avec intelligence

raient ridicules s'ils déclaraient au fisc le montant exact de leurs revenus, qui se gaussent des histoires écossaises, mais essaient volontiers d'obtenir un prix inférieur au chiffre marqué, qui s'en réfèrent complaisamment à leur Histoire, mais ne veulent surtout plus d'histoires, qui détestent franchir une frontière sans passer en fraude un petit quelque chose, mais répugnent à *n'être pas en règle,* qui tiennent avant tout à s'affirmer comme des gens «auxquels on ne la fait pas», mais s'empressent d'élire un député pourvu qu'il leur promette la lune, qui disent: «En avril, ne te découvre pas d'un fil,»* mais arrêtent tout chauffage le 31 mars, . . . enfin, qui sont sous le charme lorsqu'un de leurs grands hommes leur parle de leur *grandeur,* de leur *grande* mission civilisatrice, de leur *grand* pays, de leurs *grandes* traditions, mais dont le rêve est de se retirer, après une bonne *petite* vie, dans un *petit* coin tranquille, sur un *petit* bout de terre à eux, avec une *petite* femme qui, se contentant de *petites* robes pas chères, leur mitonnera de bons *petits* plats et saura à l'occasion recevoir gentiment les amis pour faire une *petite* belote*?

Extrait de Les Carnets du Major Thompson, *de Pierre Daninos, Librairie Hachette, Paris.*

en avril, ne te découvre pas d'un fil: proverbe signifiant qu'en avril il faut s'habiller chaudement
belote: jeu de cartes très populaire

Questions

1. Quelle est la définition rituelle des Français?
2. Comment passent-ils leurs dimanches? leur semaine?
3. Que font les chansonniers?
4. Qu'est-ce que les Français admirent chez les Anglais?
5. De quoi se gaussent-ils?
6. Que font-ils en franchissant une frontière?
7. Quand sont-ils sous le charme?
8. Quel est leur rêve?

Dialogue N° 12

Nous sommes dans la loge d'un immeuble parisien.

Guy: — Dis, Maman. Est-ce qu'on ira en Auvergne l'été prochain? Ça fait deux ans qu'on n'a pas vu grand-père.
La concierge: — Non. Il n'en est pas question.
Guy: — C'est si triste chez nous, surtout l'été.
La concierge: — Je n'arrive déjà pas à joindre les deux bouts. Et toi, tu ne fais rien pour m'aider. Tu laisses les portes ouvertes, tu oublies l'électricité, tu te plains de mes soupes, tu me chipes de l'argent pour t'acheter du chocolat... Si ton pauvre père était encore en vie, il te tannerait le derrière. Tu entends?

Guy: — Et les étrennes de tes locataires, elles ne suffisent pas pour le voyage?
La concierge: — Penses-tu! Tu sais bien qu'ils ont été encore plus radins cette année.
Guy: — Il y a des fois où je regrette d'avoir remis au Commissariat le portefeuille bourré de billets.
La concierge: — Tu veux une gifle? Oui? On est pauvres, mais ce n'est pas une raison pour être malhonnêtes.
Guy: — On sonne, Maman.
La concierge: — Ah! C'est le facteur. Tiens! Il y a une lettre pour nous.
Guy: — Elle est de qui?
La concierge: — Laisse-moi lire. Ça, par exemple!
Guy: — Eh bien, quoi?
La concierge: — C'est le propriétaire du portefeuille. Il dit qu'il va nous envoyer une récompense de 500 francs. Bonté divine!
Guy: — Laisse voir un peu. Mais, dis-donc, cinq cents balles, c'est plus qu'il n'en faut pour le voyage! C'est grand-père qui va être heureux.

Exercices

Répondez sur le modèle indiqué.

I. Ils dénigrent toujours leurs travers.
   Réponse: Ils ne cessent de les dénigrer.

   1. Ils promettent toujours la lune.
   2. Ils franchissent toujours les frontières.
   3. Ils élisent toujours ces députés.
   4. Ils reçoivent toujours leurs amis.
   5. Ils font toujours ces déclarations.
   6. Ils perdent toujours leur fortune.
   7. Ils remplissent toujours leur tirelire.
   8. Ils plaignent toujours les malheureux.

II. Ces institutions ont l'envergure de la Fondation Ford?
    Réponse: Aucune de ces institutions n'a l'envergure de la Fondation Ford.

   1. Ces morceaux valent cher?
   2. Ces sociétés suffisent?
   3. Ces garçons sont prêts à parler?
   4. Ces hommes veulent parler?
   5. Ces Français se servent de leur lampe?
   6. Ces Américains gaspillent l'argent?
   7. Ces robes se vendent bien?
   8. Ces personnes se rendent compte de la situation?
   9. Ces messieurs viennent de l'Amérique?
   10. Ces dames vont se promener?

Le Caractère

III. Les pièces sont restées introuvables. Ce n'est pas étonnant.
  Réponse: Il n'est pas étonnant que les pièces soient restées introuvables.
   1. Le Français est contradictoire. Ce n'est pas étonnant.
   2. Il fait des économies. C'est nécessaire.
   3. Il devient avare. C'est regrettable.
   4. Une auto sert longtemps. C'est bon.
   5. Elle joint les deux bouts. C'est heureux.
   6. Il remplit sa tirelire. C'est nécessaire.
   7. On éteint toujours les lampes. C'est remarquable.
   8. Il veut rester seul. C'est regrettable.
   9. Il n'y a pas beaucoup de gaspillage. C'est bon.
   10. On prend de nouvelles habitudes. C'est souhaitable.

IV. On élit le député s'il promet la lune.
  Réponse: On élit le député pourvu qu'il promette la lune.

  On élit le député
   1. s'il sait parler.
   2. s'il est républicain.
   3. s'il a de l'éloquence.
   4. s'il comprend leurs idées.
   5. s'il connaît leurs aspirations.
   6. s'il dit toujours oui.
   7. s'il introduit des réformes.
   8. s'il ment rarement.
   9. s'il paraît honnête.
   10. s'il leur plaît.
   11. s'il suit une bonne tactique.
   12. s'il sort d'une bonne école.

V. Comment définir ces gens? Le clairon leur donne une jambe martiale.
  Réponse: Comment définir ces gens auxquels le clairon donne une jambe martiale?
   1. Comment s'appelle l'homme? Elle lui parle depuis une heure.
   2. Où sont les étudiants? Il leur en veut.
   3. Où est la femme? Il lui est arrivé quelque chose.
   4. C'est un garçon intelligent. On ne peut pas lui échapper.
   5. J'aime la secrétaire. Je lui dicte mes lettres.
   6. Il est heureux, l'homme. Elle lui mitonne de bons plats.
   7. Elles sont heureuses, les étudiantes. Il leur a promis la lune.
   8. Cherchez la femme. Il lui manifeste de l'amitié.
   9. Où sont les ouvriers? Tu leur imposes ta volonté.
   10. Ce sont des républicaines. Je leur apporte le flambeau.

VI. On essaie de définir un peuple mais on ne peut donner une idée juste.
  Réponse: On a beau essayer de définir un peuple, on ne peut donner une idée juste.
   1. On définit un peuple, mais la formule n'est jamais bonne.
   2. Je parle mais on ne m'écoute pas.

3. Je fais des économies mais je ne peux pas aller en vacances.
4. Elle met des pièces mais la tirelire reste vide.
5. Ils étudient mais ils ne comprennent rien.
6. Elle appelle mais son mari ne vient pas.
7. Il se dépêche mais il n'arrivera pas à l'heure.
8. Il reçoit beaucoup mais il n'a pas d'amis.
9. Nous nous plaignons mais on ne fait rien pour nous.
10. Il connaît la France mais il ne comprend pas ses habitants.

VII. Une expérience l'a révélé.
Réponse: C'est ce qu'une expérience a révélé.

1. Je l'ai dit.
2. On le raconte.
3. Il va le faire aussi.
4. Nous allons le voir.
5. L'expérience l'a prouvé.
6. Tout le monde le pensait.
7. Vous ne voulez pas le croire.
8. Il l'affirme.
9. Il ne fallait pas le faire.
10. On l'oublie **toujours**.
11. Je me le rappellerai **toujours**.
12. Il se l'est dit.
13. Il se l'est promis.
14. Nous vous l'avons répété.

Le Caractère

DEUXIÈME PARTIE

« Mon verre est petit mais je bois dans mon verre. »

Proverbe français

L'Amour de l'indépendance

La France est un peuple de paysans cramponnés au sol et farouchement indépendants. Un Français n'est vraiment heureux qu'à condition de pouvoir travailler librement et de posséder une maison et un coin de terre. De là le nombre élevé de petits artisans travaillant à leur compte et de paysans exploitant une ferme minuscule. Tous ceux qui doivent se soumettre à la discipline de l'usine ou du bureau rêvent d'une maisonnette bien à eux, où ils feront ce qu'ils voudront, où personne ne leur donnera des ordres. L'ouvrier de chez Citroën ambitionne de s'établir plus tard à son compte, comme garagiste peut-être ou comme mécanicien. Il voit déjà le petit atelier et, à côté, la petite maison avec son jardinet. Comme on le voit, son ambition n'est pas démesurée. Aux châteaux en Espagne, il préfère la tangible réalité d'une petite propriété qu'il peut embrasser du regard, embellir et arranger à sa guise. Un amour profond et jaloux l'attache à chaque centimètre carré. Établis dans un vaste pays où il y a de la place pour tout le monde, les Américains ne connaissent pas cette religion du sol. En France, il suffit que la charrue enlève au champ voisin une bande de la largeur d'un sillon pour que la guerre commence.

Le Français n'aime pas les grands immeubles d'appartements où les familles sont entassées les unes sur les autres. Si les circonstances le forcent à y habiter, il évite les rapports avec les autres locataires. C'est tout juste s'il échange des politesses avec son voisin de palier. Il ne se sent vraiment à l'aise que dans une maison individuelle, séparée des autres par un mur. Ce mur a l'air de dire : « Je suis chez moi ici. Laissez-moi en paix. Ce que je fais ne vous regarde pas. » En Nouvelle-Angleterre, les propriétés sont entourées de murs aussi, mais en France ils sont bien plus hauts. Il existe de longues rues faites de murs souvent surmontés de tessons de bouteille. Elles donnent aux passants l'intolérable sentiment d'être des intrus.

Du désir d'indépendance, le Français glisse facilement à l'individualisme, c'est-à-dire au manque de solidarité vis-à-vis de la communauté 5
dans laquelle il vit. Il se soumet de mauvais gré à la discipline collective; il déteste tout ce qui est enrégimentation et autorité; il obéit aux ordres en grognant. Sa conception de l'État est différente de celle de l'Américain. Celui-ci le conçoit comme une grande communauté dans laquelle on

Dessin de Sempé

— Et, où en êtes-vous de votre procès?

travaille en toute liberté. Pour le Français, l'État est une organisation qui lui est à la fois supérieure et extérieure. Se sentant menacé dans sa liberté, il se méfie de lui. C'est tout juste s'il ne considère pas l'État comme l'ennemi public numéro un. Le penseur Alain conseillait: «Obéissez mais résistez.» Il semble que la majorité résiste plutôt qu'elle n'obéisse. On méprise les représentants de l'autorité; on appelle les agents de police les «flics», les gendarmes, les «cognes»; les employés et fonctionnaires derrière les guichets sont des «fainéants sadiques». On prouve son intelligence en ne se laissant pas faire. On applique le système D* pour se dérober aux règlements et au fisc.

C'est cette fraude fiscale qu'on reproche le plus souvent aux Français. Elle est pourtant pratiquée dans tous les pays du monde. Seulement, en France, un plus grand nombre peut frauder. Un salarié est obligé de payer des impôts sur tous les revenus déclarés par son patron. Or, les salariés sont moins nombreux en France qu'aux États-Unis par exemple. Les ouvriers, les employés et les fonctionnaires paient plus que d'autres catégories. En outre, les impôts français sont lourds. On a calculé que si le système fiscal américain était appliqué en France, les recettes seraient moins fortes. On ne peut donc pas reprocher à la majorité des Français de ne pas payer beaucoup d'impôts. Il est vrai cependant qu'ils sont tout près de croire qu'il est légitime de voler l'État pour nourrir sa famille.

Chose curieuse, les Français, si épris de liberté et si méfiants vis-à-vis de l'autorité, s'exaltent au spectacle d'un défilé de soldats et s'enthousiasment pour leurs généraux. Ils réclament aussi l'intervention de cet État si abhorré quand il y a des problèmes à résoudre. Les Américains, au contraire, détestent l'ingérence du Gouvernement dans les affaires économiques et sociales; ils respectent l'État, ses représentants et ses lois, mais ils ne veulent entendre parler ni de dirigisme ni de socialisme. En France, on se plaint des abus et des désordres en disant: «Qu'est-ce que le Gouvernement attend pour intervenir? Si j'étais ministre, je... etc.» On trouve tout naturel que l'État soit la vache à lait de tout le monde. Le prix du pain augmente? On réclame une subvention. Il y a des clochards sous les ponts de Paris? Que l'État s'occupe d'eux. André Maurois raconte qu'un jour un chef de bureau a reçu la lettre suivante: «Je devais épouser une veuve de guerre. Elle est morte subitement la veille du mariage. A quoi ai-je droit?»

Ainsi, l'État est tour à tour policier, percepteur et père nourricier. En cas de danger, quand la patrie est attaquée, ces Français anarchiques et indisciplinés oublient leurs querelles pour se mettre au service de leur pays. Ce n'est qu'en temps de paix qu'on peut appliquer la formule: «Un Français, c'est un homme intelligent; deux Français, c'est de la conversation; trois Français, c'est la pagaïe.»

système D: voir p. 96.

Questions

1. Quand un Français est-il vraiment heureux?
2. Qu'ambitionne l'ouvrier de chez Citroën?

3. Qu'est-ce que la religion du sol peut causer?
4. Pourquoi le Français n'aime-t-il pas habiter dans un immeuble d'appartements?
5. Comment sont ses rapports avec les autres locataires?
6. Que veut dire *individualisme*?
7. Comment le Français obéit-il aux ordres?
8. Quelle attitude a-t-il vis-à-vis des représentants de l'autorité?
9. Les Français ne paient-ils pas leurs impôts?
10. Quand le Français réclame-t-il l'intervention de l'État?
11. Quelle formule peut-on appliquer aux Français en temps de paix?

Peyrane et le Monde extérieur

L'extrait suivant montre bien la conception française du Gouvernement opposée à celle de la Patrie. Nous sommes à Peyrane, petit village provençal.

Quand une ménagère, comme Madame Arène, s'écrie: «Ah, ils nous ont encore augmenté le prix du café», elle ne parle pas des «ils» de la commune (gens connus et contre lesquels elle peut se défendre), mais de tous les «ils» de l'extérieur, intangibles et anonymes, et donc mystérieux et tout-puissants. Ce sont eux qui causent les plus grands maux aux gens de Peyrane: inflations, crises économiques, impôts, guerres, bureaucratie, etc. Ce sont eux qui sont rendus responsables de l'augmentation du prix des engrais, du service militaire obligatoire pour tous les jeunes gens, des règlements qui interdisent aux cultivateurs de planter autant de vignes qu'ils le voudraient, etc.

Ces «ils», pour les Peyranais, ce sont parfois les grandes compagnies, parfois la Presse. Ils représentent peut-être tous les Français, ou tous les Américains, ou bien encore tous les Russes. Plus généralement, c'est le Gouvernement français qui est visé, car après tout, c'est lui qui perçoit les impôts, contrôle la production vinicole, et tout cela par l'intermédiaire d'une foule de fonctionnaires anonymes.

Cette attitude se trouve en contradiction manifeste avec celle que l'école cherche à inculquer aux enfants. Dans leur livre d'instruction civique, ils lisent que le Gouvernement n'est que la manifestation concrète de l'État, lui-même identifié politiquement avec la Patrie. Ils apprennent par cœur des phrases comme celles-ci:

> L'État est la nation organisée et administrée. . . . Le Gouvernement est l'organe directeur de l'État. . . .
> . . . Un bon citoyen cherche toujours à s'instruire. Il respecte la loi, paie loyalement ses impôts, se soumet à l'obligation militaire et défend sa patrie quand elle est menacée. . . .
> Il possède l'esprit de coopération et d'entr'aide. . . .

Le Caractère

Les enfants acceptent aisément la notion de Patrie, car chez eux et au village, ils n'entendent parler de la patrie qu'avec amour et respect. Le Monument aux Morts est un lieu vénéré dans la commune. Plusieurs fois par an, les enfants voient tous les hommes du pays, oubliant momentanément leurs différends personnels, aller ensemble déposer solennellement une couronne au pied du Monument.

Enfants, ils savent que «la douce France», ce merveilleux hexagone, est un pays privilégié. Ils savent que la langue française est la langue de la civilisation et que les peuples civilisés de toute la terre considèrent la France comme leur seconde patrie. Adultes, ils reconnaissent qu'officiellement, légalement, moralement, statistiquement, ils font bien partie de l'État qui administre les affaires de la France. Mais, quoiqu'ils aiment la France, ils n'aiment guère cet État.

Car les gens de Peyrane rejettent purement et simplement les «belles phrases» du livre d'instruction civique. En théorie, oui, le Gouvernement est peut-être l'équivalent de la Patrie, mais en fait, comme il se trouve composé d'êtres humains, c'est-à-dire de gens faibles, égoïstes et intrigants, le citoyen doit, au lieu de coopérer avec eux — comme le demande le livre — essayer par tous les moyens de les empêcher d'accroître leur pouvoir sur les individus et sur leur famille.

Les Peyranais sont tous d'accord sur ce point: tout homme qui a des droits sur un autre homme est par essence le mal personnifié. Ils admettent volontiers qu'un individu puisse entrer vertueux dans la politique, mais ils n'accepteront jamais de croire qu'il puisse le rester, une fois au pouvoir.

D'ailleurs les livres d'instruction civique avouent décrire un idéal plutôt qu'un état de fait. Ils précisent que la politique

> doit être un grand service public, l'art de réaliser plus de justice et de bonheur parmi les hommes....
>
> Elle ne doit pas être la conquête d'avantages particuliers et ne doit surtout pas déchaîner les passions....
>
> Elle éveille trop souvent de la défiance, du dédain et même du dégoût....
>
> Dans un État démocratique comme le nôtre, la participation à la vie nationale doit être le premier devoir d'un citoyen. Pourtant bien des gens honnêtes et intelligents, qui pourraient être les meilleurs guides de la vie publique, s'en détournent en la jugeant sévèrement.
>
> 1) La politique en effet suscite beaucoup de *défiance*. On évite d'en parler dans les réunions de famille, dans les associations amicales, professionnelles ou sociales. On l'exclut de l'armée, qui doit être «la grande muette»,* comme de la magistrature. Elle ne doit pas entrer à l'école.
>
> 2) Le *dédain* qui l'accable n'est pas moins grand. «La politique est une spécialité que j'abandonne aux spécialistes», déclare l'écrivain Georges Duhamel*. Il exprime ainsi le mépris affiché par un grand nombre d'intellectuels à l'égard de ce que l'un d'eux appelle «le ménage de la nation».
>
> 3) D'où un *dégoût* pour la politique, comme pour ceux que l'on nomme

la grande muette: l'armée n'a pas le droit de vote et doit s'abstenir de toute politique.
Georges Duhamel: écrivain français né en 1884, membre de l'Académie française

«les politiciens», et que l'on s'efforce de présenter comme des hommes de peu de moralité, de mince mérite, incapables de s'élever par eux-mêmes et de servir utilement*.

Il n'y a d'ailleurs rien de personnel dans les attaques des Peyranais. Il ne s'agit même pas d'un gouvernement plutôt que d'un autre. Il s'agit de tous les gouvernements du monde. Certains sont peut-être moins mauvais que d'autres, mais, par définition, ils sont tous mauvais.

Extrait de Village en Vaucluse, *de Lawrence Wylie et Armand Bégué,*
Houghton Mifflin Company, Boston.

. . . servir utilement: *Éducation morale et civique,* Ballot et Aveille (Paris, Charles Lavauzelle, 1952), p. 233.

Questions

1. De quoi sont responsables les «ils» de l'extérieur?
2. Qui sont ces «ils»?
3. Qu'est-ce que le Gouvernement selon les livres d'instruction civique?
4. Montrez que les villageois aiment et respectent la Patrie.
5. Que pensent-ils de ceux qui entrent dans la politique?
6. Que pensez-vous de la déclaration de Georges Duhamel?
7. Partagez-vous le dégoût des Français pour la politique?

Dialogue N° 13

Dans une rue de Paris, un automobiliste fait une fausse manœuvre et provoque un embouteillage.

Premier automobiliste: — Mais rangez-vous donc! Bon sang de bon sang!
Monsieur Pressé: — Quoi? Me ranger? Elle est bien bonne!
Deuxième automobiliste: — Il faut être complètement fou pour faire une idiotie pareille!
M. Pressé: — Pas plus fou que vous!
Un agent de police: — Alors?
M. Pressé: — Alors quoi?
L'agent: — Vous ne pouvez pas faire comme tout le monde?
M. Pressé: — J'étais dans mon droit. Le feu était au vert.
L'agent: — Vos papiers, s'il vous plaît.
M. Pressé: — Les voici. Je suis en règle, moi, vous voyez?
L'agent: — Je me vois obligé de vous dresser une contravention.
M. Pressé: — Quoi? Une contravention?
L'agent: — Je ne fais que mon métier. Le règlement, c'est le règlement.
M. Pressé: — Mais c'est absolument grotesque, c'est stupide, c'est...
L'agent: — Pour les doléances, adressez-vous à la Préfecture. En attendant, dégageons la voie.
M. Pressé: — Je dégage, je dégage! Mais vous me le paierez cher, mon ami. Vous allez voir. J'ai le bras long.

Même scène à New York

L'agent: — Bonjour, Monsieur.
M. Pressé: — Bonjour, Monsieur l'Agent.
L'agent: — Ça n'a pas l'air de marcher, hein? Vous savez pourquoi je suis ici?
M. Pressé: — Pour régler la circulation.
L'agent: — Il serait plus juste de dire que je suis là pour que la circulation ne s'arrête pas. Pas vrai?
M. Pressé: — Oui, Monsieur l'Agent.
L'agent: — Vous voyez ce qui arrive quand on n'obéit pas aux signaux?
M. Pressé: — Je sais, Monsieur l'Agent.
L'agent: — Eh bien, au prochain feu vert, je vous ferai signe de tourner à gauche et de disparaître le plus vite possible.
M. Pressé: — Oui, Monsieur l'Agent.

Exercices

Répondez sur le modèle indiqué.

I. Il parle à Jean? *Réponse:* Il lui parle.

1. Il donne quelque chose à son ami?
2. Il présente quelqu'un à la dame?
3. Il montre quelqu'un à l'agent?
4. Il obéit à sa mère?
5. Il téléphone à son père?
6. Il fait signe à l'agent?
7. Il résiste au gendarme?
8. Il dit non au gendarme?
9. Il déclare tout au percepteur?
10. Il ordonne au conducteur de partir?

II. Il se soumet à la discipline? *Réponse:* Oui, il s'y soumet.

1. Il pense à la maison?
2. Il croit au paradis?
3. Il se présente aux élections?
4. Il s'intéresse aux affaires?
5. Il s'adresse au bureau?
6. Il se plaint à la maison?
7. Il tient à son indépendance?
8. Il se fie à son goût?
9. Il se montre au café?
10. Il songe à Paris?

III. Il se soumet à son père? *Réponse:* Oui, il se soumet à lui.

1. Il pense à son père?
2. Il croit en son ami?
3. Il se présente au ministre?
4. Il s'intéresse à cet étranger?
5. Il se plaint au préfet?
6. Il tient à son ami?
7. Il se fie à son ami?
8. Il se montre à son ami?
9. Il s'adresse au fonctionnaire?
10. Il songe à son ami?

IV. Il se méfie de la discipline? *Réponse:* Il s'en méfie.
   1. Il parle de la discipline?
   2. Il s'occupe de ses affaires?
   3. Il se plaint des impôts?
   4. Il se sépare de son auto?
   5. Il reçoit des livres?
   6. Il se moque des phrases?
   7. Il se charge de ce travail?
   8. Il s'étonne de ce silence?
   9. Il rêve d'une maisonnette?
   10. Il se souvient de Paris?

V. Il se méfie de l'État? *Réponse:* Il se méfie de lui.
   1. Il parle de son ami?
   2. Il pense du bien de son ami?
   3. Il s'occupe de son père?
   4. Il se plaint de son professeur?
   5. Il se sépare de son collègue?
   6. Il reçoit quelque chose de son ami?
   7. Il se moque du flic?
   8. Il s'étonne du fonctionnaire?
   9. Il se charge de son père?
   10. Il rêve de son fils?

VI. Rangez-vous. *Réponse:* Moi, me ranger?
   1. Soumettez-vous.
   2. Séparez-vous.
   3. Méfiez-vous.
   4. Laissez-vous faire.
   5. Plaignez-vous ailleurs.
   6. Occupez-vous de lui.
   7. Mariez-vous avec elle.
   8. Adressez-vous à la Préfecture.
   9. Arrêtez-vous.
   10. Allez-vous-en.

VII. Ce sont des gens connus. Elle peut se défendre contre eux.
   Réponse: Ce sont des gens connus contre lesquels elle peut se défendre.
   1. Voyez la famille. Je travaille pour elle.
   2. C'est le paysan. Je suis brouillé avec lui.
   3. Ce sont des personnes âgées. Nous n'avons pas beaucoup de rapports avec elles.
   4. Comment s'appellent les locataires? Vous échangez des politesses avec eux.
   5. Où est la famille? Vous habitez chez elle.
   6. C'est un homme bizarre. On dit des choses abominables sur lui.
   7. J'ai vu des guichets. Des fonctionnaires étaient assis derrière.
   8. Qui sont ces généraux? On s'enthousiasme pour eux.
   9. Comme je déteste cet homme! Je dois travailler pour lui.
   10. Vendez-moi les maisons. Il y a des jardinets devant.

Le Caractère

TROISIÈME PARTIE

« La critique est aisée et l'art est difficile. »

DESTOUCHES (1680–1754)

L'Esprit critique

L'esprit critique est l'un des traits les plus constants et les plus désagréables des Français. Ils sont des rouspéteurs, comme on dit familièrement; ils sont caractérisés par « la hargne, la rogne et la grogne », comme dit le général de Gaulle. L'Américain fait de son mieux pour rendre sa critique constructive: le Français, iconoclaste, n'hésite pas à attaquer les plus authentiques valeurs et les plus hautes personnalités. Des journaux comme « Le Canard Enchaîné » et les chansonniers de Paris prouvent abondamment cette verve satirique. Pour les Français, la critique est une fonction naturelle: on critique comme on respire. Les étrangers eux-mêmes, pour peu que leur séjour en France se prolonge, se mettent à critiquer à tort et à travers. Les Français établis aux États-Unis produisent une pénible impression quand ils s'en prennent à la cuisine, à l'enseignement, à la politique, au matérialisme, au racisme, etc. de leurs hôtes.

Le Français ne croit-il donc à rien? Si, mais il doute des valeurs auxquelles il voudrait croire. Il est sceptique plutôt que cynique. Quand on fait devant lui une déclaration un peu trop affirmative, sans avoir pris la précaution de nuancer ou d'envelopper sa pensée, il ne résistera pas au plaisir pervers de formuler des réserves, des objections, ou de contredire carrément. Pour ce faire, il a mille formules à sa disposition: « Ce que vous dites est sans doute vrai, mais croyez-vous vraiment que... » Ou: « Je veux bien croire que . . . mais il n'en est pas moins vrai que... » Ou: « Oui, et pourtant, cher Monsieur, à y réfléchir de plus près... » Ou encore: « Mais pas du tout, mon vieux! Tu te trompes du tout au tout! » Le Français est un monsieur qui dit « mais ».

Cet esprit critique n'empêche d'ailleurs pas la délicatesse des sentiments. Derrière une façade railleuse, le Française cache souvent beaucoup de tendresse et de pudeur. Il a tellement peur d'être dupe qu'il fait semblant de croire que tout est au plus mal dans le plus mauvais des mondes. Il a appris l'art de jouir de la vie mais il ne veut pas se déclarer heureux. Demandez à un commerçant prospère s'il est content. Il vous répondra laconiquement: «On se défend.»

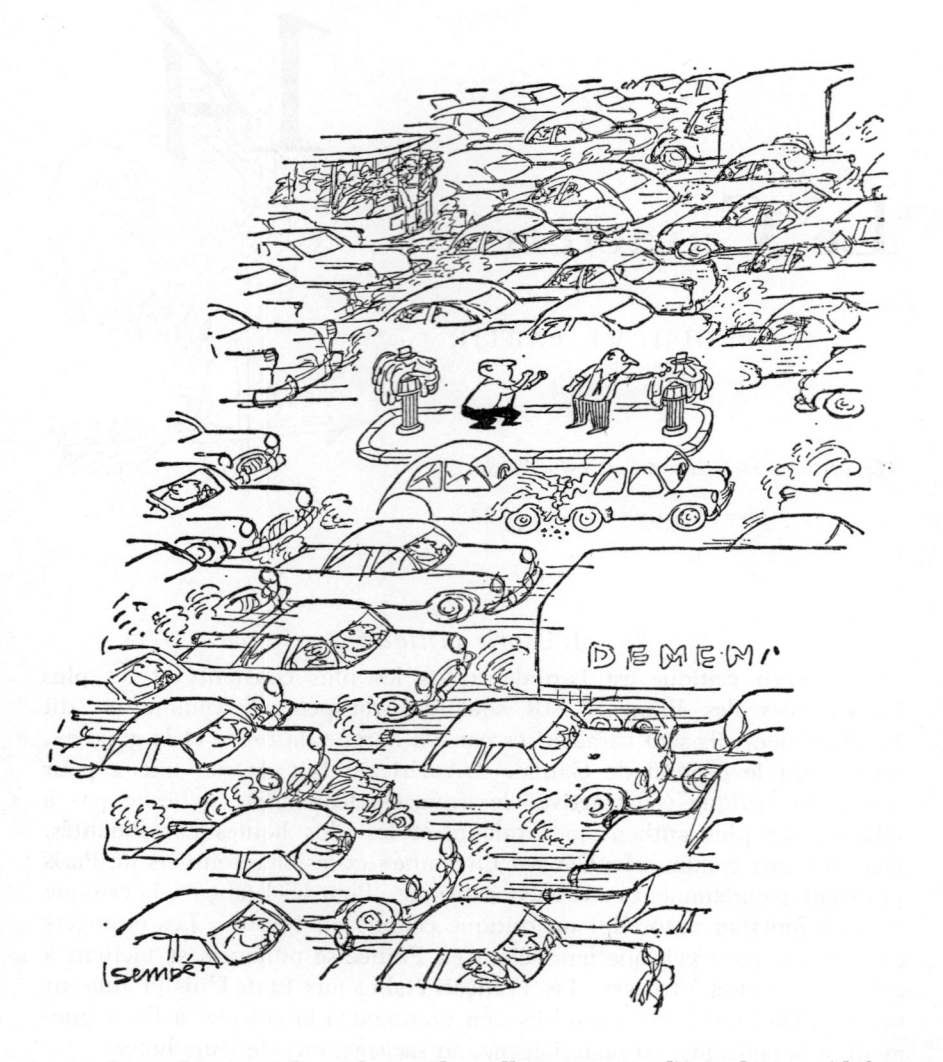

Le Français critique constamment: quelquefois même il explose. Qu'on ne s'y trompe pas pourtant. Ses violences sont verbales et sans suite. Un proverbe latin dit: «Le chien aboie plutôt que de mordre.» Le Français s'excite, s'emporte, puis se calme et oublie tout. Il n'avale pas sa colère, il la rend inoffensive en l'extériorisant. C'est une technique merveilleuse qui lui permet de se débarrasser des tensions engendrées par la vie en société. Aux États-Unis, quand un automobiliste tamponne une voiture, il **présente ses excuses et communique son adresse et celle de son**

assureur: rien ne se passe. En France, c'est toute une affaire. La circulation s'arrête, les badauds s'attroupent et encouragent les deux conducteurs à «se casser la figure». Malheureusement pour les spectateurs, les deux se contentent de s'insulter; il est rare qu'ils en viennent aux coups. Le conducteur fautif crie plus fort que l'autre, sachant fort bien que s'il se taisait, il admettrait ainsi sa faute ou son imbécillité. En France, les duels sont verbaux: c'est avec la parole qu'on tue.

Dans un cas pourtant, le Français met son esprit critique en sourdine: c'est quand il s'agit de la patrie. S'il hait l'État, il chérit la patrie. Sa tendresse pour elle s'exprime à l'occasion des fêtes nationales, des revues militaires et des moments de crise. Il parle alors d'une France meurtrie, douloureuse, glorieuse, douce, éternelle. Ce patriotisme se transforme aisément en chauvinisme. Le Français est persuadé de la supériorité de son pays tout comme l'Américain est persuadé de la supériorité du sien. Une enquête de l'UNESCO sur les stéréotypes a donné les résultats suivants: les Américains se croient surtout pacifiques, puis, dans l'ordre, généreux, intelligents, ouverts au progrès, travailleurs, courageux et pratiques (un étranger aurait cité cette dernière qualité en premier). Les Français, eux, se disent avant tout intelligents, puis, pacifiques, généreux, courageux et travailleurs. A leur décharge, il faut ajouter qu'ils admettent un péché mignon: la vanité. Cette vanité leur fait dire aussi: «La France est le plus beau pays du monde; elle est le champion par excellence des droits de l'homme; sa civilisation est la meilleure de toutes, etc.» L'écrivain allemand Sieburg a pu écrire que «celui qui fait la guerre à la France, fait la guerre à l'humanité». La grande majorité des Français est intimement convaincue que si la France venait à disparaître, le monde entier disparaîtrait avec elle dans une sorte de crépuscule des dieux.

On peut sourire de ce chauvinisme ou de cette foi, mais il ne faut pas oublier que c'est le sentiment patriotique qui a permis à la France de réaliser son unité, malgré les «ferments de dispersion» évoqués par le général de Gaulle. C'est à ce sentiment que les chefs d'État se sont toujours adressés aux heures sombres de l'histoire de France.

Questions

1. Qu'est-ce qu'un rouspéteur?
2. A quoi s'en prennent les Français établis aux États-Unis?
3. Le Français est-il vraiment cynique?
4. Comment répond-il aux déclarations trop affirmatives?
5. Que fait le Français quand il est en colère?
6. Comment rend-il la colère inoffensive?
7. Qu'arrive-t-il quand deux autos se tamponnent?
8. Quand les Français ne critiquent-ils pas?
9. Quelle opinion ont-ils d'eux-mêmes et de leur pays?
10. Connaissez-vous des manifestations du chauvinisme américain?

Les Autres

Nous sommes toujours à Peyrane, village en Vaucluse.

Les autres critiquent votre façon de vivre; ils vous disent comment élever vos enfants, comment dresser votre chien, et comment traiter votre belle-mère. Les autres voudraient se mêler de vos affaires. Ils essaient de tourner contre vous certaines personnes en répandant des soupçons vagues sur votre honnêteté et sur votre moralité. Ils parlent de vous dans votre dos. Ils ne vous respectent ni dans vos biens ni dans vos droits. Ils sont malhonnêtes et intransigeants.

Voilà à peu près comment tout habitant de la commune présente ses concitoyens à qui vient de l'extérieur avec l'intention de s'installer à Peyrane. Une grande méfiance envers autrui, en apparence tout au moins, semble prévaloir.

Et pourtant on a très rarement besoin de faire venir, à Peyrane, les gendarmes d'Apt. Dans ce cas, c'est pour arrêter des gens de passage qui ont commis de petits vols. Si, par extraordinaire, il s'agit de gens du pays, tout le monde tombe d'accord que celui qui s'est rendu coupable du larcin «avait complètement perdu la tête; il ne faut plus savoir ce qu'on fait pour prendre quelque chose à son voisin!» Les gens de Peyrane sont foncièrement honnêtes en matière de biens matériels.

Mais quand il s'agit de la réputation des autres, ils semblent toujours prêts à faire de leur mieux pour la détruire par tous les moyens. D'où il résulte évidemment que beaucoup de gens sont «brouillés». C'est-à-dire qu'ils ne se parlent pas, qu'ils évitent le plus possible de se rencontrer — ce qui n'est pas facile dans un si petit village — et que s'ils se trouvent nez à nez dans un lieu public ils échangent menaces et insultes, mais sans toutefois en venir jamais aux mains. Ce que chacun cherche confusément, c'est susciter dans son entourage des soupçons et des ressentiments contre son «ennemi».

Chacun fait naître le soupçon en créant l'impression que *l'autre* est une menace pour la société en général. Chacun s'arrange pour suggérer que *l'autre* est menteur, malhonnête, plein de malice, sans jamais dire explicitement qu'il est tout cela, mais avec le ferme espoir que les auditeurs et spectateurs comprendront bien que ces insinuations reposent sur des faits certains.

Voici un des sujets de composition française donné à l'école dans la classe des grands: «Les causes de mes colères; ce que j'ai envie de faire quand je suis en colère, et ce que je fais vraiment; combien de temps durent les brouilles.»

Et voici des extraits de deux de ces compositions:

Les autres enfants me mettent en colère quand ils me font des grimaces, quand ils me taquinent et quand ils trichent . . . Quand je suis en colère contre un camarade, j'ai envie de lui donner des coups de pied et de lui jeter quelque chose à la figure . . . Ces colères durent quelques heures ou quelques semaines, mais chez les grandes personnes, les brouilles peuvent durer des années et des années . . . . Les insultes qui me mettent le plus en colère sont: «imbécile», «idiot», «la ferme»,* «menteur», «c'est pas vrai».* J'ai envie de lui tomber dessus . . . . Mais ce que je fais vraiment: je lui hurle: «Attends un peu la sortie; tu verras comment j' m'appelle*; t'auras pas* le nez droit en rentrant chez toi.»

En somme les *brouilles* des enfants et celles des grandes personnes ont les mêmes causes, et les réactions des uns et des autres sont identiques.

Dans l'état opposé à la brouille, les gens sont, dit-on, *bien ensemble.* Être *bien ensemble* signifie qu'on prend l'apéritif ensemble, qu'on joue aux cartes régulièrement, que les familles passent la soirée ensemble de temps en temps, et qu'on se soutient mutuellement dans les brouilles avec les autres.

Si l'on n'est ni *bien* ni brouillé avec quelqu'un, on dit tout simplement: «Il n'y a rien entre nous», ni griefs ni raisons d'établir des rapports cordiaux.

Quoi qu'il en soit, les conversations et les commérages sont nombreux. Ils ne sont point charitables, et personne n'aime en faire les frais.

On pourrait établir une liste amusante de tout ce que l'on reproche à chacun des Peyranais: une mère laisse trop courir ses enfants dans la rue; une autre les tient trop à maison. Pouget se met trop facilement en colère; Baume est trop intrigant; Reynard est trop «ours»; François Favre perd son temps à des bavardages; Martron est trop rusé; Monsieur Pascal se laisse trop facilement duper, etc.

Bourdin dit: «Si le Christ lui-même venait habiter à Peyrane, *les autres* trouveraient quelque chose à redire sur Lui. A Peyrane personne ne peut avoir raison. Si vous n'êtes pas trop comme ceci, vous êtes trop comme cela. On vous critique si vous faites quelque chose, et on vous critique si vous ne le faites pas. C'est donc à vous de décider une fois pour toutes que *les autres* ne comptent pas. Ne dites à personne ce que vous pensez, ce que vous projetez de faire, combien d'argent vous gagnez. Occupez-vous de vos propres affaires, et n'ayez pas d'histoires avec *les autres.*»

Il y a peu de Peyranais qui suivent ces derniers préceptes. Préceptes, d'ailleurs, qui n'amènent pas de solution satisfaisante. Car, sans «histoires», sans *brouilles,* la vie est facilement terne, et, en évitant ainsi à tout prix tous rapports avec *les autres,* on risque de se priver *d'être bien* avec quelques personnes du village, c'est-à-dire qu'on court le risque de n'avoir personne avec qui parler.

Et comme la plupart des Peyranais ne sont pas du tout faits pour

---

la ferme: ferme ta gueule
c'est pas vrai: ce n'est pas vrai
j' m'appelle: je m'appelle
t'auras pas: tu n'auras pas

vivre hors de la société, ils s'arrangent fort bien, en public, pour prendre un air cordial, amical, hospitalier, jovial même.

Extrait de Village en Vaucluse, *de Lawrence Wylie et Armand Bégué,*
Houghton Mifflin Company, Boston.

Questions

1. Que critiquent *les autres?*
2. Dans quel cas les gendarmes viennent-ils à Peyrane?
3. Que dit-on si le larcin a été commis par un Peyranais?
4. Comment les Peyranais détruisent-ils la réputation des *autres?*
5. Quel était le sujet de la composition?
6. Quelles insultes mettent les garçons le plus en colère?
7. Combien de temps peuvent durer les brouilles?
8. Que fait-on quand on est *bien* avec quelqu'un?
9. Pourquoi la plupart des Peyranais ne suivent-ils pas les préceptes énoncés par Bourdin?

Dialogue N° 14

Il n'y a rien de tel qu'un compartiment de train pour voir surgir la fameuse hydre des «ils».

Première dame: — Ils pourraient tout de même vérifier leurs wagons avant de les mettre en service!
Deuxième dame: — Quand je pense qu'ils me font payer un billet pour cette pauvre petite bête!
Premier monsieur: — Pensez-donc!... Mais ils s'en fichent, madame! Ils s'en fichent du tiers comme du quart...
Deuxième monsieur: — Sauf du tiers provisionnel*...
Troisième monsieur: — Bien sûr!
Deuxième dame: — Pourvu qu'on paie!...
Deuxième monsieur: — Ils se fichent du reste!...
Troisième monsieur: — Si on avait un gouvernement...
Premier monsieur: — Il y en a un, mais c'est comme s'il n'y en avait pas.
Deuxième monsieur: — Ce qu'il nous faudrait, c'est un gouvernement qui gouverne...
Première dame: — Vous en demandez trop!
Troisième monsieur: — Un homme à poigne...
Deuxième dame: — Je te balancerais tout ça! Un bon coup de torchon!
Premier monsieur: — En attendant, ils sont là!
Deuxième monsieur: — Je pense bien! Et ils y restent!
Première dame: — Ils ne pensent qu'à s'en mettre plein les poches!
Deuxième dame: — L'assiette au beurre!

tiers provisionnel: le tiers des impôts qu'il faut payer à l'avance

Le Caractère

Premier monsieur: — Et les voyages aux frais de la princesse...vous avez vu cette soi-disant mission parlementaire en Afrique Noire?... Pfuitt! Qui est-ce qui paie tout ça, je vous le demande un peu?
Deuxième monsieur: — C'est nous!
Troisième monsieur: — C'est vous!
Deuxième dame: — C'est moi!
Premier monsieur: — Mais bien sûr! Ah! non, ils y vont fort! Quelle honte! Notre beau pays!
Troisième monsieur: — Si riche!
Première dame: — Et qui ne demanderait qu'à marcher!
Deuxième monsieur: — Ils finiront bien par le mettre à plat!
Premier monsieur: — Ils en seraient capables!
Première dame: — Enfin, regardez... cette voiture, ça n'est pas une honte? Quand je pense qu'il y a des étrangers qui voyagent! Quelle opinion ils doivent avoir!
Troisième monsieur: — J'écrirai à la compagnie...
Deuxième monsieur: — Vous pouvez bien leur écrire, allez!... Ils ne la liront même pas votre lettre!
Deuxième dame: — C'est une honte, vous entendez, une honte! Remboursez-moi mon billet!
Le Contrôleur: — Si vous avez une réclamation à faire, madame, il faut écrire à la S.N.C.F.
Deuxième dame: — Alors vous, vous servez à quoi?
Le Contrôleur: — Je contrôle les billets, madame... Votre billet, s'il vous plaît!

Dialogue extrait de Les Carnets du Major Thompson, *de Pierre Daninos,*
Librairie Hachette, Paris.

Exercices

Répondez sur le modèle indiqué.

I. On tue avec la parole.   *Réponse:* C'est avec la parole qu'on tue.

1. Les chefs s'adressent à ce sentiment.
2. Il faut écrire à la S.N.C.F.
3. Je l'ai dit, moi.
4. Ils s'en prennent à la cuisine.
5. Il vous le demande, lui.
6. Ils se fichent de vous.
7. On a raconté ça sur vous.
8. Il nous faudrait un gouvernement qui gouverne.
9. Le Français cache ses sentiments derrière cette façade.
10. On se fiche de vous.

II. Il n'y a pas de gouvernement.
    Réponse: C'est comme s'il n'y avait pas de gouvernement.

    1. Ils veulent toujours critiquer.
    2. Il s'agit d'une guerre.
    3. On est brouillé.
    4. Il en a besoin.
    5. Quelque chose va se passer.
    6. On ne peut pas faire autrement.
    7. Il faut payer deux fois.
    8. On le connaît personnellement.
    9. Il ne comprend plus.
    10. Ils en viennent aux coups.

III. Ils s'en mettent plein les poches.
    Réponse: Ils ne pensent qu'à s'en mettre plein les poches.

    1. Ils mettent le pays à plat.
    2. Ils écrivent à la compagnie.
    3. Ils lisent du soir au matin.
    4. Ils se servent des autres.
    5. Ils s'en prennent à nous.
    6. Ils sourient en public.
    7. Ils établissent des listes.
    8. Ils jouissent de la vie.
    9. Ils courent les rues.
    10. Ils se soutiennent.

IV. Il a peur. Il fait semblant de le croire.
    Réponse: Il a tellement peur qu'il fait semblant de le croire.

    1. Il a raison. Tout le monde le croit.
    2. Il a tort. Tout le monde le sait.
    3. Il a froid. Il tremble.
    4. Il a chaud. Il transpire.
    5. Il a honte. Il rougit.
    6. Il a faim. Il a des crampes.
    7. Il a soif. Il boit tout le temps.
    8. Il a sommeil. Ses yeux se ferment.
    9. Il a envie de partir. Il en parle constamment.
    10. Il a besoin de moi. Il ne me quitte jamais.
    11. Il a mal. Il crie.
    12. Il a confiance en moi. Il me dit tout.

V. Ne vous y trompez pas. Réponse: Qu'on ne s'y trompe pas.

    1. Ne vous en plaignez pas.
    2. Ne vous taisez pas.
    3. Ne vous en prenez pas à eux.
    4. Ne vous croyez pas si intelligent.
    5. Ne vous dites pas toujours intelligent.
    6. Ne vous le permettez pas souvent.
    7. Ne vous rendez pas.
    8. Ne vous faites pas critiquer.
    9. Ne vous y attendez pas.
    10. Ne vous en réjouissez pas si vite.

Le Caractère

VI. Vous êtes bien ou brouillé avec les Dupont?
   Réponse: On n'est ni bien ni brouillé.

1. Vous avez chaud ou froid?
2. Tu connais le fils ou la fille?
3. Tu manges le saucisson ou le jambon?
4. Elle vient de Peyrane ou d'Avignon?
5. Vous attaquez le Gouvernement ou la constitution?
6. Vous prenez du vin ou de la bière?
7. Vous allez devenir avocat ou docteur?
8. On critique le pays ou la patrie?
9. Ils ont insulté le contrôleur ou le voyageur?
10. Parle-t-elle français ou anglais?

VII. Ils sont rouspéteurs.
   Réponse: Il n'en est pas moins vrai qu'ils sont rouspéteurs.

1. Ils sont malhonnêtes.
2. Ils ne savent pas faire la cuisine.
3. Ils sont un peu bêtes.
4. Ils se mêlent de nos affaires.
5. Ils répandent des calomnies.
6. Ils parlent de nous dans notre dos.
7. Ils ne vous respectent pas.
8. Ils se brouillent toujours.
9. Ils trouvent toujours quelque chose à redire.
10. Ils perdent leur temps à bavarder.

Le Caractère

QUATRIÈME PARTIE

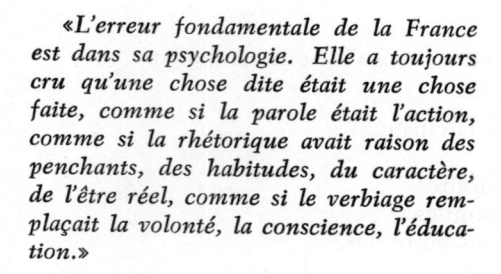

« L'erreur fondamentale de la France est dans sa psychologie. Elle a toujours cru qu'une chose dite était une chose faite, comme si la parole était l'action, comme si la rhétorique avait raison des penchants, des habitudes, du caractère, de l'être réel, comme si le verbiage remplaçait la volonté, la conscience, l'éducation. »

Henri-Frédéric Amiel (1821–1881)

Le Culte de l'intelligence

Les Français sont convaincus qu'ils sont les plus intelligentes créatures qui soient. L'intelligence est donc la première des qualités à leurs yeux, ce que ne doivent pas oublier les étrangers qui veulent flatter leur amour-propre. Aux États-Unis et en Grande-Bretagne, la force du caractère est au moins aussi importante que l'intelligence. En France, personne ne veut passer pour un imbécile et l'aveu « je me suis conduit comme un sot » exprime beaucoup plus de dépit que « I made a fool of myself ». Ce culte de l'intelligence explique pourquoi le mot « intellectuel » n'a pas le sens péjoratif qu'a « egghead ». Les intellectuels jouent un rôle considérable dans la vie du pays. Beaucoup de politiciens sont d'anciens professeurs, des écrivains et des universitaires, les hommes d'affaires restant généralement... dans les affaires.

Bien entendu, un Français ne naît pas plus intelligent qu'un autre. Seulement, à cause de la valeur attribuée à l'intelligence et à cause de l'enseignement fondé sur le développement des facultés intellectuelles, le milieu français est favorable à l'éclosion de cette qualité. On peut véritablement parler de gymnastique de l'esprit, pratiquée dès le plus tendre âge et encouragée par tous les membres de la société. C'est en forgeant qu'on devient forgeron. Les Français manient les idées et les principes avec d'autant plus de dextérité qu'ils ne se soucient pas toujours de leur application pratique. Quand un Américain invente une morale, il se croit obligé de pratiquer la morale qu'il enseigne. Les Français ont inventé les principes de la Déclaration des droits de l'homme, mais le rêve n'est jamais devenu réalité. Au pragmatisme américain et à la méthode britannique du «muddling through» s'oppose le culte de l'intelligence et des principes.

Le Culte de la raison

L'idéal classique est de soumettre les passions humaines au contrôle de la raison. «Sois raisonnable»: telle est l'injonction d'une mère française à son enfant de quatre ans (comme si on pouvait être raisonnable à cet âge!). La raison, c'est l'ordre, l'harmonie, la justice. Comme Goethe, les Français réclament «mehr Licht»,* mais ils ne sont pas d'accord avec le grand poète allemand quand il dit: «Je préfère une injustice au désordre», estimant qu'un désordre est ce qu'il y a de plus injuste.

L'ordre n'existant pas dans la nature, il faut faire régner partout la rigueur logique de l'homme. La France n'a pas seulement produit des mathématiciens célèbres; l'esprit mathématicien se retrouve dans tous les domaines: le géographe inscrit la France dans un hexagone; le polytechnicien* (selon Claude Washburn*) «met en équation la guerre, la tempête et l'amour»; dans les textes administratifs, des formules mathématiques règlent des rapports humains. De même, le conférencier évite de parler à bâtons rompus et de finir son exposé «en queue de poisson». Pour convaincre son auditoire exigeant, il s'attache à faire sa démonstration selon les règles d'un art logique et subtil. L'argumentation en coup de poing ne séduit pas, mais la nuance et la persuasion de la raison. «Il n'y a de vérité que dans les nuances.» (Benjamin Constant)

Cela ne veut pas dire que les Français soient toujours logiques avec eux-mêmes. La France est le pays de Descartes et de Voltaire: elle est aussi celui de Pascal* («Le cœur a ses raisons que la raison ne connaît point.») et de Bergson*, philosophe de l'intuition. Cartésiens les jours de la semaine, les Français deviennent irrationnels le dimanche et offrent au monde des spectacles de violences et de désordres. Ces cartésiens sont illogiques.

Le Culte de la clarté

C'est des Latins que les Français tiennent leur lucidité: sous l'aveuglant soleil meditérranéen, rien ne peut rester à l'ombre. «Ce qui n'est pas clair n'est pas français,» disait Rivarol*. Le culte de la clarté est

mehr Licht (allemand): plus de lumière
polytechnicien: ingénieur formé à l'Ecole Polytechnique
Claude Washburn: écrivain américain contemporain
Pascal: savant, philosophe et écrivain français (1623–1662)
Bergson: philosophe français (1859–1941)
Rivarol: écrivain français (1753–1801)

tel que les Français ne se croient pas obligés d'obéir quand les ordres sont confus. Pour comprendre la prose compliquée de leurs philosophes, les Allemands lisent la traduction française, raconte-t-on en France.

Au vin de l'oubli, les Français préfèrent le vin de la lucidité, même s'il est, comme le dit Henry de Montherlant, «source à la fois de souffrance et de joie pour celui qui en goûte». D'autres peuples couvrent d'un voile certaines vérités trop crues ou croient que tout est pour le mieux dans le meilleur des mondes. Le peuple français est trop vieux et trop lucide pour avoir gardé ses illusions. L'optimisme d'un Rousseau n'est pas français: l'homme n'est pas bon, il n'est pas perfectible, répètent la majorité des penseurs français; sa seule dignité est l'intelligence.

Beaucoup d'idées exprimées d'une façon logique et claire par des philosophes français ont acquis une portée internationale et ont partout éveillé les esprits. La France est le foyer de grandes idées généreuses et nobles qui ont permis la libération de l'homme. Elle se sent appelée à une vocation de peuple-guide, de phare de l'humanité. Bien sûr, elle ne propose pas de solutions aux grands problèmes de l'homme, mais elle a le mérite de poser ces problèmes en termes clairs et précis. «L'homme n'est pas né pour résoudre les problèmes du monde mais pour chercher où le problème commence, afin de se tenir dans les limites de l'intelligibilité» (Gœthe).

Questions

1. De quoi les Français sont-ils convaincus?
2. Qu'est-ce qui est aussi important que l'intelligence selon vous?
3. Comparez le mot *intellectuel* à *egghead*.
4. Pourquoi le milieu français est-il favorable à l'éclosion de l'intelligence?
5. Quel est l'idéal classique?
6. Préférez-vous une injustice au désordre?
7. Comment le conférencier essaie-t-il de convaincre son auditoire?
8. Les Français sont-ils tous des cartésiens?
9. Donnez un exemple du culte de la clarté.
10. Selon vous, l'homme est-il perfectible? Dans quel domaine?

Un Chauffeur de taxi cartésien

Tous les Français ne sont pas des intellectuels cartésiens*, et tous les intellectuels ne sont pas des sceptiques incapables d'action. Mais un bon nombre d'entre eux le sont ou bien désirent l'être. Le niveau général de culture, le respect de l'érudition, surtout chez les non-érudits, atteint en France un degré plus élevé que dans aucun des pays que je connaisse, et j'en connais beaucoup.

On trouve cet «intellectualisme» à tous les niveaux de la société.

cartésien: Cartesian, i.e. methodical and rational (from the name of the French philosopher **Descartes**)

Le garçon de café, le chauffeur de taxi, le patron de restaurant, tous ceux qui constituent ce qu'on appelle «le petit peuple», sont les interlocuteurs les plus stimulants sinon les plus exaspérants du monde. Les plus anarchiques et les plus volubiles de tous sont les chauffeurs de taxi. J'aime entamer délibérément avec eux des discussions — chose d'ailleurs facile — pour voir leur réaction. Je me souviens surtout d'une de ces discussions tant elle était, pour moi, superbement française. Elle ne pouvait avoir lieu nulle part ailleurs qu'à Paris, sauf peut-être à Brooklyn où il existe une sorte d'hommes dont la mentalité est voisine de la mentalité française.

Il était minuit. Nous roulions sur le quai d'Orsay, en direction de l'avenue Bosquet où j'habite. En arrivant au pont Alexandre III, le chauffeur ralentit car le feu était passé au rouge, puis, sans s'arrêter, il appuya sur l'accélérateur et brûla le feu rouge à toute vitesse. Il répéta ce manège au pont de l'Alma, avant de tourner dans l'avenue Bosquet.

Arrivé chez moi, je réglai la course et demandai au chauffeur pourquoi il avait brûlé les deux feux.

— Vous devriez avoir honte, lui ai-je dit. Un vétéran du volant comme vous ne devrait pas se moquer du règlement et prendre de tels risques!

Il me regarda d'un air sidéré: «Pourquoi avoir honte? Au contraire, je suis fier de moi. Je respecte le règlement et je n'ai aucune intention de me faire tuer.» J'allais protester, mais il m'interrompit:

— Au lieu de vous plaindre, écoutez un peu. Qu'est-ce que j'ai fait? J'ai brûlé un feu rouge ... et alors? Avez-vous seulement réfléchi à ce que c'est qu'un feu rouge et ce qu'il représente?

— Évidemment, dis-je. C'est un signal d'arrêt qui signifie que les voitures roulent dans l'autre sens.

Mon chauffeur sourit: «Exact, répondit-il, mais pas tout à fait. Ce n'est qu'un signal d'arrêt automatique et il ne signifie pas que des voitures circulent dans l'autre sens. Avez-vous vu des voitures au croisement? Non, bien sûr. J'ai ralenti au feu, j'ai regardé soigneusement à droite et à gauche. Il n'y avait pas une voiture à l'horizon, surtout à cette heure-ci. Et vous voudriez que je m'arrête comme un toutou parce qu'une machine automatique sans cervelle passe au rouge toutes les quarante secondes? Non, Monsieur!» Il plaqua son énorme poing sur le volant. «Je suis un homme, moi, pas une machine. Si le bon Dieu m'a donné des yeux et un cerveau, c'est bien pour quelque chose et pas pour obéir aux caprices d'une mécanique. Je devrais avoir honte, dites-vous. Eh bien, moi j'aurais honte de laisser ces lumières imbéciles me dire ce que je dois faire. Bonsoir Monsieur.»

Avait-il raison? Avait-il tort? Franchement, je ne le sais plus. L'originalité intellectuelle des Français finit par corrompre ceux qui y sont soumis. Il fut un temps où je croyais pouvoir discerner le bien du mal et j'ai toujours pensé qu'il était mal de brûler un feu rouge. Mais une dizaine d'années passées à Paris ont quelque peu ébranlé mes vieux principes anglo-saxons. De sorte que si je pense encore qu'il est mal de désobéir à un signal, je me dis aussi que, tard le soir et après m'être bien assuré qu'il ne vient pas de voiture dans l'autre sens, je peux très bien ignorer le-dit signal. Après tout, je suis un homme, pas une machine. N'est-ce pas?

Extrait de Ainsi va la France, de David Schoenbrun,
traduit de l'américain par Patricia Davenport.
René Julliard, éditeur, Paris.

Questions
1. Comment est le niveau général de culture en France?
2. Où trouve-t-on l'intellectualisme français?
3. Pourquoi le narrateur aime-t-il discuter avec les chauffeurs de taxi?
4. Où allait le narrateur à minuit?
5. Qu'a fait le chauffeur en arrivant au feu rouge?
6. Que lui a demandé son client en réglant la course?
7. Qu'a répondu le chauffeur?
8. Que pensez-vous de cette réponse?
9. Qu'auriez-vous fait à la place du chauffeur?

Rédaction
1. Un ami français accompagnant le narrateur écrit à sa femme ce qui s'est passé: «Il était minuit. Nous roulions . . . etc.»
2. Le chauffeur de taxi raconte l'incident à ses camarades.

Dialogue N° 15

Nous sommes à un vernissage. Écoutons les couples qui passent devant les toiles.

Premier couple: — Regarde-toi cette gouache. C'est énorme! C'est inouï! Ah! — Elle est moins à mon goût que l'autre, la bleu tendre avec des raies jaunes.

Deuxième couple: — Tu as vu cette monstruosité? — Où donc? — A droite, sur la banquette. Et elle se croit élégante avec ça!

Troisième couple: — Je te demande pardon! Delacroix ne se contente pas de donner une nouvelle dimension à l'univers... — D'accord. Mais n'empêche que les clairs-obscurs de Manet expriment la même nostalgie de l'absolu, non?

Quatrième couple: — J'ai eu un mal fou à remplacer ma bonne mais j'ai fini par en dénicher une en Bretagne. Elle n'est pas très dégourdie, mais elle n'est pas jolie non plus. Tu me comprends? — Ah! Ces hommes! Ils sont tous les mêmes, allez!

Cinquième couple: — Quelle présence! Personne n'est allé plus loin dans l'écriture du devenir. — Oui, c'est assez valable, tout ça. Seulement, je trouve que le volume des non-couleurs souligne un peu trop les synesthésies des correspondances. Vous comprenez ce que je veux dire?... Un je ne sais quoi. Vous saisissez?

Sixième couple: — ... Et arrivé chez elle, pfuitt! Plus personne! L'oiseau s'était envolé. — Ah! Ces femmes! Toujours les mêmes quand on les gâte trop.
Septième couple: — On pourra dire tout ce qu'on voudra, mais cette peinture non-figurative est tout à fait incompréhensible. — Mais personne ne te demande de comprendre, voyons! Ce que tu peux être bourgeois!
Huitième couple: — Vous avez vu Romain du Roman avec la Comtesse Eulalie? Il paraît qu'il brigue l'Académie. — Tiens, tiens! Je ne savais pas qu'il se faisait si vieux!

Exercices

Répondez sur le modèle indiqué.

I. Il se fait vieux.
   Réponse: Tiens, tiens! Je ne savais pas qu'il se faisait vieux.

   1. Elle se croit élégante.
   2. Elle a trouvé une bonne.
   3. L'oiseau s'est envolé.
   4. Il brigue l'Académie.
   5. Il est déjà minuit.
   6. Le feu est passé au rouge.
   7. Il faut s'arrêter.
   8. Nous sommes arrivés.

II. Je lui ai dit: «Vous devriez avoir honte!»
   Réponse: Vous devriez avoir honte, lui ai-je dit.

   1. Il dit: «Vous devriez avoir honte!»
   2. J'aurais dû dire: «Vous devriez avoir honte!»
   3. Il pensait: «Vous devriez avoir honte!»
   4. J'ai cru dire: «Vous devriez avoir honte!»
   5. Vous vouliez dire: «Vous devriez avoir honte!»
   6. Il a continué: «Vous devriez avoir honte!»
   7. Vous vous êtes permis de dire: «Vous devriez avoir honte!»
   8. Il a ajouté: «Vous devriez avoir honte!»
   9. Nous avons protesté: «Vous devriez avoir honte!»
   10. Tu as dit: «Vous devriez avoir honte!»

III. Ne brûlez pas les feux rouges!
   Réponse: Il lui a dit de ne pas brûler les feux rouges.

   1. Ne soyez pas si anarchiques!
   2. Ne réfléchissez pas si longtemps!
   3. N'obéissez pas aux machines!
   4. Ne désobéissez pas aux signaux!
   5. N'ayez pas peur!
   6. Ne ralentissez pas au croisement!
   7. Ne prenez pas de risques!
   8. Ne faites pas d'histoires!

9. Ne dites pas le contraire!
10. Ne devenez pas impoli!

IV. Ne m'interrompez pas!
 Réponse: Il lui a dit de ne pas l'interrompre.

1. Ne me désobéissez pas!
2. Ne me regardez pas.
3. Ne me dites pas ça!
4. Ne me demandez pas ça!
5. Ne me prenez pas pour un idiot!
6. Ne me faites pas rire!
7. Ne m'en parlez pas!
8. Ne me poursuivez pas!
9. Ne m'attendez pas!
10. Ne m'insultez pas!

V. Ne vous arrêtez pas!
 Réponse: Je lui ai dit de ne pas s'arrêter.

1. Ne vous moquez pas du règlement!
2. Ne vous faites pas tuer!
3. Ne vous approchez pas du croisement!
4. Ne vous dépêchez pas!
5. Ne vous fâchez pas!
6. Ne vous excusez pas!
7. Ne vous plaignez pas!
8. Ne vous croyez pas si intelligent!
9. Ne vous inquiétez pas!
10. Ne vous mettez pas en colère!

VI. Pourquoi avez-vous brûlé les deux feux?
 Réponse: J'ai demandé au chauffeur pourquoi il avait brûlé les deux feux.

1. Pourquoi ne vous êtes-vous pas arrêté?
2. Pourquoi n'avez-vous pas fait attention?
3. Pourquoi n'avez-vous pas ralenti?
4. Pourquoi n'avez-vous pas obéi?
5. Pourquoi n'avez-vous pas respecté le règlement?
6. Pourquoi n'avez-vous pas réfléchi?
7. Pourquoi n'avez-vous pas arrêté la voiture?
8. Pourquoi n'avez-vous pas regardé les feux rouges?
9. Pourquoi n'avez-vous rien dit?

VII. Pourquoi ne vous arrêtez-vous pas?
 Réponse: Je lui ai demandé pourquoi il ne s'arrêtait pas.

1. Pourquoi ne faites-vous pas attention?
2. Pourquoi ne ralentissez-vous pas?
3. Pourquoi n'obéissez-vous pas?
4. Pourquoi ne respectez-vous pas les règlements?
5. Pourquoi ne réfléchissez-vous pas?
6. Pourquoi n'arrêtez-vous pas la voiture?
7. Pourquoi ne regardez-vous pas les feux rouges?
8. Pourquoi ne dites-vous rien?

VIII. Ces tableaux sont bleu tendre. Et la gouache?
Réponse: Elle est bleu tendre aussi.
   1. Ces costumes sont vert pomme. Et la robe?
   2. Ces livres sont vert olive. Et la revue?
   3. Ces murs sont gris clair. Et la porte?
   4. Ces dahlias sont violet pâle. Et la tulipe?
   5. Ces bois sont brun foncé. Et la table?
   6. Ces blouses sont bleu-vert. Et la jupe?

16
La Joie de vivre

« L'inventeur d'un plat nouveau fait plus pour le bien de l'humanité que le découvreur d'une planète nouvelle. »

Brillat-Savarin (1755–1826)

Chaque pays a sa recette de bonheur. Pour les Français, la vie est un art patient, mesuré et subtil. Il consiste d'abord à ne pas se laisser bousculer mais à prendre son temps. Celui qui court toujours, même quand il n'a rien à faire, ne peut pas savourer la vie. Le Français est un flâneur. Il aime se promener sans autre but que de contempler un beau paysage (ou de jolies passantes), après quoi il vient finir sa rêverie à l'une de ces terrasses qui sont si nombreuses en France.

Cet art consiste aussi à user de tout sans abuser de rien. Le Français qui ne pense qu'à travailler s'expose autant aux reproches que celui qui ne pense qu'à s'amuser, à manger et à boire à l'excès. Très sociable, il aime rire et bavarder avec ses amis; individualiste, il se retire dans sa maison pour être en paix. Cette joie de vivre équilibrée et mesurée ne ressemble pas à la fureur de vivre que beaucoup d'étrangers s'imaginent trouver en France.

Étant doué d'une nature sensuelle, le Français essaie de jouir de chaque jour, de chaque minute vécue, qu'il s'agisse d'un travail, d'une distraction ou d'un repas. Il a l'amour des choses simples mais goûtées avec intensité. L'écrivain anglais Lawrence Durrell résume ainsi le bonheur qu'il a de vivre en France: « Tout est à la fois art et boulot . . . . Peindre, faire la cuisine, manger avec discernement, discuter, être boulanger ou maçon, courtiser avec *tendresse* et attention, c'est en France que ces activités quotidiennes sont fécondées par le véritable pollen de l'art. » (*L'Express,* 12 mai 1960)

C'est particulièrement dans les plaisirs de la table que les Français déploient cet art. La cuisine française est justement célèbre, tant pour sa qualité que pour sa riche variété. Toutes les Françaises ne sont évidemment pas des cordons-bleus, ni tous les restaurants des temples gastronomiques. Il n'est toutefois pas exagéré de dire que c'est en France qu'on mange le mieux. Même les clochards se font de la cuisine. Chaque province s'enorgueillit d'avoir fourni ses plats particuliers au pays et au monde entier. Le fameux guide Michelin envoie ses inspecteurs dans tous les restaurants de France et établit ensuite un classement. Guide en main, l'automobiliste organise alors son voyage de telle façon qu'il puisse prendre son repas dans un restaurant marqué d'une ou de plusieurs étoiles, même s'il doit faire un détour. S'il n'est pas content de la cuisine, il écrit une lettre indignée au guide Michelin. Le restaurant perd alors une étoile et le chef n'a plus qu'à suivre l'exemple de l'illustre Vatel*.

Le Français ne se nourrit pas: il mange. Toutefois, il ne vit pas pour manger, il n'est pas glouton. Dans certaines circonstances, il se paie un bon «gueuleton», mais en général il se contente d'un repas simple et bien préparé: bifteque, pommes frites, salade et fromage. Le dimanche, sa femme mijote un repas particulièrement bien soigné, se servant peut-être d'une recette que sa mère lui a transmise dans le secret. L'invité s'extasie, bien que ce soit contraire aux règles de l'étiquette: «ce coq au vin est un poème!»

Tout repas digne de ce nom s'accompagne de vin. La terre de France produit des crus si délectables que ses habitants décrivent en termes lyriques le plaisir qu'ils ressentent: «C'est comme si le Bon Dieu me descendait dans la gorge en culottes de velours.» L'arrivée d'une vénérable bouteille poussiéreuse signale le début d'un rite. On verse délicatement le vin dans les verres. On soulève alors son verre, on admire la couleur, on hume l'arôme, on en boit une petite gorgée, on la laisse séjourner un peu dans la bouche, on fait un petit claquement et on plisse les yeux en l'avalant; ensuite, on essaie de décrire le bouquet, on montre sa science en le comparant avec celui d'une autre année ou d'un vignoble voisin. Il y a ainsi un art de la dégustation, long à apprendre, aussi développé que celui de la cuisine, aussi fin et nuancé que celui de la littérature comparée.

Il y a pourtant des ombres au tableau. L'alcoolisme, ce fléau national, coûte à la France des sommes astronomiques. La consommation excessive d'alcool n'est pas en contradiction avec la philosophie de la modération. Les Français ne sont pas des ivrognes. Si beaucoup d'entre eux sont des alcooliques, c'est parce qu'ils boivent trop souvent des quantités qui ne sont pas assez fortes pour leur faire perdre la raison. On boit plus souvent parce que les occasions sont plus nombreuses. Le commerçant qui a eu une bonne journée, l'ouvrier qui vient de toucher sa paie, des amis qui se rencontrent dans la rue, tous ceux qui sont heureux pour une raison ou une autre associent leur joie avec la boisson. Celui qui refuserait «d'arroser,» de payer une tournée serait pris pour un radin. Celui qui se déroberait à l'invitation serait mal considéré: on ne refuse pas le verre de l'amitié. De même, on récompense les services du facteur, du concierge, etc., en leur versant à boire (d'où le mot «pourboire»). Il est donc souvent difficile de ne pas boire et cela est une des raisons pour lesquelles l'alcoolisme cause tant de ravages.

Vatel: célèbre maître d'hôtel du siècle de Louis XIV qui se donna la mort, se croyant déshonoré dans ses fonctions

— *J'en reprends une goutte, mais
c'est bien pour vous faire plaisir!...*

Autre ombre: le nouveau mode de vie. L'industrialisation rapide des dernières années a imposé aux régions industrielles un rythme de vie fiévreux. Le spectacle des foules dans les rues de Paris, dans les gares, dans le métro, ne fait nullement penser à la joie de vivre traditionelle. A Paris surtout, on rentre de moins en moins pour le déjeuner. On va avaler un repas hâtif dans une «cafeteria» ou dans un «snack-bar.» Les femmes pressées achètent des boîtes de conserve. On commence à prendre ses repas devant la télévision. Les journaux et les revues parlent à présent de l'angoisse des villes, des dépressions nerveuses, des psychanalystes. Les Français savent peut-être jouir de la vie mieux que personne mais leur idéal est devenu irréalisable pour beaucoup. Quand on leur demande: «Êtes-vous heureux?» 80% répondent: «Non.» N'oublions pas cependant que les Français se plaignent toujours, même s'ils sont parfaitement heureux.

Questions

1. En quoi consiste l'art de vivre français?
2. Quand s'expose-t-on aux reproches?
3. De quoi le Français essaie-t-il de jouir?
4. Quel rôle joue le guide Michelin?

5. Le Français mange-t-il beaucoup?
6. Comment les Français décrivent-ils les joies du vin?
7. Comment boit-on?
8. Pourquoi y a-t-il beaucoup d'alcooliques?
9. Qu'est-ce que le *pourboire*?
10. Décrivez le nouveau mode de vie.

La Pâte feuilletée

Bien que la majorité des Françaises sache faire la cuisine, il y en a qui n'ont pas toujours la main heureuse.

On dit qu'il y a des gens qui mangent bien toute l'année. Sans doute n'ont-ils pas épousé une «femme d'intérieur.»

Nous, c'est notre femme de ménage qui nous prépare nos repas et nous serions nourris convenablement si de temps en temps Georgie ne se mettait pas en tête de jouer à la petite femme d'intérieur modèle telle qu'on la voit sur la couverture de certains magazines féminins.

Petite femme d'intérieur avec tablier pimpant et gants de caoutchouc pastel!

Lorsque nous voyons Georgie ainsi accoutrée, nous savons, grand-maman Paméla et moi, que nous allons être contraints pendant une semaine, de manger en cachette des sandwiches et de nous empiffrer dans toutes les pâtisseries de rencontre de gâteaux écœurants.

En ces périodes de crise, Georgie coince la femme de ménage entre l'évier et le frigidaire et se met à faire elle-même la cuisine. Toute seule. Ces égarements, heureusement, ne se prolongent jamais plus d'une semaine. Mais quelle semaine! Quel cirque! *Panem et circenses!**

Circenses surtout, hélas! Georgie se lève beaucoup plus tôt. A onze heures du matin. Elle appelle ça l'aube naissante. A midi et demi, elle est en place devant les fourneaux, enfin prête. Prête, c'est-à-dire avec le petit costume d'opérette conseillé par le journal, la coiffure idéale pour cuisinière ... quelque chose de très simple: des nattes entremêlées d'un ruban assorti aux gants, un maquillage savant qui permet de dire qu'on est sans maquillage et qui laisse respirer la peau. Sur les épaules une sorte de grande cape en nylon pour se protéger des odeurs de friture.

A une heure de l'après-midi, lorsque je reviens du journal, Georgie finit à peine de feuilleter son livre de cuisine, mais son choix est fait: elle a décidé de s'atteler à la pâte feuilletée. Et l'aventure commence.

Bien sûr il n'est pas question de déjeuner. Georgie s'affaire dans la cuisine sous l'œil narquois de la femme de ménage, muette dans son coin, et grand-maman et moi nous allons tour à tour dans la salle de bains manger nos sandwiches au fromage. En cachette, car lorsque Georgie crée, elle est particulièrement susceptible et coléreuse.

panem et circenses: mots latins significant *du pain et les jeux du cirque*

Quand je repars pour le journal, Georgie travaille sa pâte. Elle la travaille encore le soir lorsque je reviens.

En général Paméla m'attend près de la porte et me confie à voix basse, comme s'il y avait un mourant dans la maison:

— Fais attention, sois calme, je crois savoir que la pâte n'a pas encore levé!

J'entre dans la cuisine, souriant, avec des fleurs, et je trouve Georgie active mais défaite: plus de nattes, plus de gants. Elle halète sous un vrai tablier emprunté à la femme de ménage qui dort sur sa chaise.

Je dépose les fleurs, je fais un sourire et je repars sur la pointe des pieds. Je sais qu'un mot, un geste pourraient être fatals à la pâte. Généralement, elle est cuite le lendemain pour le déjeuner. C'est du plâtre. Et il y en a toujours cinq kilos parce que Georgie s'est trompée dans les proportions.

— Comment la trouves-tu? me demande-t-elle avec un œil tel qu'il faudrait être Bayard* ou d'Artagnan* pour répondre: «ratée.» Je ne suis ni Bayard ni d'Artagnan, je dis entre mes dents soudées par la pâte:

— Exquise!

Paméla fait semblant de s'étrangler pour qu'on ne la voie pas mettre les morceaux dans ses poches.

— J'ai suivi la recette, dit Georgie, modeste.

Comme il y a beaucoup de pâte nous en mangeons pendant huit jours accommodée de différentes façons, plus ou moins réchauffée mais toujours ratée.

Nous en mangeons! C'est une façon de parler. La femme de ménage est prête à rendre son tablier si on l'oblige à y goûter. Grand-maman Paméla n'en reprend pas à cause de ses fausses dents et Georgie à cause de sa ligne.

Moi, je n'ai pas d'excuse . . . et je mange les cinq kilos de pâte avec ce sourire déchirant des héros tristes. Mais peut-être n'est-ce pas de l'héroïsme et tout simplement comme disent les scouts: la «B. A. Ba»* du mariage.

Extrait de Une si jolie petite peste, *de Marcel Mithois,*
Éditions Pierre Horay, Paris.

Bayard: capitaine français (1473–1524) surnommé *le Chevalier sans peur et sans reproche* à cause de son courage et de sa générosité

d'Artagnan: capitaine des mousquetaires du roi Louis XIV, immortalisé par Alexandre Dumas (*Les Trois Mousquetaires*, etc.). Il personnifie les grandes vertus militaires et morales.

B. A. Ba: jeu de mots sur B.A. (une bonne action) et «b-a, ba,» c'est-à-dire les premiers éléments de l'art

Questions

1. Qui prépare les repas en général?
2. Qu'est-ce que le narrateur et la grand-mère doivent faire quand Georgie fait la cuisine?
3. A quelle heure Georgie est-elle prête à commencer?

4. En quelle tenue se met-elle?
5. Combien de temps lui faut-il pour faire sa pâte feuilletée?
6. Que rapporte le mari le soir?
7. Pourquoi y a-t-il cinq kilos de pâte?
8. Pendant combien de temps le narrateur doit-il manger de cette pâte?
9. Pourquoi les trois femmes n'en mangent-elles pas?

Dialogue N° 16

Gérard a invité Jane chez ses parents.

Mme *Fontaine:* — Ah! bonjour, Jane. Ça fait longtemps que nous n'avons pas eu le plaisir de vous voir. Comment allez-vous?
Jane: — Très bien, merci, Madame.
Mme *Fontaine:* — Bon, vous avez la santé, vous. C'est parfait. Mais moi, j'ai toujours ce vieux rhumatisme qui me torture. Aïe. Enfin, ce n'est pas grave.
Maître Fontaine: — Bonjour, Jane. Alors, ça va? Qu'est-ce que vous devenez? Je vois que les gangsters de Chicago vous ont laissée saine et sauve.
Jane: — Oh! Vous savez, je sais me défendre. Et puis, en fait de gangsters, il y en a autant à Paris qu'à Chicago.
Me *Fontaine:* — Hélas! Ce n'est que trop vrai. Tenez, encore ce matin, au Palais de Justice, j'ai eu affaire à un blouson noir.
Gérard: — Permets-moi de te faire remarquer que Jane parlait des étudiants un peu... comment dirais-je... entreprenants. Ne le lui fais pas dire: elle en rougirait.
Me *Fontaine:* — Dans ce cas-là, passons tout de suite à table. Alors, Pulchérie, qu'est-ce que tu nous a mijoté ce soir?
Mme *Fontaine:* — Tout ce qu'il y a de plus simple: potage, entrée, coq au vin, jardinière de légumes, salade et fromage. Ce sera à la bonne franquette, quoi!
Me *Fontaine:* — Quel dommage! Si seulement vous aviez pu être des nôtres il y a huit jours. On vous aurait fait goûter un de ces gigots d'un dodu, d'un fondant!
Gérard: — Et cette vénérable bouteille que tu avais sortie de derrière les fagots pour en régaler nos amis! T'en souviens-tu? Ce détail te laisse indifférente, Jane. Le vin ne te dit toujours rien?
Jane: — Non. Peut-être que plus tard... Mais pour le moment, je me contente de boire du Château La Pompe.
Me *Fontaine:* — Tss, tss, tss! Quelle coutume barbare de faire fi de la dive bouteille. Vous ne savez pas ce qui est bon. Moi, quand je déguste un richebourg*, par exemple, c'est comme si le Bon Dieu me descendait dans la gorge en culottes de velours (*claquement de langue*).
Jane: — Le Bon Dieu en culottes de velours?

richebourg: vin de Bourgogne

Gérard: — C'est l'expression favorite de Papa quand il veut décrire les délices du vin. Tu sais bien que le français est tout truffé, tout farci (Tu vois!) d'expressions de ce genre.

Mme Fontaine: — Je suis sûre que son foie à lui est aussi farci que sa langue. Eau minérale, tisane de camomille, cataplasme... rien n'y fait.

Me Fontaine: — Diable! Tu me fais penser à quelque chose. Il faut que je donne un coup de fil à mon docteur. Excusez-moi un instant.

Exercices

Répondez sur le modèle indiqué.

I. Je lui fais dire que c'est vrai? *Réponse:* Oui, fais-le lui dire.

    1. Je leur montre le livre?
    2. Je lui prête les livres?
    3. Je leur donne les lettres?
    4. Je leur envoie les lettres?
    5. Je lui dis la nouvelle?
    6. Je leur annonce les nouvelles?
    7. Je leur transmets le message?
    8. Je lui demande les bouteilles?
    9. Je lui passe la bouteille?
   10. Je lui achète le vin?

II. Même exercice sur le modèle suivant:
Je lui fais dire que c'est vrai?
Réponse: Non, ne le lui fais pas dire.

III. Je vous raconte l'histoire? *Réponse:* Oui, racontez-la-moi.

    1. Je vous montre la lettre?
    2. Je vous prête la voiture?
    3. Je vous donne les boîtes?
    4. Je vous rends les livres?
    5. Je vous apporte la tisane?
    6. Je vous passe le vin?
    7. Je vous envoie la boîte?
    8. Je vous vends ma voiture?
    9. Je vous fais l'addition?
   10. Je vous prépare la valise?

IV. Même exercice sur le modèle suivant:
Je vous raconte l'histoire?
Réponse: Non, ne me la racontez pas.

V. Je verse du vin à Jeanne? *Réponse:* Oui, verse-lui-en.

    1. Je donne du vin à Jeanne?
    2. J'envoie des bouteilles à Jeanne?

La Joie de vivre

    3. Je parle de vos projets à Jeanne?
    4. Je fais des excuses à Jeanne?
    5. J'apporte de la tisane à Jeanne?
    6. Je montre des menus à Jeanne?
    7. Je prépare du coq au vin à Jeanne?
    8. Je sers des œufs à Jeanne?
    9. Je demande du whisky à Jeanne?
   10. Je raconte des histoires gauloises à Jeanne?

VI. Même exercice sur le modèle suivant:
Je verse du vin à Jeanne? *Réponse:* Non, ne lui en verse pas.

VII. Je vous verse du vin? *Réponse:* Oui, versez-m'en.

    1. Je vous donne du vin?
    2. Je vous montre des menus?
    3. Je vous envoie des bouteilles?
    4. Je vous prépare du coq au vin?
    5. Je vous sers des œufs?
    6. Je vous parle de mes projets?
    7. Je vous apporte de la tisane?
    8. Je vous raconte des histoires?
    9. Je vous récite des poèmes?
   10. Je vous offre des fleurs?

VIII. Même exercice sur le modèle suivant:
Je vous verse du vin? *Réponse:* Non, ne m'en versez pas.

IX. Même exercice sur le modèle suivant:
Je te verse du vin? *Réponse:* Oui, verse-m'en.

X. Même exercice sur le modèle suivant:
Je te verse du vin? *Réponse:* Non, ne m'en verse pas.

XI. Nous nous en souvenons. *Réponse:* Et toi, t'en souviens-tu?

    1. Nous nous plaignons du mauvais temps.
    2. Nous nous rendons compte de la situation.
    3. Nous nous servons de cette recette.
    4. Nous nous réjouissons du temps qu'il fait.
    5. Nous nous passons de vin.
    6. Nous nous contentons de ce vin.
    7. Nous nous moquons de la pluie.
    8. Nous nous faisons du souci.
    9. Nous nous occupons de politique.
   10. Nous nous chargeons de ce travail.

XII. Même exercice sur le modèle suivant:
Nous nous en souvenons.
Réponse: Et vous, vous en souvenez-vous?

XIII. Nous mangeons du poulet.
Réponse: Et toi, en manges-tu?

1. Nous apercevons des coqs.
2. Nous prenons des leçons.
3. Nous buvons du vin.
4. Nous connaissons de bons restaurants.
5. Nous craignons des malheurs.
6. Nous écrivons des lettres.
7. Nous mettons des assiettes.
8. Nous attendons des amis.
9. Nous servons de la tisane.
10. Nous sortons du restaurant.

XIV. Même exercice sur le modèle suivant:
Nous mangeons du poulet. *Réponse:* Et vous, en mangez-vous?

XV. Nous allons au restaurant. *Réponse:* Et toi, y vas-tu?

1. Nous construisons dans ce village.
2. Nous serons à la gare.
3. Nous courons à la gare.
4. Nous dormons à hôtel.
5. Nous faisons attention à notre santé.
6. Nous lisons au lit.
7. Nous rions au cinéma.
8. Nous tenons à notre solitude.
9. Nous venons à la réception.
10. Nous buvons dans cette chambre.

XVI. Même exercice sur le modèle suivant:
Nous allons au restaurant. *Réponse:* Et vous, y allez-vous?

XVII. Nous nous asseyons sur le canapé. *Réponse:* Et toi, t'y assieds-tu?

1. Nous nous plaisons à Paris.
2. Nous nous arrêtons à Paris.
3. Nous nous rendons à Paris.
4. Nous nous sentons à l'aise à Paris.
5. Nous nous recueillons à l'église.
6. Nous nous amusons à l'école.
7. Nous nous égarons dans cette ville.
8. Nous nous endormons dans le train.
9. Nous nous ennuyons dans ce musée.
10. Nous nous installons sur la terrasse.

XVIII. Même exercice sur le modèle suivant:
Nous nous asseyons sur le canapé.
Réponse: Et vous, vous y asseyez-vous aussi?

Le Calendrier des fêtes

«Ce n'est pas tous les jours fête.»

PROVERBE FRANÇAIS

Dans un pays vieux comme la France et de tradition catholique, les fêtes sont nombreuses et variées. Certaines se célèbrent chez soi, d'autres dans les rues, au restaurant, au dancing; d'autres à l'église, au cimetière ou au monument aux morts. Le son des cloches les accompagne presque toujours. Les Français libérés et leurs libérateurs alliés se souviendront encore longtemps de cette sonnerie de cloches qui répandit l'allégresse dans toute la France en mai 1945.

En plus des grandes fêtes nationales intéressant tout le pays, on célèbre des fêtes particulières. En effet, chaque province, chaque ville, chaque village, chaque corps de métier a son saint ou sa tradition à honorer. Ainsi, en Lorraine, on célèbre la Saint-Nicolas le 6 décembre; en Bretagne se tiennent les fameux pèlerinages appelés «pardons»; le plus petit village a sa fête annuelle, avec ses stands de tir et ses manèges; les écoliers fêtent leur patron, saint Charlemagne, le 28 février; sainte Barbe est la patronne des pompiers; le 25 novembre, les midinettes qui «coiffent sainte Catherine», c'est-à-dire qui ont vingt-cinq ans et qui risquent de devenir des vieilles filles, chargent leur patronne de leur trouver un mari.

Mais beaucoup de fêtes ont perdu leur vieille signification religieuse et disparaissent lentement. Quelquefois elles subsistent pour des raisons commerciales ou parce que ce sont des jours fériés. L'Ascension et l'Assomption, jours fériés, n'ont de sens que pour les catholiques pratiquants. Le calendrier actuel des fêtes civiles et religieuses peut s'établir de la façon suivante:

Le jour de l'An

En réalité, la fête commence la veille, c'est-à-dire le 31 décembre. Qu'ils aillent à un bal public ou dansent chez eux, beaucoup de gens passent la Saint-Sylvestre en joyeuse compagnie. A minuit, on s'embrasse

sous le gui en se souhaitant une bonne et heureuse année et le champagne
coule à flots. Le lendemain, les grandes personnes reçoivent leurs étrennes,
si elles ne les ont pas déjà reçues à Noël, comme les enfants. L'usage veut
aussi qu'on rende visite à ses parents et amis ou qu'on leur envoie sa carte
de visite: «M. et Mme André Courtois et leurs enfants vous adressent leurs
meilleurs vœux à l'occasion du Nouvel An.» On récompense le personnel
domestique, la concierge, le facteur, les boueurs.

La fête des Rois

Elle est célébrée le 6 janvier pour commémorer l'adoration des rois
mages. La coutume veut qu'on mange une galette dans laquelle est
cachée une fève. Celui ou celle qui trouve la fève dans son morceau
devient roi ou reine.

Le Mardi gras

C'est le dernier jour avant le Carême, période d'abstinence pour les
catholiques. Au menu du jour figurent des crêpes. Dans les grandes villes,
il y a des bals costumés et quelquefois même des défilés de chars portant
des personnages monstrueux. A Nice, capitale française du Carnaval,
Sa Gracieuse Majesté le Roi Carnaval se promène dans sa bonne ville,
sous une pluie de confetti, de fleurs et de serpentins. On brûle le roi en
grande pompe, le soir, comme il se doit.

Le Dimanche des Rameaux

Les fidèles rapportent de l'église des branches de buis, d'olivier ou
de laurier qui doivent protéger la maison. Puis vient la Semaine sainte.
Le Vendredi saint, les cloches s'envolent à Rome; selon la tradition
populaire elles y vont pour se confesser. En leur absence, les garçons
du village annoncent l'heure des offices religieux au moyen de bruyantes
crécelles.

Pâques

Fête essentiellement religieuse où tout catholique doit faire . . . ses
pâques, c'est-à-dire se confesser et communier. On porte un costume neuf
ou une toilette neuve pour la circonstance. Les cloches qui reviennent de
Rome (ou le Lapin de Pâques dans l'Est) apportent aux enfants de grands
œufs, des poules, des poussins et des lapins, en sucre et en chocolat. Au
repas, on sert le traditionnel agneau pascal.

Le premier avril

C'est le jour des farces. Il faut se méfier, entre autres, des informations sensationnelles rapportées par les «amis» ou même par le journal:
«Il paraît que Khrouchtchev s'est fait trappiste.» Ou encore: «Le Ministre
des Finances a supprimé les impôts.» On se moque alors de ceux qui
«marchent» en leur disant «Poisson d'avril!»

Le premier mai

C'est la fête du Travail; celle du Muguet aussi. Les jeunes gens vont cueillir un bouquet de muguet dans les bois ou en achètent un dans les rues, pour l'offrir ensuite à celles qu'ils aiment.

Le 8 mai

Anniversaire de la Libération de 1945. Fête patriotique.

Fête de Jeanne d'Arc

La fête de la patronne de la France est célébrée le deuxième dimanche du mois de Mai. A Paris, à Rouen et à Orléans, la fête prend un éclat particulier.

La Fête-Dieu

Elle tombe un jeudi (onze jours après la Pentecôte) mais elle est généralement reportée au dimanche suivant afin que tous les catholiques puissent suivre la procession du Saint Sacrement à travers les rues.

Le Quatorze juillet

La veille de la fête nationale, des gens portant des torches et des lampions défilent dans les rues: c'est la retraite aux flambeaux. Le lendemain, les personnalités officielles prononcent des discours patriotiques et déposent des gerbes aux monuments aux morts (à Paris, sur la tombe du soldat inconnu, sous l'Arc de Triomphe). Les troupes défilent sous les acclamations de la foule. La journée finit en beauté: bals dans les rues et feux d'artifice.

La Toussaint

Le matin du premier novembre est plein d'allégresse religieuse mais l'après-midi est consacré au culte des morts. Le lieu de rencontre est le cimetière. C'est là que viennent se recueillir sur les tombes décorées de chrysanthèmes les parents des défunts. Pour les enfants, la Toussaint est un jour lugubre: il ne faut ni rire ni jouer, les gens sont habillés de vêtements sombres, la cloche sonne le glas, la radio ne diffuse que des programmes de circonstance. Leur seule distraction est de retrouver des tantes ou des cousins venus de très loin et qu'ils ne voient que ce jour-là.

Le jour de l'Armistice (11 novembre)

L'Armistice commémoré ici est celui qui mit fin à la guerre de 1914–1918.

Noël

Bien avant le 25 décembre, parents et enfants ont dressé un arbre de Noël, de même qu'une crèche avec les personnages traditionnels. La veille de Noël venue, les enfants mettent leurs souliers bien cirés devant la cheminée, espérant que le Père Noël les remplira de cadeaux. Mais quelquefois, le Père Fouettard dépose des verges pour ceux qui ne sont pas sages! Les grandes personnes vont à la messe de minuit: elles y chantent de vieux noëls d'autrefois. Après la messe, on réveillonne à la maison généralement, sinon au restaurant. Le réveillon est un repas fin et plantureux, composé de foie gras et d'une dinde. Comme dessert, on sert une bûche de Noël ou un pudding en flammes. Les pauvres ne sont pas oubliés, car, dans la plupart des villes et villages, la municipalité leur distribue des vivres et des cadeaux. Beaucoup de citadins sportifs quittent la ville pour aller faire du ski. Ils célèbrent Noël loin de chez eux, dans l'atmosphère animée des stations de montagne.

Questions
1. Où se célèbrent les fêtes?
2. Nommez quelques fêtes locales ou particulières.
3. Que veut dire «coiffer sainte Catherine»?
4. Comment se célèbre le jour de l'An en France? aux États-Unis?
5. Qui devient roi ou reine le 6 janvier?
6. Pourquoi le dimanche précédant Pâques s'appelle-t-il Dimanche des Rameaux?
7. Où vont les cloches le Vendredi saint?
8. Que doit faire tout catholique à Pâques?
9. Que fait-on le premier avril?
10. Qu'est-ce que la fête du Muguet?
11. Pourquoi la fête de Jeanne d'Arc prend-elle un éclat particulier à Rouen et à Orléans?
12. En quoi le matin de la Toussaint diffère-t-il de l'après-midi?
13. Qu'est-ce qu'un réveillon?
14. Où vont beaucoup de citadins à la fin de l'année?
15. Établissez un calendrier des fêtes américaines.

Quatorze Juillet

Une chose bien remarquable, c'est le caractère populaire que la fête du 14 juillet a toujours revêtu en France. Cette commémoration officielle n'a rien de poussiéreux, ni d'embaumé, comme la plupart des commémorations. Même lorsque la nation est très divisée, et n'a pas, en dépit du suffrage universel, le gouvernement qu'elle désire, il semble qu'une trêve intervienne ce jour-là. Tout le monde est content sans trop savoir pourquoi. Je ne pense pas que la cause de cette joie soit la prise de la Bastille. Cet événement a eu lieu il y a cent soixante-huit ans, et l'on en a un peu oublié les détails. De même le plaisir d'avoir détruit l'Ancien Régime, et de l'avoir remplacé par les «Temps modernes» s'est passablement émoussé. Non: il s'agit de quelque chose de plus profond et de plus vague. Le 14 juillet, c'est l'anniversaire d'un jour où le peuple français s'est bien amusé. Cela se situe très bien dans l'année: au cœur de l'été; ordinairement il fait beau, le soleil brille, les femmes sont vêtues de robes légères et les hommes vaquent à leurs travaux en bras de chemise; le mot «juillet»

Le Calendrier des fêtes   139

lui-même a quelque chose de plaisant, de gai, d'heureux. Le 14 juillet 1789, en quelque sorte, le peuple français est devenu majeur. Il ne se lasse pas de fêter cette majorité.

La nuit du 14 juillet, tout est permis. Les garçons invitent à danser des filles qu'ils ne connaissent pas, et qui ne sont descendues dans la rue que pour eux. Vers minuit, un peu de tendresse s'insinue dans la joie populaire, et la fête nationale devient une fête sentimentale. Il serait intéressant de savoir combien de mariages se font, en France, chaque année, à cause du 14 juillet. Voilà le type de la statistique passionnante, et que l'on ne trouve jamais nulle part.

Les 14 juillet de mon enfance m'ont laissé des souvenirs grandioses. On voyait le général Gouraud* galoper sur un cheval blanc. Comme il n'avait qu'un bras, la manche vide de sa vareuse flottait derrière lui, ce qui était incroyablement héroïque. Il avait un sourire très gentil, et quand il passait, la foule criait: «Vive Gouraud!» Était-ce parce que j'avais cinq ans? Il me semble que les défilés de 1925 étaient immenses. Mon père m'installait à califourchon sur ses épaules, et je voyais des océans de soldats bleus déferler devant moi. Je rentrais à la maison absolument ivre de musique militaire, dans un état de bonheur et d'exaltation inouï: j'avais applaudi des régiments qui n'avaient rien à envier à la garde impériale ni aux cavaliers de Condé*. Les petits garçons de cinq ans, aujourd'hui, n'ont plus de ces émerveillements.

Extrait de Le Fond et la forme, *de Jean Dutourd, Gallimard, Paris.* Tous droits réservés.

Gouraud: célèbre général français (1867–1946)
Condé: prince de Condé (1646–1686)

Questions

1. Qu'est-ce qui distingue le 14 juillet des autres commémorations?
2. Qu'est-ce qui intervient ce jour-là?
3. Pourquoi est-on content?
4. Expliquez: le peuple français est devenu majeur.
5. Que fait-on la nuit?
6. Quelle statistique pourrait-on faire à ce sujet?
7. Pourquoi le spectacle du général Gouraud était-il héroïque?
8. Comment le petit garçon pouvait-il voir le défilé?
9. Dans quel état rentrait-il?
10. Selon vous, pourquoi les garçons n'ont-ils plus de ces émerveillements?

Dialogue N° 17

M. Naïf: — Lis voir* la carte que le facteur vient d'apporter.

Mme Naïf: — ... faire l'honneur d'assister à la réception qu'ils donneront le jeudi, premier Avril, à 20 heures. On ne t'a donc pas raconté une blague au bureau?

lis voir = lis donc

M. *Naïf:* — Je ne m'attendais pas à un tel honneur. Une invitation chez le grand patron!
Mme *Naïf:* — Oh! Mon Dieu!
M. *Naïf:* — Qu'est-ce qu'il y a?
Mme *Naïf:* — Je n'ai rien à me mettre sur le dos!
M. *Naïf:* — Achète-toi une robe neuve alors. Tant pis si nous devons nous serrer la ceinture après. Il y va de ma carrière.

Le soir du premier avril, devant l'hôtel particulier du directeur.

M. *Naïf:* — C'est curieux. Aucune fenêtre n'est allumée.
Mme *Naïf:* — Je t'avais bien dit de ne pas partir si tôt. Allons nous promener un peu.
M. *Naïf:* — C'est trop tard. J'ai déjà sonné.
Le domestique: — Monsieur et Madame désirent?
M. *Naïf:* — Voici ma carte.
Le domestique: — Veuillez entrer. Je vais prévenir Monsieur.
M. *Naïf:* — Ça devient de plus en plus bizarre. Il n'y a absolument personne.
Mme *Naïf:* — Tu as vu les housses sur les fauteuils? Je n'y comprends rien.
Le directeur: — Mais c'est ce cher Naïf! Mes hommages, Madame. Comme c'est charmant de votre part de venir me surprendre. Figurez-vous que ma femme a été appelée au chevet d'une parente malade.
M. *Naïf:* — Nous ne savions pas...
Le directeur: — Veuillez me suivre par ici. Je n'ai jamais eu l'occasion de m'entretenir avec vous. Saviez-vous, Madame Naïf, que votre mari est le meilleur employé de la maison?

Le lendemain, au bureau.

Un camarade: — Alors? Ça s'est bien passé, hier soir?
M. *Naïf:* — Mieux que vous ne pensiez. J'ai été nommé chef de bureau. A partir de maintenant, il faudra que vous m'obéissiez.

Exercices

Répondez sur le modèle indiqué.

I. Je veux y aller. *Réponse:* Je ne veux pas que tu y ailles!
  1. Je veux lui rendre visite.
  2. Je veux la recevoir.
  3. Je veux applaudir.
  4. Je veux me marier.
  5. Je veux devenir soldat.
  6. Je veux me faire couper les cheveux.
  7. Je veux me mettre à cette place.
  8. Je veux intervenir.
  9. Je veux savoir.
  10. Je veux m'établir ici.

Le Calendrier des fêtes

II. Même exercice sur le modèle suivant:
Je veux y aller. *Réponse:* Je ne veux pas que vous y alliez.

III. Serrez-vous la ceinture.
Réponse: Nous devons nous serrer la ceinture.
1. Recueillez-vous.
2. Disparaissez.
3. Recevez-le.
4. Riez.
5. Intervenez.
6. Souvenez-vous.
7. Offrez-leur des fleurs.
8. Cueillez du muguet.
9. Obéissez.
10. Confessez-vous.
11. Faites-vous connaître.
12. Applaudissez.

IV. Même exercice sur le modèle suivant:
Serrez-vous la ceinture.
Réponse: Il faut que nous nous serrions la ceinture.

V. Allons nous promener. *Réponse:* Promenons-nous alors.
1. Allons nous confesser.
2. Allons nous installer.
3. Allons nous amuser.
4. Allons nous coucher.
5. Allons nous asseoir.
6. Allons nous expliquer.
7. Allons nous présenter.
8. Allons nous reposer.
9. Allons nous montrer.
10. Allons nous préparer.

VI. Même exercice sur le modèle suivant:
Allons nous promener. *Réponse:* Non, ne nous promenons pas maintenant.

VII. Suivez-moi. *Réponse:* Veuillez me suivre.
1. Accompagnez-moi.
2. Attendez-moi.
3. Tenez-moi compagnie.
4. Introduisez-moi.
5. Conduisez-moi.
6. Répondez-moi.
7. Annoncez-moi.
8. Présentez-moi.
9. Donnez-moi votre chapeau.
10. Excusez-moi.

VIII. Asseyez-vous. *Réponse:* Veuillez vous asseoir.
1. Installez-vous.
2. Mettez-vous ici.
3. Rapprochez-vous.
4. Arrêtez-vous.
5. Calmez-vous.
6. Servez-vous.
7. Expliquez-vous.
8. Adressez-vous à Monsieur.
9. Dépêchez-vous.
10. Levez-vous.

IX. C'est bizarre. *Réponse:* Oui, ça devient de plus bizarre.
1. C'est lugubre.
2. C'est sombre.
3. C'est passionnant.
4. C'est mauvais.
5. C'est monstrueux.
6. C'est curieux.
7. C'est intéressant.
8. C'est bruyant.

X. Ce n'est plus gai. *Réponse:* Oui, c'est de moins en moins gai.
1. Ce n'est plus bon.
2. Ce n'est plus célébré.
3. Ce n'est plus possible.
4. Ce n'est plus amusant.
5. Ce n'est plus intéressant.
6. Ce n'est plus animé.
7. Ce n'est plus religieux.
8. Ce n'est plus fin.

Sports et loisirs

«*L'important aux Jeux Olympiques n'est pas d'y gagner mais d'y prendre part.*»

PIERRE DE COUBERTIN (1863–1937)

Les Sports

Pour le Français, le sport est une distraction parmi d'autres, un plaisir qui ne doit pas être dicté. Cette conception explique maint aspect de la vie sportive en France.

A l'école, l'importance des sports n'est pas grande. Aucun règlement ne force les élèves à jouer au football ou au basketball, etc. Si un match oppose un lycée à un autre, seuls en parlent les joueurs et un petit groupe de mordus: ce n'est pas un événement important. Toutes ces luttes que se livrent les universités et écoles américaines devant des centaines et des milliers de spectateurs, avec leur musique et leurs chefs de cris, sont totalement inconnues en France. C'est qu'à l'école la formation de l'esprit est considérée comme plus importante que les sports qui, eux, sont laissés à l'initiative de chacun. Cela ne veut pas dire que le développement du corps soit négligé. L'école française fait une distinction entre les sports librement pratiqués et l'éducation physique obligatoire. Tous les élèves doivent courir, sauter, grimper ou exécuter des mouvements d'assouplissement. En classe, il n'est pas rare que le maître fasse ouvrir les fenêtres, quelle que soit la température, et fasse respirer les élèves. Les heures consacrées à la gymnastique (deux heures et demie dans les écoles primaires, entre quatre et cinq heures dans les lycées et collèges) sembleront insuffisantes, mais il ne faut pas oublier que les élèves font beaucoup de marche en se rendant à l'école deux fois par jour.

Une fois adultes, les Français ne joueront peut-être plus au football, soit parce qu'ils n'en ont pas le temps, soit parce qu'ils préfèrent prendre leur plaisir sous une autre forme. D'après une enquête menée dans une ville française moyenne, 13% d'hommes et 5% de femmes pratiquent les sports. Ce n'est pas beaucoup, mais la majorité se maintient en bonne forme à cause des nombreux trajets à pied ou à bicyclette. Jeunes et vieux, hommes et femmes aiment d'ailleurs la marche et le cyclisme. Pour s'en rendre compte, il suffit de regarder le grand nombre de piétons et de cyclistes aux jambes musclées qu'on rencontre partout. La gymnastique jouit également d'une grande vogue. Il n'est pas rare de voir aux fenêtres des maisons des hommes et surtout des femmes, en train de lever et de baisser alternativement les bras et les jambes: un, deux, trois, quatre. Un, deux, etc.

L'évolution actuelle est vers une participation aux sports plus grande. Un nombre sans cesse croissant de citadins veulent échapper à la monotonie d'une vie mécanisée en pratiquant des sports de plein air. Jamais on n'a fait autant de ski et de camping que de nos jours. En outre, l'État encourage et coordonne les efforts des associations sportives privées, en leur donnant des subventions pour la construction de terrains et de stades, en organisant des stages de perfectionnement. Dans le domaine de l'enseignement, de nombreuses mesures ont été prises. Par exemple, des épreuves sportives font maintenant partie du baccalauréat. Des classes de neige, encore peu nombreuses, il est vrai, permettent aux élèves de faire du ski en hiver et de poursuivre leurs études en même temps.

Les Français s'intéressent aussi de plus en plus aux sports en tant que spectacles. Les plus populaires sont le football dans le Nord et le rugby dans le Midi. Beaucoup de spectateurs viennent hurler, siffler ou applaudir aux différents matches, comme ceux du Yankee Stadium. L'arbitre français risque gros, car il se fait quelquefois malmener par une foule trop... enthousiaste. Quant au Tour de France, c'est un événement national aussi important que les championnats de baseball. Et tout comme aux États-Unis, il existe une presse sportive que lisent des milliers de mordus. Elle fait un usage abusif de mots comme *fair play, corner, penalty, goal, shooter,* ce qui enrage évidemment les puristes de la langue française.

En ce qui concerne les performances sportives, la France ne peut pas briller partout. Elle n'a pas, comme la Russie ou les États-Unis, d'immenses réservoirs d'hommes pour la sélection d'athlètes. N'oublions cependant pas les remarquables exploits de ses skieurs, de ses alpinistes, de ses spéléologues, de ses cyclistes, de ses joueurs de rugby, de ses athlètes. Elle n'a rien à envier aux autres nations.

Les Loisirs

Comme il faut s'y attendre au pays où chacun veut être différent d'autrui, les formes de distraction sont très variées. Tout dépend de l'endroit où l'on se trouve, de la classe sociale à laquelle on appartient, de l'âge qu'on a, du temps qu'il fait.

Au village, les distractions sont rares et peu originales. Ce n'est que le dimanche que les villageois donnent l'impression de se distraire. Si on est pratiquant, on va à l'église: on porte ses habits du dimanche, mais comme on s'y sent mal à l'aise! Après la messe, les femmes rentrent seules tandis que les hommes vont au café. Aux heures du déjeuner et de la sieste, les rues sont désertes. Ensuite, le village se réveille un peu de sa

— J'aurais souhaité une manifestation sportive plus grandiose pour l'inauguration de ce stade que vous nous avez accordé, Monsieur le Ministre. Malheureusement il y a un grand bal au village voisin aujourd'hui...

torpeur. On va jouer aux boules, aux quilles, aux fléchettes, aux cartes ou au billard. Il y en a aussi qui vont se promener aux champs, tandis que d'autres s'assoient devant leur porte ou s'accoudent à leur fenêtre. Le soir, on se couche tôt, surtout les paysans. Les jeunes, trouvant ce dimanche horriblement monotone, cherchent des distractions plus vivantes. Réunis en bandes, ils vont faire des «balades» à bicyclette ou à moto, se laissant attirer par le cinéma, les bals, les fêtes villageoises, les matches de football.

Quand on passe du village à la ville, il n'est plus possible de dénombrer toutes les distractions auxquelles on s'adonne. Les jours de la semaine, les activités du soir sont en quelque sorte le prolongement naturel de la journée de travail. Par exemple, le jardinage et le bricolage permettent à de nombreux citadins et banlieusards de réaliser l'idéal cher aux Français: joindre l'agréable à l'utile. Ceux qui ont un jardin cultivent des légumes; en même temps, ils mettent beaucoup de coquetterie à planter des fleurs le long des carrés de choux et d'oignons. Dans son petit atelier, le bricoleur confectionne avec amour quelque objet utile au ménage. Le dimanche après-midi, toute la famille va au parc ou dans les jardins publics et fait du «lèche-vitrine» en passant devant les magasins.

Durant la belle saison, les citadins prennent la clé des champs le dimanche. Autrefois les Français ne voyageaient pas beaucoup. Comme l'achat d'un vélomoteur, d'une Vespa ou même d'une auto est maintenant à la portée de tous, les routes sont encombrées, surtout pendant le week-end. Les grandes villes se dépeuplent partiellement quand les salariés prennent leurs trois semaines de congé payé. Les Français deviennent alors des touristes qui découvrent et explorent leur propre pays. Ils vont tous à la plage, à la campagne ou en montagne pour y faire, disent-ils, «provision d'air pur et de soleil». Quand l'été est fini, chacun retrouve avec soulagement les pavés de sa ville, ses chères petites habitudes et le café du quartier.

Le café, fréquenté par tous les Français, n'est pas seulement une distraction, c'est une institution nationale. C'est le terrain idéal de la sociabilité parce qu'il est neutre, agréable et ouvert à tous. Le nombre de ces cafés est énorme en comparaison avec celui des bars américains. Leur variété aussi: il y a la terrasse pour le badaud, le zinc du bistrot pour le consommateur pressé, la brasserie pour les amateurs de bière et d'ambiance, le bar élégant pour les gens de la haute. On peut y acheter son paquet de gauloises, prendre un billet de la Loterie Nationale, jouer au billard ou au «baby-foot»*; on peut aussi téléphoner à sa femme «qu'on a rencontré un camarade de régiment et qu'on rentrera quelques minutes plus tard». On n'y va pas tellement pour boire que pour voir ses amis, et «discuter le coup». S'il s'agit d'un café du type intellectuel ou estudiantin, c'est pour y discuter le dernier livre à succès ou la philosophie de l'existence. Le café français remplit les fonctions d'un hôtel américain dans certains cas: meetings politiques, réunions de syndicats, d'associations, d'hommes d'affaires. Il s'y tient même des réunions du conseil municipal quand la mairie est trop petite.

baby-foot: jeu qui se joue sur une table munie de joueurs de football en miniature

Questions

1. Quelle est la conception française du sport?
2. Quelle est l'importance des sports à l'école?
3. Les heures consacrées à la gymnastique vous semblent-elles insuffisantes?
4. Pourquoi les Français sont-ils en bonne forme?
5. Expliquez la participation croissante aux sports.
6. Quels sont les sports les plus populaires?
7. Dans quels sports les Français brillent-ils surtout?
8. Que fait-on au village le dimanche?
9. Comment le Français réalise-t-il son idéal: «joindre l'agréable à l'utile»?
10. Quelles sont les différences entre un café français et un bar américain?

Une Étape de tout repos

Aujourd'hui, Monsieur Coureur-Cycliste-Moyen traverse la Provence en peloton. L'étape est facile parce que le pays est plat. Il bavarde avec ses copains du peloton et mange constamment, sa recette préférée étant un mélange de riz et de jus d'orange. De temps en temps, il calcule ce qu'il a déjà gagné des 110 000 dollars du Tour de France.

Il se sent en forme, à moins d'avoir fait une chute récente. La route est plate, l'étape relativement courte (rien que 110 milles), les Alpes sont derrière lui et les Pyrénées trop loin devant lui pour qu'il les voie. Il lui reste 1 000 milles à faire en 9 jours, mais il n'y pense pas trop.

Monsieur Coureur-Cycliste-Moyen a entre 27 et 32 ans au sommet de sa carrière; il a une femme et des enfants qu'il voit rarement durant la saison. Partout où il passe, il est un grand héros. Il mesure environ 5 pieds 6 pouces, et pèse à peu près 140 livres. Il est mince et sec, sauf aux cuisses qui sont énormes. Il a en particulier un muscle saillant à l'intérieur de la cuisse, juste au-dessus du genou.

Ses jambes sont rasées comme celles d'une jeune fille et luisent au soleil à cause des produits que le masseur a appliqués pour empêcher les muscles de saillir. Les veines de ses jambes sont aussi grosses que celles d'un cheval de course.

Monsieur Coureur-Cycliste-Moyen sent l'huile de camphre quand il quitte l'hôtel pour aller rejoindre la ligne de départ. Après l'étape, il sent l'huile de camphre mêlée de sueur.

Son teint est en deux tons. Ses bras, ses jambes, sa figure et son cou, exposés au soleil, sont brun caramel. Le reste du corps a la couleur de l'aspirine. Ses yeux sont enfoncés, ses joues creuses et son métabolisme est presque anormal. Il se peut que son cœur ne batte que quarante fois par minute. Peut-être était-il comme cela en naissant; peut-être cela est-il venu par la suite. Mais il peut franchir à grande vitesse des cols où l'air est si raréfié qu'une personne ordinaire qui le respirerait aurait beaucoup de mal à monter un étage.

Sur la route, il mange et boit constamment afin de garder ses forces: des sandwiches, des fruits, du poulet et un épais syrop composé d'eau et de deux livres de sucre. Il doit souvent pédaler sept heures de suite. Il ne peut pas s'arrêter et descendre de bicyclette. Il ne refuse pas les provisions et les boissons que lui tendent les spectateurs et il est rare qu'il prenne la peine de remercier ceux qui lui en offrent ou qui l'arrosent d'eau au passage. Il jette bouteilles, os de poulet, etc., par-dessus l'épaule, sans se demander où ils vont atterrir. Il se vante constamment de ses exploits.

S'il est bon coureur, il peut gagner 110 000 dollars ou plus par an. Dans ce cas, il a une belle maison, il achète un manteau de vison à sa femme, il contracte une forte assurance contre les accidents de la route et chaque hiver il passe quatre ou cinq mois à chasser, à pêcher et à se vanter. Il fait cinq ou six chutes par an et, au moins une fois dans sa vie, il en fait une très grave. Ses coudes, ses genoux et son menton sont couverts de cicatrices. D'habitude, quand il roule, il a des croûtes fraîches et des pansements sur tout le corps.

Il ne remporte pas beaucoup de victoires passé l'âge de 34 ans, mais il peut continuer jusqu'à l'âge de 40 ans ou plus en vivant de sa réputation. Son nom fait affluer les mordus au vélodrome; son nom vaut des millions aux fabricants d'apéritifs et de frigidaires ou aux sociétés de télévision qui l'emploient dans leur équipe et qui lui versent la plus grande partie de ses gains.

Quand il est devenu assez âgé, il regarde les Alpes et les Pyrénées qu'il a si souvent escaladées et se demande comment il a pu en venir à bout. C'est la question que se posent, tous les ans, ceux qui suivent le Tour de France. On a beau voir la chose de ses propres yeux, on ne comprend pas. Le sentiment que le Tour de France inspire avant tout est l'émerveillement.

A Soft Day on the Road, Robert Daley,
New York Times, July 9, 1961 (traduit
de l'américain).

Questions

1. Pourquoi l'étape est-elle facile?
2. Combien d'argent un coureur cycliste peut-il gagner?
3. Quel âge a-t-il en moyenne?
4. Pourquoi ses jambes sont-elles rasées?
5. De quelle couleur est son teint?
6. Pourquoi mange-t-il constamment?
7. Que fait-il de l'argent qu'il gagne?
8. Les courses cyclistes sont-elles dangereuses? Pourquoi?
9. Pourquoi un champion vaut-il des millions?
10. Quel sentiment inspire le Tour de France?

Dialogue N° 18

Nancy, étudiante américaine, sort de la Sorbonne en compagnie de Christian et de Roland.

Christian: — Alors, les amis! On va prendre un pot chez Capoulade?
Nancy: — Volontiers. Notre prof' de civilisation française nous a parlé pendant une heure des boissons françaises. Drôle de sujet quand tout le monde a soif!
Roland: — Vous auriez dû entendre le père Baderne: «L'emploi de l'adjectif dans la poésie de Pontus de Tyard,» si vous voulez savoir. Je me demande quand il va se décider à traiter les auteurs du programme!
Christian: — Ne t'en fais pas. Il ne reste plus que trois semaines à tirer avant les examens et puis, à nous la liberté. Garçon! Trois bières d'Alsace, s'il vous plaît! Alors, qu'est-ce qu'on fait ce soir?
Nancy: — Je regrette pour ce soir. Je dois voir des amis de Californie.
Christian: — Tu es libre cet après-midi? Oui?
Roland: — Au poil! On pourra aller voir le départ du Tour de France.
Christian: — Ah! Ça, non! Ce n'est même pas du sport. C'est une entreprise publicitaire et commerciale.
Roland: — Tu oublies que l'Europe tout entière y participe. C'est une autre façon de faire les États-Unis d'Europe. Et puis, j'aime acclamer ceux qui croient encore aux vertus de la discipline physique et morale.
Christian: — Ça va! Pas de boniments sur tes héros suants. Si on allait au Français!
Nancy: — J'aurais bien voulu voir partir les «géants de la route», mais comme le temps est à la pluie, j'aimerais mieux aller au théâtre. Quelle pièce donne-t-on en ce moment?
Roland: — Attends voir... Zut! Il y a relâche au Français.
Nancy: — Dans ce cas-là, on pourrait aller au Musée de l'Orangerie.
Christian: — Ça n'a pas l'air de t'emballer, Roland. Ce n'est pas ton genre, hein, ces distractions intellectuelles... Remarque que tu n'as pas besoin d'aller avec nous.
Roland: — J'ai compris, allez!

Exercices

Répondez sur le modèle indiqué.

I. Vous aimez les boules? *Réponse:* Oui, j'aime jouer aux boules.

Vous aimez 1. les quilles?   3. les cartes?
                2. les fléchettes?   4. le billard?

Sports et loisirs

    5. la belote?
    6. le football?
    7. le tennis?
    8. le basket-ball?
    9. le bridge?
  10. le poker?

II. Vous aimez le piano? *Réponse:* Oui, j'aime jouer du piano.

    Vous aimez
    1. le violon?
    2. la trompette?
    3. la clarinette?
    4. le trombone?
    5. l'harmonica?
    6. la mandoline?
    7. le saxophone?
    8. la flûte?
    9. la harpe?
  10. la guitare?

III. Ça l'emballe? *Réponse:* Non, ça n'a pas l'air de l'emballer.

    1. Ça fait du bruit?
    2. Ça va?
    3. Ça s'ouvre?
    4. Ça vient?
    5. Ça descend?
    6. C'est de lui?
    7. Ça se sait?
    8. Ça sort?
    9. Ça suffit?
  10. Ça cuit?
  11. Ça tient?
  12. Ça lui plaît?
  13. Ça a marché?
  14. Ça se vend?

IV. Vous voulez le voir? *Réponse:* Oui, j'aurais bien voulu le voir.

    1. Vous voulez jouer?
    2. Vous voulez descendre?
    3. Vous voulez participer?
    4. Vous voulez suivre?
    5. Vous voulez courir?
    6. Vous voulez essayer?
    7. Vous voulez regarder?
    8. Vous voulez partir?
    9. Vous voulez monter?
  10. Vous voulez faire du ski?

V. Vous voulez rester ici ou aller au théâtre?
Réponse: J'aimerais mieux aller au théâtre.

    1. Vous voulez manger ou boire?
    2. Vous voulez aller à l'hôtel ou dresser la tente?
    3. Vous voulez rester ici ou tenter l'expérience?
    4. Vous voulez applaudir ou siffler?
    5. Vous voulez aller à l'école ou faire du ski?
    6. Vous voulez aller à la pêche ou faire du bricolage?
    7. Vous voulez rester chez vous ou prendre un pot?
    8. Vous voulez cultiver des légumes ou planter des fleurs?
    9. Vous voulez aller au théâtre ou voir un film?
  10. Vous voulez aller ailleurs ou retourner à Paris?

VI. On fait beaucoup de camping?
Réponse: Jamais on n'a fait autant de camping.

    1. On fait beaucoup de courses?
    2. On boit beaucoup de syrop?
    3. On escalade beaucoup de montagnes?
    4. On voit beaucoup de spectateurs?
    5. On achète beaucoup de villas?
    6. On fait beaucoup de ski?

150 La France actuelle

  7. On vend beaucoup de scooters?
  8. On organise beaucoup de stages?
  9. On construit beaucoup de terrains?
  10. On regarde beaucoup de programmes de télévision?

VII. On malmène l'arbitre. *Réponse:* L'arbitre se fait malmener.

  1. On malmène les spectateurs.
  2. On maltraite l'arbitre.
  3. On acclame les joueurs.
  4. On arrête les spectateurs.
  5. On sort les spectateurs.
  6. On siffle le champion.
  7. On applaudit le champion.
  8. On attend les coureurs.
  9. On bat l'équipe.
  10. On critique l'équipe.
  11. On met le boxeur k.o.
  12. On respecte l'arbitre.

VIII. Comment a-t-il pu en venir à bout?
Réponse: Il se demande comment il a pu en venir à bout.

  1. Comment est-il parti?
  2. Comment a-t-il réussi?
  3. Comment a-t-il pu perdre?
  4. Comment réussira-t-il?
  5. Comment peut-on être si stupide?
  6. Comment aurait-on dû sauter?
  7. Comment va-t-il faire?

IX. Quand va-t-il se décider à traiter les auteurs?
Réponse: Je me demande quand il va se décider à traiter les auteurs.

  1. Quand va-t-on faire du ski?
  2. Quand irons-nous au match?
  3. Quand êtes-vous parti?
  4. Quand appliquez-vous ce principe?
  5. Quand ferons-nous l'ascension?
  6. Quand modernisera-t-on le stade?

X. Il se sent en forme s'il n'a pas fait de chute.
Réponse: Il se sent en forme à moins d'avoir fait une chute.

  1. Il verra le Tour de France s'il ne s'arrête pas en route.
  2. Elle ne transpire jamais si elle ne joue pas au tennis.
  3. Il calcule ses gains s'il ne l'a pas fait hier.
  4. L'athlète ne sera pas choisi s'il n'a pas participé à un stage.
  5. Il se lève tard s'il ne s'est pas couché tôt.

L'Art de la conversation

« L'esprit de la conversation consiste bien moins à en montrer beaucoup qu'à en faire trouver aux autres. »

LA BRUYÈRE (1645–1696)

La conversation est l'ingrédient le plus savoureux de la sociabilité française. Dans la rue, la conversation n'est qu'un «brin de causette»: à table, elle devient un véritable art. Au moment de lancer ses invitations, la maîtresse de maison s'arrange toujours pour neutraliser le manque d'entrain d'amis taciturnes quoiqu'affectueux par la présence de «boute-en-train», de fins causeurs, de gens d'esprit. L'invité fait l'impossible pour briller. Il ne parle ni de son foie, ni de l'influence de la lune sur les marées. Il évite les cancans, les plaisanteries gauloises interminables. Il joue avec les autres. Les meilleures conversations sont celles où participent tous les convives, où règne l'esprit, celles qui ne s'arrêtent jamais. Un «mot», une trouvaille heureuse peut déclencher une cascade de réparties spirituelles. Pour un Français, il n'est de plaisir plus fin que de pouvoir formuler une pensée avec bonheur devant un auditoire attentif, appréciateur et prêt à riposter.

Bien sûr, tous les Français ne sont pas spirituels. Et les joutes de l'esprit sont parfois très cruelles. L'esprit français peut être d'autant plus blessant que celui qui est «touché» ne retrouve sa présence d'esprit que dans l'escalier, quand c'est trop tard (on appelle cela «l'esprit de l'escalier»). L'humour anglais a pour cible les travers humains, mais l'humoriste se moque autant de lui-même que des autres. L'esprit français est cruel, comme le révèle l'œil pétillant de malice de celui qui lance ses flèches.

On s'amuse souvent des gestes qu'ont les Français en parlant. Dans un salon, ils disciplinent l'ampleur de ces gestes, sinon ils seraient jugés vulgaires. Mais s'ils ne gesticulent pas en parlant, leurs visages sont plus expressifs que ceux d'un Anglais, par exemple. La réserve, la nuance ou l'ineffable s'accompagnent d'une moue, d'une mine ou d'un geste suggestifs. A l'impassibilité de l'introverti anglais, l'acteur français oppose ainsi l'exubérance de l'extroverti.

La Langue française

Selon un mythe tenace auquel croient Français et étrangers, le français serait un modèle de logique, de clarté et de distinction. Il serait donc la langue diplomatique par excellence, la langue universelle, etc... (les Anglo-Saxons, eux aussi, croient à la supériorité de leur langue). Rivarol, dans son *Discours sur l'universalité de la langue française* (1784) déclare que l'ordre sujet-verbe-complément représente «la logique naturelle à tous les hommes», que le français «par un privilège unique, est seul resté fidèle à l'ordre direct». Mais comment ne pas reconnaître que la «syntaxe incorruptible» du français n'a pas empêché des auteurs comme Céline d'être obscurs et qu'il existe aussi dans la langue anglaise des chefs-d'œuvre d'ordre, de logique et d'élégance, comme le Discours de Gettysburg par exemple. Le français est une langue claire quand les Français sont clairs. Boileau dit justement:
«Ce qui se conçoit bien s'énonce clairement
Et les mots pour le dire arrivent aisément.»
Le rayonnement de la langue française est dû au rayonnement de ceux qui l'ont employée: les grands écrivains, les représentants d'un pays cultivé et puissant à la fois.

Ce qui est remarquable, c'est le soin que les Français prennent de leur langue. L'emploi du mot juste, le respect des règles, la diction correcte, etc., sont des critères universellement reconnus. Les Français qui disent: «ma dame est allée au coiffeur,» se déclassent aussi sûrement que les Anglais qui ne prononcent pas les «h». Une servante du théâtre de Molière ne se fait-elle pas renvoyer pour avoir commis une faute de grammaire? En France, un crime de lèse-grammaire est aussi grave qu'un crime de lèse-majesté.

A l'école, le souci de la clarté, de l'élégance et de la correction a une importance majeure. Un vieillard aura peut-être oublié le visage de son maître d'école, mais il se rappellera toujours la fameuse règle: *le participe passé employé avec le verbe avoir s'accorde en genre et en nombre avec le complément d'objet direct, si celui-ci le précède.* C'est à l'école aussi que le petit Français apprendra à parler sa langue avec l'accent des Parisiens cultivés. Aux examens, le candidat perd beaucoup de points s'il fait des fautes de langue. Devenu adulte, il continue d'apprendre à ses dépens que la société pénalise ceux qui estropient la langue.

Tous les ans paraissent des livres qui proposent une nouvelle liste de: «dites...; ne dites pas...» Les grands journaux consacrent une rubrique aux problèmes de linguistique: faut-il dire «il est parti sur le France ou sur France»? Peut-on employer le présent du subjonctif après un temps du passé, contrairement à une circulaire ministérielle, etc.? L'arbitre suprême de tous ces débats est l'Académie française. Elle fait le tri parmi les néologismes et révise son Dictionnaire. Hélas, les académiciens travaillent lentement : il leur faut une trentaine d'années pour la révision du vocabulaire. S'ils n'en sont qu'à la lettre A, il faudra attendre longtemps avant qu'on puisse enfin savoir s'il faut écrire "week-end" ou «ouikinde». Le mot n'existera peut-être plus dans notre civilisation du loisir!

— Dites-donc, Jules, après «cher Monsieur», est-ce que vous mettriez une virgule?
— Ça dépend. Si c'est quelqu'un de conséquent, point et virgule est plus flatteur.

Questions

1. Comment la maîtresse de maison neutralise-t-elle le manque d'entrain de certains amis?
2. De quoi ne faut-il pas parler?
3. Quelles sont les meilleures conversations?
4. Comparez l'humour anglais à l'esprit français.
5. Que dit-on couramment à propos de la langue française?
6. Que déclare Rivarol?
7. Quand une langue est-elle claire?
8. A quoi est dû le rayonnement de la langue française?
9. Qu'arrive-t-il quand un Français fait une faute de langue?
10. Quel est le rôle de l'Académie française?

Quelques expressions utiles

L'art de la conversation consiste à faire parler les autres. Grâce aux expressions du genre de celles qui suivent, on peut faire repartir une conversation qui risque de s'arrêter.

«Aïe!» ou «Aïe-ya-yaïe!»
Onomatopée familière mais des plus *valables* montrant bien que l'on ressent le malheur d'autrui. Ex.: «Il parlait tranquillement à sa femme comme je vous parle: tout à coup il lâche son verre, tombe à la renverse. On appelle un médecin: infarctus du myocarde! — Aïe!» «Hier, comme il passait devant chez Victor, il se dit: «Tiens, si je montais?» Il monte, sonne, on lui ouvre. Qui est-ce qu'il aperçoit? Sa femme! — «Aïe-ya-yaïe!»

«Enfin.»
Si l'on ne sait quoi ajouter ou répondre à ce que le parleur vient de dire, il n'est pas désavantageux de soupirer «Enfin...» Ex.: «Et savez-vous ce que ça va encore nous coûter cette fantaisie du gouvernement? La bagatelle de 500 millions! — Enfin...» Un peu faiblard, mais assez philosophique. Sous-entend: que voulez-vous, il n'y a rien à faire, je suis bien de votre avis, que le monde est bête! Peut servir de transition avec à peu près n'importe quoi.

«Hé-hé!»
Tiens, tiens! Ah! oui vraiment! Voyez donc ça! Exclamation à nuance gaillarde, d'un emploi recommandé dans les questions d'alcôves, ou connexes. Ex.: «Il paraît qu'il a une infirmière ravissante... et qui, m'a-t-on dit, ne se contente pas d'introduire les visiteurs... Hé-hé!»

«Non!?»
«Eh bien, non! Non, non et non!»
Quoique plutôt négatif d'apparence, le *non!* exclamatif permet à beaucoup de gens de faire avancer la conversation de façon positive. Ex.:

«Et vous savez comment il a commencé?... Comme plongeur! — Non!» Vous êtes stupéfait, ce n'est pas possible, vous tenez à en savoir davantage, c'est une des grandes surprises du siècle.

La force d'appât du *Non!?* est sans doute moindre que celle d'un bon *Ah bah!?* ou d'un *Aïe!* mais un *non* répété sous la forme de «Eh bien, non, qu'est-ce que vous voulez, non, non, et non!» prend tout de suite une autre allure et confère à ces trois lettres une amplitude extrême. Ex.: «On dira ce qu'on voudra... Un Gauguin* 104 millions de francs, même légers*... Eh bien, non, qu'est-ce que vous voulez... non, non et non!» Ce quadruple *non*, devant être précédé de quelques mots, n'est pas d'un emploi courant chez les remontoirs, qui répugnent à tout effort inutile, mais mérite d'être signalé comme moyen d'en dire beaucoup sans rien dire du tout. Quand un monsieur s'exclame: «Et il voudrait être élu à l'Académie française!? Eh bien, non, qu'est-ce que vous voulez, non, non et non!» — il n'a pas besoin d'ajouter quoi que ce soit. Il se retire dans une forteresse morale inexpugnable. (Pour bien faire, le *eh bien, non* doit être légèrement modulé, chantant, un rien fantaisiste, contrastant ainsi avec la fermeté grave du *non* qui suit).

«Oull-la!»

Oh! dites donc! Quel coup! C'est incroyable! Quelle affaire! Vous parlez d'un remue-ménage! Ex.: «Vous connaissiez les Naudin? C'était vraiment le ménage le plus uni du monde... Eh bien, ça y est: ils divorcent! — Oull-la!»

«Pchchch!»

Très avantageux pour vous épargner de manifester par des phrases inutiles votre admiration la plus complète. Ex.: «Vous savez qu'il a eu la Légion d'honneur à titre militaire?... — Pchchch!»

«Pffff!...»

«Vous croyez vraiment que ça sert à quelque chose ces commissions et ces sous-commissions et ces comités des six et des quatre, hein? — Pffff!...» C'est du vent, bien sûr, on se f... de nous, ça comme pour le reste.

«Ssssss.»

Sifflement prolongé par quoi l'on montre à l'interlocuteur que l'importance de ce qu'il vous révèle ne vous échappe pas: vous êtes étonné au sens du XVIIe.: «Savez-vous combien nous pourrions exporter de pétrole si Hassi-Messaoud* était exploité rationnellement, non, mais dites un chiffre, dites un peu...» Se garder de dire quoi que ce soit — si par hasard votre chiffre était exact, tout serait fichu. Laisser le parleur annoncer avec assurance: «200 millions de tonnes par an! — Ssssss!»

«Voilà!»

Approbation que vous délivrez vous-même au brillant parleur comme s'il avait réussi un fameux tour de cartes. Ex.: «Ce qu'il faudrait avant

---

Gauguin: peintre français, 1848-1903
francs... légers: anciens francs, par opposition aux nouveaux francs
Hassi-Messaoud: exploitation pétrolière du Sahara

tout c'est remettre de l'ordre dans la maison, favoriser les exportations, supprimer la gabegie sociale! — Voilà!»

Extrait de Un Certain Monsieur Blot, *de Pierre Daninos,*
Librairie Hachette, Paris.

Questions

1. Quand dit-on «aïe»?
2. Que laisse entendre: «Enfin...»?
3. Qu'est-ce qu'il est recommandé de dire dans les questions d'alcôves?
4. Quand répète-t-on *non* plusieurs fois de suite?
5. Comment exprime-t-on l'admiration? le mépris? la surprise? l'approbation?
6. Connaissez-vous des expressions anglaises dont on se sert pour faire repartir une conversation?

Dialogue N° 19

Au salon du Dr. Verdurin.

Un invité: — Je vois que votre confrère, le Dr. Javert, a eu le fauteuil qu'il briguait à l'Institut*. Joli succès, n'est-ce pas?

Verdurin: — Pauvre Institut! S'ils prennent les gâteux à présent, les incapables!

Une invitée: — Ce n'est pas lui qui a mis au point une nouvelle technique de réanimation du cœur?

Verdurin: — Laissez-moi rire! Si technique il y avait, elle consistait à exploiter les travaux des collaborateurs. Ce n'est pas joli joli ça, non?

Mme Verdurin: — Si vous tenez absolument à savoir comment il l'a eu, son fauteuil, je m'en vais vous le dire, moi. Il paraît que sa femme est allée voir tous les membres de l'Institut et... enfin, vous comprenez.

Un invité: — Aïe!

Un autre invité: — Tss, tss, tss!

Une invitée: — C'est scandaleux! Je me demande comment on peut s'intéresser à elle. Ce qu'elle est bête, mais alors, bête bête!

Un invité: — Je comprends qu'avec une mère pareille, le fils se soit fait renvoyer du lycée. Encore un qui finira mal, je vois ça venir.

Une autre invitée: — Comment? Mais c'est bien lui que j'ai vu l'autre jour avec votre fille Marie-Chantal!

La bonne: — On demande Monsieur au téléphone. C'est de la part du Dr. Javert.

Verdurin: — Allo, oui?... Ah! c'est vous? Quel plaisir de vous parler, cher ami. Ma femme se joint à moi pour vous féliciter de votre brillant succès... Ah! je vois. Vous devez opérer le ministre... Vous voulez que je vous assiste? Mais avec plaisir! C'est beaucoup d'honneur pour

Institut: l'Institut de France comprend les cinq Académies.

moi... Mais certainement, cher ami. J'accours! A tout de suite! (*Il retourne au salon.*) C'était ce cher Javert. Pensez donc: il a besoin de moi! Nous allons opérer notre ministre!
Un invité: — Bravo! Je vous vois déjà académicien.
Mme Verdurin: — Ce brave Javert alors!

Exercices

Répondez sur le modèle indiqué.

I. On peut enfin savoir?
Réponse: Il faudra attendre longtemps avant qu'on puisse enfin savoir.

1. On finit la révision?
2. On comprend?
3. On sait tout?
4. On nous le dit?
5. On l'écrit?
6. On est fixé?
7. On veut nous le dire?
8. On perd tout intérêt?
9. On nous sert?
10. On le fait savoir?

II. Il s'est fait renvoyer. Je le comprends.
Réponse: Je comprends qu'il se soit fait renvoyer.

1. J'en doute.
2. C'est honteux.
3. Je suis désolé.
4. Je regrette.
5. C'est possible.
6. Je ne crois pas.
7. Je ne pense pas.
8. Je ne suis pas sûr.

III. Il s'est fait renvoyer. Je ne comprends pas pourquoi.
Réponse: Je ne comprends pas pourquoi il s'est fait renvoyer.

1. Je sais.
2. Je crois.
3. J'en suis sûr.
4. On le pense.
5. C'est vrai.
6. Je vous le dis.
7. On le raconte.
8. Il paraît.

IV. Il va pouvoir le faire aujourd'hui?
Réponse: Non, mais il pourra le faire demain.

1. Elle va venir aujourd'hui?
2. Il va accourir aujourd'hui?
3. Et cette lettre, nous allons l'envoyer aujourd'hui?
4. Elles vont comprendre aujourd'hui?
5. Il va se joindre à nous aujourd'hui?
6. Et cette dent, il va la perdre aujourd'hui?
7. Elle va apercevoir la mer aujourd'hui?
8. Nous allons réussir aujourd'hui?
9. Nous allons savoir aujourd'hui?
10. Elle va être là aujourd'hui?
11. Et ce voyage, il va le faire aujourd'hui?

12. Nous allons pouvoir partir aujourd'hui?
13. Il va falloir sortir aujourd'hui?
14. Et la voiture, nous allons la prendre aujourd'hui?
15. Il va nous le permettre aujourd'hui?
16. Elle va tenir sa promesse aujourd'hui?
17. Et la bouteille, nous allons la servir aujourd'hui?
18. Il va y avoir quelque chose aujourd'hui?
19. Elle va répondre aujourd'hui?
20. Il va s'en aller aujourd'hui?

V. Il comprendra bientôt.
Réponse: Que ferez-vous quand il aura compris?

1. Nous arriverons bientôt.
2. On la verra bientôt.
3. Nous finirons bientôt.
4. Il descendra bientôt.
5. Elle se couchera bientôt.
6. On reviendra bientôt.
7. Nous nous arrêterons bientôt.
8. Il tombera bientôt.
9. Elle se mariera bientôt.
10. Nous mangerons bientôt.

VI. A quoi ça peut-il servir?
Réponse: Ça peut servir à n'importe quoi.

1. Avec quoi écrirez-vous?
2. De quoi parlerons-nous?
3. Avec qui sortiras-tu?
4. Où irons-nous?
5. Qui inviteras-tu?
6. Dans quoi verseras-tu l'eau?
7. Qui choisiras-tu?
8. Où t'assiéras-tu?
9. Contre quoi mettras-tu la chaise?
10. Avec quoi te défendras-tu?
11. Où nous rejoindrons-nous?
12. Où est-ce que ça peut rouler?

VII. Elle a commis une faute.
Réponse: Elle s'est fait renvoyer pour avoir commis une faute.

1. Elle a fait des fautes.
2. Elle s'est moquée de sa maîtresse.
3. Elle a estropié la langue.
4. Elle a été vulgaire.
5. Elle a employé une expression incorrecte.
6. Elle s'est servie d'une expression incorrecte.
7. Elle a parlé d'une façon vulgaire.
8. Elle a oublié les règles de grammaire.

VIII. Il parlait tranquillement à sa femme comme je vous parle. Tout à coup, il lâche son verre, tombe à la renverse. On appelle un médecin.
Continuez et terminez les histoires suivantes de la même façon.

1. — Un jour, comme je me promenais dans **une forêt sombre**, j'entends un bruit suspect. Je regarde... etc.

2. — Il faisait beau et nous étions heureux de rouler sur la route. Tout à coup, sortant d'un chemin à droite,... etc.

3. — C'était un château très sombre. Comme nous voulions voir les oubliettes, nous sommes descendus. L'escalier était bien éclairé mais brusquement les lampes... etc.

La Politesse

« La politesse n'est que le mensonge perpétuel de l'honnêteté. »

BEAUMARCHAIS (1732–1799)

Les Français ont la réputation d'être le peuple le plus poli du monde. La méritent-ils vraiment? C'est la question que se posent souvent les visiteurs étrangers qui découvrent avec ahurissement la brutalité et le sans-gêne qui se manifestent en France.

C'est un fait: il y a eu un certain relâchement des mœurs depuis la dernière guerre mondiale, en France comme ailleurs. Mais malgré tout, les Français gardent un vif attachement à l'élégance et au raffinement des manières. Par exemple, les journalistes aiment signaler les manifestations de courtoisie particulièrement exquises qu'ils ont notées. Les grandes villes organisent des croisades de l'amabilité. Les livres d'histoire rapportent avec fierté le mot historique de la bataille de Fontenoy*: « Messieurs les Anglais, tirez les premiers » (on voit très bien le geste cérémonieux du chapeau qui accompagne cette invitation à la mort!).

Les règles du savoir-vivre varient d'une classe sociale à l'autre. Par exemple, chez les ouvriers, paysans et petits-bourgeois, on s'imagine que la politesse consiste à faire des embarras. On se croit obligé de refuser énergiquement le petit verre avant de l'accepter. Le verre doit être essuyé devant le visiteur. S'il ne reste pas assez de cognac dans la bouteille, le maître de maison fait semblant d'entrer dans une colère épouvantable. Quand on boit, on trinque; on fait claquer sa langue pour montrer qu'on savoure. A quelqu'un qui éternue, on dit: « à vos souhaits. » Or, toutes ces démonstrations sont considérées comme vulgaires par les classes supérieures.

En Amérique, les règles de l'étiquette sont strictes aussi, mais elles sont moins compassées, plus naturelles. La politesse française est plus cérémonieuse dans ses formes, si bien qu'on reproche quelquefois aux Français leurs sourires et autres « singeries ». On cite le cas de deux

---

Fontenoy: village de Belgique où les Anglais ont été battus par les Français en 1745. L'officier anglais avait d'abord invité les Français à tirer les premiers.

hommes qui s'éternisent devant une porte: «Après vous, mon cher — Je n'en ferai rien. Après vous.» Sans aller à ces extrêmes, l'étranger ferait bien d'extérioriser davantage sa politesse, sinon il se ferait prendre pour un goujat. Celui qui vole son meilleur ami est condamné au nom de l'élégance plutôt qu'au nom de la morale: «Le procédé n'est pas élégant.» On lui pardonnerait presque s'il s'en excusait d'une façon spirituelle.

La courtoisie facilite nos relations avec autrui: en France elle sert aussi à garder les distances. Il n'est pas recommandé de poser des questions indiscrètes comme: «Où allez-vous, maintenant?» ou: «Qu'est-ce que Monsieur Legris vous a dit tout à l'heure?» N'entrez jamais dans une maison amie sans frapper à la porte ou sans sonner (aux États-Unis, cela se fait parfois entre très bons amis). Ne vous promenez pas dans toutes les pièces de l'appartement et ne suivez pas la maîtresse dans son sanctuaire, la cuisine. Bref, en toutes circonstances, gardez vos distances et montrez-vous plus réservé qu'aux États-Unis. L'individualisme français est une forteresse difficile à prendre.

Les salutations sont plus cérémonieuses. «Hi» n'a pas d'équivalent français. Dites: «Bonjour, Monsieur», et non: «Bonjour» tout court, ni «Bonjour, Monsieur Dupont», à moins que vous ne le connaissiez bien. Faites toujours suivre «merci» ou «s'il vous plaît» de «monsieur» ou de «madame», etc. Si une dame aborde un homme dans la rue, celui-ci jette immédiatement sa cigarette; il ne lui parle pas les mains dans les poches. Même si on se voit à plusieurs reprises dans la journée, la coutume veut qu'on se serre la main: ne pas le faire équivaudrait à une déclaration de guerre. Les garçons se serrent «la pince» aussi, en disant: «Bonjour, mon vieux.»

Il n'est pas recommandé de se laisser aller aux effusions, le Français n'étant déjà que trop enclin de par sa nature à être expansif. Cependant, on s'embrasse fréquemment, même entre hommes: s'y refuser quand on est parent ou ami serait faire preuve de froideur ou d'indifférence. A l'arrivée d'un train, il n'y a rien de plus comique que de voir s'embrasser deux hommes qui se détestent cordialement mais qui se conforment aux convenances familiales. Dans certains milieux populaires, on échange de gros baisers mouillés qui font du bruit: à éviter. Évitez aussi d'embrasser une jeune fille la première fois que vous la voyez: vous risqueriez d'être giflé.

Méfiez-vous du pronom «tu». On ne tutoie pas n'importe qui. Le tutoiement se pratique sur les bancs de l'école, au régiment (mais pas avec ses supérieurs!), entre les membres de la famille, entre amis du même âge et du même sexe, entre ouvriers. C'est la jeune fille qui donne au jeune homme l'autorisation de la tutoyer et de l'appeler par son prénom. Méfiez-vous aussi de l'emploi du prénom qui est beaucoup plus rare qu'aux États-Unis.

Autres précautions à prendre: si vous êtes invité, arrivez avec une demi-heure de retard s'il s'agit d'un repas, avec une heure et demie de retard s'il s'agit d'une surprise-partie. A table, ne fumez pas avant le dessert; vos mains sont naturellement *sur* la table; les compliments sur la bonne chère sont à proscrire aux grands dîners: la qualité va de soi.

Ainsi, dans toutes les circonstances de la vie, les Français entendent substituer à la nature animale de l'homme le sens de la mesure, la distinction du corps et de l'esprit, le geste élégant. Celui qui ne se conformerait pas aux règles admises par l'élite du bon goût se déclasserait et renoncerait en même temps à sa dignité humaine. «Inhabileté à apprécier la beauté»: c'est ainsi que les Grecs définissaient autrefois et que les Français définissent aujourd'hui la vulgarité.

Questions

1. Quelle question se posent souvent les touristes?
2. Donnez des exemples de l'attachement à l'élégance des manières.
3. Que pensez-vous du mot historique: «Après vous, Messieurs les Anglais»?
4. Que fait un homme du peuple s'il ne reste plus de cognac?
5. Comparez la politesse française à l'américaine.
6. Dans quelles circonstances faut-il se montrer réservé?
7. Pourquoi faut-il toujours serrer la main?
8. Qui peut-on tutoyer?
9. Comment les Français définissent-ils la vulgarité?

La France vue par un Américain

Une dame m'a dit un jour, à bord d'un paquebot, que les bonnes manières étaient les mêmes partout. Je demeurai si étonné de cette opinion que je me rappelle encore l'heure et la couleur de la lumière au moment où elle m'a été exposée. Nous étions à table, le soleil se couchait et nous prenions un bon potage, dans la salle à manger.

— Mais, Madame, permettez-moi de vous faire remarquer que votre main gauche n'est pas visible, et que vous prenez votre potage du bord de votre cuiller, comme un bébé. Si vous étiez française, votre main gauche serait sur la table et vous prendriez votre potage du bout de votre cuiller.»

L'Américaine, car c'était une de mes compatriotes, revenue de sa stupeur admit gentiment qu'elle n'avait jamais remarqué ces différences et que, d'ailleurs, elle plaçait la politesse sur un plan plus élevé. Je crains bien qu'elle ne fût seule à le faire. La politesse n'est, hélas, que trop nationale.

On se rend mal compte à l'étranger du caractère inviolable de la vie privée en France. L'une des principales raisons pour lesquelles les étrangers aiment la France est certainement la tolérance que les Français ont toujours montrée pour les opinions de toutes nuances et pour les besoins les plus inattendus chez les autres. Cette tolérance provient en partie de cette loi du silence qui semble tacitement gouverner tout ce qui doit demeurer exclusivement personnel. Personne ne pose de questions. On ne sait rien. Tout le monde peut ainsi vivre en paix avec ses voisins. Paris, notamment, est un des derniers royaumes de l'anonymat.

La règle d'or est évidemment de ne jamais poser une question sans prévoir ce que la personne interrogée sera fière de répondre. Si cela limite bien les questions, tant mieux. La conversation sera tout de même assez nourrie pour se maintenir.

Une de mes amies américaines demanda une fois à quel parti politique adhérait le mari de sa bonne. La bonne ne voulait pas répondre. «Est-ce un secret?» demanda mon amie. «Non,» répondit la bonne, «mais ça ne se dit pas!»

En France il y a beaucoup de choses qui ne sont pas des secrets et dont personne ne penserait à rougir, mais que l'on ne dit pas.

Si l'on ne dit pas à un Français aussi facilement qu'un Américain le suppose «Quel est votre métier?» ou «Qu'avez-vous fait hier soir?» il est, néanmoins, permis de lui demander ses opinions. Les opinions, elles, appartiennent à tout le monde; ici, pas de danger sérieux. Toutefois il est bon d'être prudent. Ne dites pas, «Êtes-vous communiste?» Dites plutôt: «Que pensez-vous de la grande vitalité de la Russie actuelle?» Si l'interrogé professe des opinions qu'il croit compromettantes, il pourra ainsi les cacher décemment dans une réponse évasive.

Extrait du chapitre «La France vue par un Américain,» par Max White, publié dans Le Savoir-Vivre International, Éditions Odé, Paris.

Questions

1. Comment mange-t-on la soupe aux États-Unis? en France?
2. Expliquez: «la politesse n'est que trop nationale.»
3. Quelle est l'une des raisons pour lesquelles on aime la France?
4. Quelle règle d'or faut-il observer?
5. Que demanda un jour une Américaine à une bonne française?
6. Que répondit la bonne?
7. Qu'est-ce qu'il est permis de demander cependant?

Dialogue N° 20

Un monsieur distingué essaie d'entrer dans une rame de métro bondée.

Le monsieur: — Serrez-vous donc un peu. Laissez-moi monter, vous dis-je!
Une voix: — Il n'y a plus de place.
Le monsieur: — Qu'est-ce que c'est que cette histoire: plus de place? Vous êtes bien monté, vous. Eh bien, je monterai aussi. Et par la force, s'il le faut.

Une autre voix: — Aïe! Vous me marchez sur les orteils.
Le monsieur: — Je regrette! Je n'ai pas pu faire autrement. A la guerre comme à la guerre!
Une autre voix: — Hé la! Ne me poussez pas comme ça.
Le monsieur: — Non, mais! Pour qui vous prenez-vous? Descendez donc si vous n'êtes pas content!
Une autre voix: — Ça, c'est trop fort! D'abord vous me poussez, puis vous me forcez de descendre.
Le monsieur: — Je suis dans mon droit. Parfaitement.
Une autre voix: — Et ça se prend pour un monsieur!

A la station suivante, d'autres voyageurs essaient d'entrer.

Le monsieur: — Vous ne voyez donc pas qu'il n'y a plus de place?
Une voix: — Serrez-vous un peu. J'en ai assez d'attendre.
Le monsieur: — Pour l'amour du ciel, soyez raisonnables. Attendez la rame suivante.
Une demoiselle élégante: — Vous ne pouvez vraiment pas vous pousser un tout petit peu?
Le monsieur: — Mais certainement, Mademoiselle. Tenez! Prenez ma place. Je prendrai la rame suivante.
La demoiselle: — Vous êtes vraiment trop aimable.
Le monsieur (resté sur le quai): — C'est vraiment dommage que je n'aie pas pu rester avec elle.

Exercices

Répondez sur le modèle indiqué.

I. Je ne fais rien aujourd'hui.   *Réponse:* Et qu'avez-vous fait hier?

   1. Je ne bois rien aujourd'hui.
   2. Je ne prends rien aujourd'hui.
   3. Je ne crois rien aujourd'hui.
   4. Je n'apprends rien aujourd'hui.
   5. Je ne lis rien aujourd'hui.
   6. Je n'entends rien aujourd'hui.
   7. Je n'ai rien aujourd'hui.
   8. Je ne promets rien aujourd'hui.
   9. Je n'ouvre rien aujourd'hui.
   10. Je ne perds rien aujourd'hui.
   11. Je n'attends rien aujourd'hui.
   12. Je ne reçois rien aujourd'hui.
   13. Je ne sais rien aujourd'hui.
   14. Je ne sens rien aujourd'hui.
   15. Je ne sers rien aujourd'hui.
   16. Je ne vois rien aujourd'hui.
   17. Je ne veux rien aujourd'hui.

18. Je ne vends rien aujourd'hui.
19. Je n'aperçois rien aujourd'hui.
20. Je n'écris rien aujourd'hui.

II. Tu attends? *Réponse:* J'en ai assez d'attendre!

1. Tu dis oui?
2. Tu apprends?
3. Tu es prudent?
4. Tu suis?
5. Tu descends?
6. Tu reçois?
7. Tu sers?
8. Tu écris?
9. Tu viens?
10. Tu dors?

III. Ils méritent cette réputation. *Réponse:* La méritent-ils vraiment?

1. Ils gardent cette réputation.
2. Ils posent cette question.
3. Ils montrent leur politesse.
4. Ils détestent la vulgarité.
5. Ils remarquent cette différence.
6. Ils font cette distinction.

IV. Ils méritent ces distinctions. *Réponse:* Les méritent-ils vraiment?

1. Ils posent ces questions.
2. Ils détestent ces manifestations.
3. Ils tutoient les femmes.
4. Ils tolèrent les effusions.
5. Ils remarquent les différences.
6. Ils voient les différences.

V. Ils aiment la simplicité. *Réponse:* L'aiment-ils vraiment?

1. Ils évitent la vulgarité.
2. Ils embrassent le père.
3. Ils observent le silence.
4. Ils attendent l'invité.
5. Ils exposent cette opinion.
6. Ils expriment cette opinion.

VI. Ils aiment les différences. *Réponse:* Les aiment-ils vraiment?

1. Ils étonnent les touristes.
2. Ils embrassent les autres hommes.
3. Ils amusent leurs amis.
4. Ils élèvent leurs enfants.
5. Ils évitent les gestes vulgaires.
6. Ils admirent les bonnes manières.

VII. Si on ne conforme pas, on se déclasse.
Réponse: Celui qui ne se conformerait pas se déclasserait.

1. Si on n'accepte pas le verre, on est mal considéré.
2. Si on pose des questions indiscrètes, on se fait prendre pour un goujat.
3. Si on ne serre pas la main, on se condamne.
4. Si on refuse d'embrasser un ami, on fait preuve de froideur.

5. Si on embrasse tout de suite une jeune fille, on reçoit une gifle.
6. Si on ne salue personne, on perd le respect des autres.
7. Si on ne sait pas les règles, on se croit perdu.
8. Si on dit non tout le temps, on offense gravement.

VIII. On ne dit pas «Bonjour, monsieur Dupont» si on ne le connaît pas bien.
Réponse: On ne dit pas «Bonjour, monsieur Dupont», à moins qu'on ne le connaisse bien.

1. On ne pardonne pas si vous ne vous excusez pas.
2. On n'entre pas dans une maison si le maître ne vous invite pas.
3. Je ne tutoie pas si on ne m'y invite pas.
4. Ils ne s'embrassent pas s'ils ne sont pas bons amis.
5. Elle ne gifle pas le garçon s'il ne se conduit pas mal.
6. Elles ne se parlent pas si elles ne se connaissent pas bien.
7. On ne s'assied pas si on ne vous le dit pas.
8. Ne fumez pas si la maîtresse de maison ne le fait pas elle-même.
9. Ne lui écrivez pas si elle ne le veut pas.
10. J'irai demain si on ne m'attend pas aujourd'hui.

IX. Il entre mais il ne frappe pas. *Réponse:* Il entre sans frapper.

1. Elle entre mais elle ne sonne pas.
2. Je mange mais je ne fume pas.
3. Il mange mais il ne fait pas de bruit.
4. Vous partez mais vous ne dites pas merci.
5. Elles passent mais elles ne se saluent pas.

X. Je l'ai saluée mais je ne me suis pas levée.
Réponse: Je l'ai saluée sans me lever.

1. Nous avons traversé la ville, mais nous ne nous sommes pas arrêtés.
2. Il est entré mais il ne s'est pas excusé.
3. Elles se sont regardées, mais elles ne se sont pas adressé la parole.
4. Vous êtes sortie mais vous ne vous êtes pas dépêchée.
5. Elle a mangé mais elle ne s'est pas salie.

Courrier du cœur

« Les femmes sont faites pour être mariées et les hommes pour être célibataires. De là vient tout le mal. »

SACHA GUITRY (1885–1957)

Les Américains aiment les Françaises: ils ont raison. Les Américaines aiment les Français: elles ont raison. Mais il ne faut pas s'imaginer qu'en France hommes et femmes soient plus légers qu'ailleurs. La France est peut-être le pays de l'amour: il n'est pas celui de la luxure, comme le veut la légende colportée par les touristes qui ont fait la tournée des cabarets, des music-halls et des boîtes de nuit de Paris. Les Français, bons pères de famille, sérieux et raisonnables, ne fréquentent guère ces établissements cosmopolites.

Le goût de la mesure et une sagesse ancestrale détournent les Français des orgies mais, par ailleurs, ils n'ont pas d'inhibition dans les affaires du cœur. Ils sont trop peu sentimentaux pour s'embarrasser de complexes, surtout les jeunes. Cependant, l'idéal poursuivi par tous est le mariage d'amour, le mariage de raison n'étant qu'un pis-aller. On rit encore aujourd'hui d'une annonce matrimoniale parue dans un journal de province: «Jeune cultivateur cherche jeune fille sérieuse avec tracteur, en vue mariage. Prière envoyer photo tracteur.»

Cette attitude saine ne détruit pas le sens du mystère et de la poésie de l'amour. On racontera les histoires les plus osées sur des personnages ridicules, mais on observe le silence le plus pudique pour ce qui est de la vie privée de chacun et devant les jeunes filles. Les livres de pédagogie moderne recommandent aux parents d'être francs en matière d'éducation sexuelle, mais la majeure partie préfère encore se réfugier derrière des expressions vagues ou poétiques. L'explication traditionnelle consiste à dire que les bébés naissent dans les choux. En Alsace on dit que ce sont les cigognes qui les apportent dans leur bec. Certains parents modernes vont les «acheter» au magasin ou à l'hôpital. On compte que l'esprit d'observation des enfants leur fera découvrir le reste.

Garçons et fillettes doivent attendre sagement l'âge de raison avant de pouvoir manifester leur virilité ou leur féminité. Les écoles mixtes

Dessin de Dubout

sont assez rares. Les garçons font bande à part, les filles aussi. Une mère américaine dont le garçon de 14 ans n'a pas de «girl-friend» est encline à s'inquiéter un peu: une mère française s'inquiéterait beaucoup si sa fille de 14 ans allait seule au cinéma avec un garçon. L'attitude française est de ne pas brusquer les choses, de laisser faire la nature et de préserver ainsi la fraîcheur de la jeunesse. Il n'y a pas de «dating» en France.

Aux yeux de la loi, la femme française est devenue l'égale de l'homme à une date relativement récente. Elle a de tout temps su gagner le respect et l'admiration des hommes. On sait le culte voué à sainte Geneviève, patronne de Paris, à Jeanne d'Arc, patronne de la France. On connaît aussi le rôle joué par les «salons» (comme celui de Madame Récamier) qui réunissaient l'élite du pays. Patriarcale autrefois, la France d'aujourd'hui est à mi-chemin entre le patriarcat et le matriarcat. Des professions jadis exclusivement réservées aux hommes sont maintenant exercées par des femmes: elles sont avocates, juges, députés, mairesses, directrices d'usine, psychiatres, aviatrices, parachutistes. La femme d'aujourd'hui ne veut plus être considérée comme une bonne à tout faire mais comme l'égale de l'homme. S'il arrive qu'un mari coléreux batte sa femme — chose rare au pays de la galanterie — celle-ci ne manque pas de le signaler aux journaux qui consacrent une rubrique au «courrier du cœur». Voici, à titre d'exemple, une lettre publiée par le magazine féminin *Elle:* «Ma mère n'a jamais levé la main sur moi. Il m'a fallu être mariée et mère de famille pour recevoir la première fessée de ma vie. Je ne puis admettre cela d'un mari, même s'il a raison et moi tort. Il est vrai que j'avais mérité une semonce. Mon mari me l'avait fait subir déjà en public. N'était-ce pas assez? Est-il courant de battre sa femme? Je serais tentée de le croire car ma meilleure amie m'a dit, après avoir entendu la semonce: «Tu as de la chance de t'en tirer à si bon compte. J'en connais qui auraient reçu une bonne volée.» Cela vous semble-t-il normal?» A cette lettre la spirituelle courriériste du cœur Marcelle Ségal a répondu: «La colère est aussi normale que la paresse, la gourmandise et les autres péchés capitaux. Ils sont blâmables mais humains. Un mari qui se laisse aller, un jour, à battre sa femme, qui s'en excuse et ne récidive pas est pardonnable. Si, au contraire, il bat sa femme régulièrement comme un tapis, sa conduite est inacceptable et sa femme, bien bonne de l'accepter. Pour moi, j'aurais vite fait la valise, non sans avoir (douce comme je me connais) brisé sur la tête de Monsieur différents ustensiles de ménage. Réaction blâmable, j'en conviens. Certaines femmes — Molière l'affirme — aiment à être battues. Sont-elles nombreuses? Les maris violents sont-ils la règle? L'exception? Aucune statistique ne l'a établi. La parole est à l'Institut d'Opinion publique. P.S. Qu'aviez-vous fait pour irriter votre mari à ce point? Je grille de curiosité. Ne me laissez pas sur le gril.»

Divinisée à travers les siècles, la Française a aussi été souvent ridiculisée par de féroces misogynes. François Ier disait: «Souvent femme varie/Bien fol est qui s'y fie.» Baudelaire a écrit: «La femme est naturelle, c'est-à-dire abominable.» Un écrivain contemporain, Henry de Montherlant, reproche à la femme d'être illogique, mesquine, puérile, futile et collante. Un autre contemporain, Maurice Druon, la compare à «un Narcisse qui ne se noie jamais». L'homme de la rue emploie la formule: «La femme partage nos joies, double nos peines et triple nos dépenses.»

Cependant, la majeure partie des Français ne sont ni des tyrans qui traînent leur femme par les cheveux, ni des hommes qui mettent la femme sur un piédestal. Cet équilibre mène-t-il au bonheur? La réponse est difficile. D'une part, les journaux relatent en première page des crimes passionnels et dénoncent les scandales de la prostitution et des filles-mères. Il faut également ajouter que l'infidélité conjugale est un mal assez répandu, les hommes étant considérés comme plus libres que les femmes. En même temps, les familles sont stables et les divorces relativement rares.

L'impression générale que donnent les Français dans leur vie sentimentale est que l'amour est un art dans lequel on aime à se distinguer. Les hommes essaient toujours de plaire et de briller devant les femmes. Une femme n'hésitera pas à gifler en pleine rue un homme grossier, mais elle se sentira vieille du jour où plus personne ne se retournera sur son passage.

Questions

1. La France est-elle le pays de la luxure?
2. Qui fréquente les boîtes de nuit?
3. Le cultivateur de l'annonce matrimoniale était-il sentimental?
4. Où naissent les bébés en France?
5. Qu'arriverait-il si une jeune fille de 14 ans allait seule au cinéma avec un garçon en France? aux États-Unis?
6. La France est-elle encore patriarcale?
7. Que voulait savoir la lectrice du magazine *Elle*?
8. Êtes-vous d'accord avec Marcelle Ségal?
9. Donnez quelques exemples de misogynie.
10. Pourquoi est-il étonnant que les familles soient stables en France?

Les Croqueuses d'homme

L'auteur de l'article suivant montre la Française d'aujourd'hui sous un jour particulièrement féroce. Bien entendu, tous les Français ne partagent pas son opinion et il serait facile de lui opposer des écrivains qui, eux, défendent la femme avec une ardeur toute chevaleresque.

Les femmes qui ne travaillent pas sont encore la majorité, dans tous les milieux. Écoutez-les, qui jacassent, aux heures creuses de l'après-midi, dans le métro, dans les salons de thé, dans les salles à manger des H.L.M.* ou dans la cuisine de la ferme. Regardez-les, qui tricotent de la jambe, dans les grands magasins ou, à la foire du chef-lieu de canton*, autour des éventaires des forains. Des pics et des fourmis. On se demande de quoi elles peuvent bien vivre. Ne cherchez pas trop longtemps: elles ont trouvé un homme, leur homme, et elles le croquent à longueur d'années, à longueur de vie.

H.L.M.: Habitations à loyer modéré
canton: division administrative d'un arrondissement se composant de communes

Cela a commencé comme dans le «Courrier du cœur». Elles étaient des jeunes filles. Elles se laissaient croire pleines de secrets. Elles avaient dit oui à quelques-uns, sans trop savoir pourquoi, un soir de bal ou de surboum*, un samedi soir ou un mardi après-midi. Elles avaient dit non à un autre, sans trop savoir pourquoi, peut-être parce qu'elles pressentaient la proie. Parce qu'on lui disait non, il avait cru que ce qu'on lui refusait avait du prix, et il avait prononcé le sacramentel «je t'aime». Fait.

Au siècle dernier, le mariage était une institution qui avait pour but d'associer deux êtres, pour le meilleur et pour le pire, une vie durant, ou un long fragment de vie. Les biens des deux, leurs fortunes mobilières et immobilières, les héritages en perspective, dans les classes aisées, leur travail, leur trousseau dans les classes laborieuses allaient être mis en commun. Cela méritait réflexion. Il était logique de consulter les parents, gens d'expérience, et qui, par ailleurs, fournissaient les bases de l'établissement du jeune couple, ne seraient-ce que les six traditionnelles paires de draps. Il était logique de s'éprouver par de longues fiançailles. On ne signe pas à la légère un contrat qui crée toutes sortes d'obligations pour un si grand nombre d'années.

La moto

Mais, depuis le début du siècle, et en particulier, depuis la fin de la Première Guerre mondiale, une nouvelle conception a prévalu. Il est devenu de règle que, quand un jeune homme et une jeune fille *s'aiment*, ils se marient. Sans consulter personne. Sans même essayer de réfléchir sur le contenu du mot *amour*. Sans se demander ce que c'est qu'un couple, avec ou sans amour, avant ou après la période des amours.

Les paresseuses ont tout de suite appris à tirer profit de la nouvelle morale. Voici comment cela se passe dans une petite ville que je connais bien. A dix-huit ans le garçon fait le fanfaron sur sa moto 500 centimètres cubes*. La fille étudie une moue à la Brigitte Bardot*. Comme, par formation et par atavisme, la fille sait mieux provoquer et se défendre, le garçon finit par se persuader qu'il «aime pour de bon». Fiançailles. Service militaire.

Le service militaire du garçon, c'est le mauvais temps pour la fille. Elle doit se lever tôt pour aller à l'atelier ou au bureau, donner une partie de sa paie à ses parents, écrire plusieurs fois par semaine au fiancé qui s'ennuie quelque part en Algérie et n'en est que davantage persuadé qu'il aime vraiment pour de bon, et même lui envoyer des colis.

La quatre chevaux*

Dès le retour d'Algérie, mariage. La jeune épouse travaille encore, juste le temps qu'on échange la motocyclette contre une quatre chevaux

surboum: surprise-partie
500 centimètres cubes: d'une capacité cylindrique de 500 centimètres cubes
Brigitte Bardot: célèbre actrice de cinéma française
quatre chevaux: automobile de quatre chevaux vapeur

d'occasion. Pour lui, plus de bolide, fini le sport. Mais il pourra, le dimanche après-midi, se promener sur les routes départementales* avec sa chère petite femme, bien au chaud contre lui. Ils iront ainsi, de semaine en semaine, faire visite à tous leurs cousins.

Après la voiture, on peut se permettre un enfant. Un peu avant l'accouchement on décide d'un commun accord que, pour six mois, la jeune mère cessera d'aller à l'atelier ou au bureau. Elle n'y retournera jamais plus. Il compensera en faisant des heures supplémentaires. Elle dira: «C'est toujours ça de gagné sur le temps qu'il passait au bistrot.»

Il travaillera dix, douze heures par jour. C'est presque devenu la règle. Mais elle se plaindra qu'elle a bien plus de travail à la maison, et que «c'est plus dur». S'il a un peu de tête, il réfléchira que si sa compagne savait organiser son «travail ménager» comme n'importe quel artisan sait organiser son atelier, elle aurait encore plus de loisirs qu'elle n'en a. Et que l'effort de diriger une machine-outil est sans commune mesure avec celui de «tenir une maison». Mais comme il est gentil, il ne dira rien. Il lui préparera même son café avant d'aller à «la boîte».*

Le frigidaire

Elle continuera de geindre.... Pour la soulager de tant de besognes, on entrera dans le cycle aspirateur, machine à laver, frigidaire, bloc-cuisine*, le tout à crédit. Aux heures supplémentaires l'homme devra ajouter des bricolages chez les voisins, le samedi soir et le dimanche.

Enfin le poste de télévision. Cette fois son homme est bien à elle. Lié par la fatigue, lié par les dettes et, pour ce qui aurait pu quand même lui rester d'heures de liberté, rivé à elle, les pieds dans ses pantoufles, face au petit écran. Son homme pour toujours qu'elle continuera de croquer doucettement, le cœur en paix.

Extrait de «Les Croqueuses d'homme,» *de Roger Vailland,*
La Nef, janvier-mars 1961.

départementales: une route départementale est moins importante qu'une route nationale.
boîte: mot d'argot qui désigne l'usine ou l'atelier où on travaille, l'école qu'on fréquente
bloc-cuisine: installations formant un bloc dans une cuisine. Un bloc-cuisine comprend l'évier, le fourneau, les placards, etc.

Questions

1. Que font ces femmes l'après-midi?
2. Pourquoi les jeunes filles avaient-elles dit *oui* aux uns et *non* aux autres?
3. Qu'était le mariage au siècle dernier?
4. Que fournissaient les parents?
5. Quelle est la nouvelle conception du mariage?
6. Que doit faire la fille pendant le service militaire de son fiancé?
7. Comment les nouveaux mariés passeront-ils le dimanche?

8. De quoi se plaint la jeune mère?
9. Comment son mari la soulage-t-elle?
10. A quel moment l'homme sera-t-il bien à la femme?

Rédaction
1. Les croqueuses d'homme américaines: décrivez ce qui se passe aux États-Unis en vous servant du texte de Roger Vailland.
2. Prenez le point de vue opposé et décrivez les croqueurs de femme.

Dialogue N° 21

Nous sommes à une surprise-partie. Dans un coin du salon, Raymond et Jean-Pierre.

Raymond: — Dis donc. Comment s'appelle la blonde qui est avec Suzanne? Quelle ravissante créature!
Jean-Pierre: — Elle te plaît, hein! C'est Jeanne Delacroix, théoricienne de l'union libre. Viens, je te présente.

Dans un autre coin du salon.

Jeanne: — Tu connais le garçon qui est avec Alain? Il n'est pas mal avec son profil de statue grecque.
Suzanne: — Raymond? Il est aux Beaux-Arts. Tu ferais mieux de te méfier de lui. Attention! Ils viennent de nous repérer.
Jean-Pierre: — Jeanne, je te présente Alain Jolicœur, Prix de Rome de l'année prochaine. Mademoiselle Jeanne Delacroix.
Jeanne: — Bonjour.
Raymond: — On va danser?
Suzanne: — En voilà un qui ne perd pas son temps à faire des compliments.

Une heure plus tard, Raymond raccompagne Jeanne chez elle. Il essaie de l'embrasser.

Jeanne (lui donnant une gifle retentissante): — Goujat!
Raymond: — Qu'est-ce que j'ai fait de mal? Je croyais qu'on se plaisait? Non?
Jeanne: — La belle raison! Monsieur s'imagine que, parce qu'on a dansé avec lui toute la soirée, il peut tout se permettre.
Raymond: — Je vous demande humblement pardon.
Jeanne: — Bon. Pour une fois... Mais ne recommencez plus, hein? C'est promis?
Raymond: — Promis. Je peux vous revoir demain?
Jeanne: — On verra. Je dois retrouver Suzanne au café à 4 heures. Bonsoir et faites de beaux rêves.
Raymond: — Vous savez bien de qui je rêverai. A demain, Jeanne.

Exercices

Répondez sur le modèle indiqué.

I. Il est vieux. Et elle?   *Réponse:* Elle est vieille aussi.

   1. Le chapeau est neuf. Et la robe?
   2. Le pain est frais. Et la tarte?
   3. Le soulier est sec. Et la robe?
   4. Le calcul est faux. Et l'idée?
   5. Le livre est épais. Et la revue?
   6. Le film est long. Et la pièce?
   7. Le fauteuil est bas. Et la chaise?
   8. Le bal est public. Et la cérémonie?
   9. Il est veuf. Et elle?
10. Il est seul. Et elle?
11. Il est fou. Et elle?
12. Il est grec. Et elle?
13. Il est sot. Et elle?
14. Il est blanc. Et elle?
15. Il est gros. Et elle?
16. Il est gras. Et elle?

II. Il y est enclin. Et elle?   *Réponse:* Elle y est encline aussi.

   1. Il est taquin. Et elle?   5. Il est mesquin. Et elle?
   2. Il est radin. Et elle?   6. Il est fin. Et elle?
   3. Il est câlin. Et elle?   7. Il est coquin. Et elle?
   4. Il est divin. Et elle?

III. Le verre est plein. Et la bouteille?   *Réponse:* Elle est pleine aussi

   1. Il en est certain. Et elle?
   2. Ce dialogue est vain. Et cette parole?
   3. Il est cubain. Et elle?
   4. Il est puritain. Et elle?
   5. Il est mondain. Et elle?
   6. Il est américain. Et elle?

IV. C'est le maire?   *Réponse:* Non, c'est la mairesse.

   1. C'est le maître?   6. C'est le prêtre?
   2. C'est le comte?   7. C'est le Suisse?
   3. C'est l'hôte?   8. C'est l'ogre?
   4. C'est le prince?   9. C'est le tigre?
   5. C'est le prophète   10. C'est l'âne?

V. C'est l'aviateur?   *Réponse:* Non, c'est l'aviatrice.

   1. C'est l'acteur?   3. C'est le cultivateur?
   2. C'est le directeur?   4. C'est l'éducateur?

Courrier du cœur

    5. C'est le fondateur?
    6. C'est l'inspecteur?
    7. C'est l'instituteur?
    8. C'est le lecteur?
    9. C'est le producteur?
    10. C'est le spectateur?

VI. C'est le chanteur? *Réponse:* Non, c'est la chanteuse.
    1. C'est le voyageur?
    2. C'est le coiffeur?
    3. C'est le danseur?
    4. C'est le nageur?
    5. C'est le dormeur?
    6. C'est le buveur?
    7. C'est le mangeur?
    8. C'est le voleur?
    9. C'est le menteur?
    10. C'est le valseur?

VII. C'est le berger? *Réponse:* Non, c'est la bergère.
    1. C'est le fermier?
    2. C'est l'écolier?
    3. C'est le boulanger?
    4. C'est l'ouvrier?
    5. C'est le laitier?
    6. C'est l'épicier?
    7. C'est le conseiller?
    8. C'est le prisonnier?

VIII. C'est le musicien? *Réponse:* Non, c'est la musicienne.
    1. C'est le théoricien?
    2. C'est le pharmacien?
    3. C'est le chirurgien?
    4. C'est le gardien?
    5. C'est le lycéen?
    6. C'est le collégien?
    7. C'est l'esthéticien?
    8. C'est le technicien?

IX. C'est le père? *Réponse:* Non, c'est la mère.
    1. C'est le roi?
    2. C'est le neveu?
    3. C'est l'oncle?
    4. C'est le héros?
    5. C'est le coq?
    6. C'est le compagnon?
    7. C'est le favori?
    8. C'est le serviteur?
    9. C'est le parrain?
    10. C'est le monsieur?

X. Le silence est observé pour ce qui est de la vie privée.
Réponse: Le silence est observé en ce qui concerne la vie privée.

Le silence est observé
1. pour ce qui est des affaires personnelles.
2. pour ce qui est des histoires osées.
3. pour ce qui est de l'initiation sexuelle.
4. pour ce qui est de la naissance des bébés.
5. pour ce qui est de l'infidélité.
6. pour ce qui est des liaisons.
7. pour ce qui est des scandales.
8. pour ce qui est du problème des filles-mères.

22

La Famille

PREMIÈRE PARTIE

«*Toute puissance nationale sort de la famille. La grandeur des familles fait la grandeur d'un pays, en dépit des gouvernements.*»

PHILIPPE HÉRIAT (né en 1898)

La famille est le cellule sociale de la France. André Siegfried écrit: «Les Français, en toute conscience, pensent que la famille passe avant l'État, et leurs obligations envers la communauté semblent lointaines et quelque peu irréelles.» Cependant, beaucoup de forces s'attaquent à cette cellule, surtout dans les grandes villes et dans les régions industrielles. La famille d'aujourd'hui n'a plus la même cohésion et, à côté de celles qui sont traditionnelles et fortement unies, on trouve de plus en plus des familles modernes et quelquefois même des familles désunies.

La famille traditionnelle

Le centre de la vie familiale est le foyer, sanctuaire presqu'inviolable. N'y pénêtre pas qui veut. Les étrangers aimeraient tant voir la famille chez elle, mais on ne les laisse pas entrer. Les Français ne seraient-ils pas sociables? Au café, dans la rue, oui. Chez eux, non. Les invitations à dîner sont rares. Un Américain invite chez lui des gens qu'il ne connaît que depuis peu de temps et les accueille avec une simplicité cordiale. En France, on ne respecte pas les maisons où on entre «comme dans un moulin». Quand un Français reçoit, il imite le grand seigneur dans la somptuosité du repas et du cérémonial. Il s'enferme ensuite dans sa forteresse pour des semaines. «Les Français peuvent être considérés comme les gens les plus hospitaliers du monde, pourvu que l'on ne veuille pas entrer chez eux» (Pierre Daninos). Une famille qui admet souvent des étrangers n'est pas une famille française.

Toutes les barrières tombent devant les parents. Une vieille tante ou une jeune cousine veuve est sûre de trouver gîte et couvert aussi longtemps qu'elle le désire. Des festins comme les baptêmes, les premières communions, les noces, les enterrements, sont l'occasion de grandes réunions familiales. On évoque de vieux souvenirs, on compte les présents et les absents, on célèbre le culte du clan.

Dans la maison, le mobilier est transmis de génération en génération et assure lui aussi la continuité familiale, de même que les objets hétéroclites déposés au grenier: le chapeau d'une grand-mère élégante, la photo de Papa en uniforme de soldat...

Dans la vie de tous les jours, les membres de la famille vivent dans un cadre étroit et intime. Les visites sont trop rares pour interrompre l'intimité. La famille est réunie non seulement au dîner, mais aussi au déjeuner, repas beaucoup plus important que le «lunch» américain. Les contacts et les échanges entre parents et enfants sont donc fréquents. En outre, ils sont marqués par le respect et l'affection. La mère en particulier caresse et dorlote ses enfants. Elle leur dit des mots tendres: *mon chou, mon trésor, mon petit lapin, mon gros, ma petite chérie.* Aux prénoms Jacques, André, Pierre, Suzanne, Marguerite, Antoinette, elle substitue les diminutifs *Jacquot, Dédé, Pierrot, Suzie, Margot, Nénette.* Elle les encourage à extérioriser leur affection: «Embrasse ta maman. Donne-moi un gros baiser... encore un.» Chez eux et en public, les Français se prodiguent beaucoup de marques ouvertes de tendresse et d'amour.

Le père est le chef sans être le tyran que ridiculisait Molière. Il ne nettoie pas la maison, ne lave pas la vaisselle, ne change pas les couches de Bébé: il gagne le pain de la famille et éduque les enfants. Le rôle traditionnel de la femme est d'être une bonne maîtresse de maison et une bonne mère. Stoïque et patiente, elle s'acquitte fidèlement de ses tâches souvent énormes. Tout est propre et bien rangé, rien ne traîne, les chaussettes sont reprisées et le linge ravaudé. Ses mains expertes savent confectionner une jolie robe avec un bout d'étoffe. Malgré son budget modique, elle arrive à joindre les deux bouts, à force de faire durer les choses. Son luxe est d'avoir un beau service de table et une armoire remplie de linge blanc.

Tout en aimant leurs enfants, les parents les élèvent «à la dure». L'enfant doit apprendre dès son plus tendre âge qu'on n'obtient rien dans la vie sans effort, et que tout excès se paie. Il doit supporter stoïquement le chaud et le froid, la faim et la soif, la fatigue et la douleur. Il doit apprendre très tôt les bonnes manières: vider son assiette, pousser la nourriture avec son pain (et non avec les doigts), se tenir droit sur sa chaise et ne pas se balancer, aller jouer ailleurs quand il y a de la visite. Pour l'encourager dans ses efforts, on le récompense en lui donnant des sucreries, par exemple (dans beaucoup de maisons, la mère a une réserve de bonbons pour ses enfants et pour les petits voisins). Pour lui faire peur, les parents parlent du martinet, du grand méchant loup, du gendarme. Pour le punir, ils prennent des sanctions qui dépendent de la gravité et de l'âge du coupable. Une gifle est considérée comme plus cuisante qu'une fessée, surtout si elle est publique et si le garçon a déjà quinze ans. L'enfant qui refuse de manger ses épinards est privé de dessert ou envoyé au lit. Les grands sont privés de sortie.

L'éducation ne s'arrête pas là. A la discipline formelle s'ajoute la discipline du travail. Très tôt, les enfants apprennent à descendre la poubelle, à monter le charbon de la cave, à surveiller et à promener la petite sœur, à faire la vaisselle, à préparer les légumes, à faire les courses. Quand tout est fait, ils peuvent aller jouer. Mais là aussi, la liberté est limitée. Certains jeux et fréquentations sont proscrits: «Ne te salis pas! Ne joue pas avec le petit Durand!» André Gide se moque en ces termes de la mère qui ne veut pas laisser à ses enfants la bride sur le cou:

«Ne te balance pas si fort, la corde va craquer;
Ne te mets pas sous cet arbre, il va tonner;
Ne marche pas où c'est mouillé, tu vas glisser.
Ne t'assieds pas sur l'herbe, tu vas te tacher;
A ton âge tu devrais être plus raisonnable,
Combien de fois faudra-t-il te le répéter?
On ne met pas les coudes sur la table.
Cet enfant est insupportable!
— Ah! Madame, pas tant que vous!»*

Ce n'est qu'à l'âge de quinze, seize ans que commence l'indépendance. Les garçons sortent alors sans prévenir et les filles se mettent du rouge. Chaque mois, on leur donne une dizaine de dollars comme argent de poche. Quand le garçon ou la jeune fille travaille déjà, tout le salaire est fidèlement rapporté à la maison.

Mais si, en général, les liens entre les membres de la famille traduisent la tendresse et le respect mutuels, il arrive aussi que la haine se développe avec la même force que l'amour. «Il n'est pire ennemi que ses proches,» dit le proverbe. On lave alors son linge en famille. Pis encore, le fils qui en a assez de ce que Gide appelle «le régime cellulaire» quitte la maison. Entre frères et sœurs, il peut y avoir aussi des *brouilles* et des haines, soit parce qu'ils se sont querellés ou persécutés dans leur jeunesse, soit parce qu'ils n'ont pas réussi à se mettre d'accord lors de la succession des biens des parents.

Les écrivains français ont de tout temps exploité le double thème de l'amour et de la haine au sein des familles. Par exemple, Hervé Bazin, après avoir opposé un garçon rebelle à sa mère dans *Vipère au poing*, fait de l'amour exclusif d'un père pour son fils le thème de son roman *Au nom du fils*.

Questions

1. Les Français ne sont-ils pas sociables?
2. Comparez le Français avec l'Américain au point de vue de l'hospitalité.

* *Extrait de* Les Nouvelles Nourritures *d'André Gide, Librairie Gallimard, Paris. Tous droits réservés.*

3. Devant qui tombent les barrières?
4. Quels objets assurent la continuité de la famille?
5. Comment se développe la tendresse entre les membres de la famille?
6. Quel est le rôle du père? de la mère?
7. Montrez que les enfants français sont élevés à la dure.
8. Comment punit-on en France? aux États-Unis?
9. A quel âge les enfants deviennent-ils indépendants en France?
10. Pourquoi y a-t-il parfois des «brouilles»?

Enfants

Les parents d'aujourd'hui veulent être aimés de leurs enfants. Cette erreur les entraîne à toutes sortes de faiblesses et de facilités. «Je suis faible,» disent-ils, «mais je veux que mes enfants gardent un bon souvenir de moi. Je leur passe tout, je les gâte trop, ils se moquent de moi; au moins auront-ils eu une jeunesse heureuse.» De semblables raisonnements font peut-être des parents délicieux; ils ne font pas de bons parents. Il s'agit en effet beaucoup moins d'être aimé que d'*aimer*.

Les bons parents sont ceux qui savent qu'une éducation est un travail difficile, parfois rude, et qui ne capitulent jamais sur les points importants. Cela ne permet pas les attitudes avantageuses; il est un peu ridicule, un peu odieux, de répéter mille fois: «Ne mets pas tes coudes sur la table; enlève ton béret quand tu parles à une grande personne, dis oui maman et non oui tout court; la prochaine fois que tu hausseras les épaules à une de mes observations, tu recevras une gifle; je ne t'ai pas entendu dire merci; etc.» Mais les enfants à qui l'on n'a pas seriné ces recommandations mettent effectivement les coudes sur la table, gardent leur béret sur la tête, répondent avec brusquerie et haussent les épaules quand on leur donne un conseil. Le véritable héroïsme des parents est de se contraindre à ces innombrables remarques, à ces infinies répétitions, à ces gronderies. Il le faut. C'est le devoir. Je comprends que ce devoir soit déplaisant, et que l'on hésite à faire le père Fouettard*, que l'on se sente mal à l'aise dans ce rôle grotesque, que l'on soit tenté sans cesse de l'abandonner, que l'on pense: «Bah! Tout cela n'a pas beaucoup d'importance, laissons-les dire ce qui leur passe par la tête et faire ce qu'ils veulent!» Mais ils se mettent à dire une foule de niaiseries et à faire vingt sottises qui les font juger détestables par les étrangers.

A la vérité, les parents «délicieux» sont des égoïstes, ils ne veulent pas se fatiguer, ils se donnent le beau rôle au meilleur compte. Être aimé de ses enfants n'est ni difficile ni méritoire si l'on acquiert cet amour par un consentement systématique à toutes les exigences et à tous les chantages. La pente naturelle des enfants (et des hommes) est d'aimer ce qui ne

père Fouettard: à Noël, le père Fouettard apporte des verges pour les enfants qui n'ont pas été sages.

s'oppose point à la volonté et procure ce que l'on désire. Mais cet amour-là ne va jamais sans mépris. Les âmes des enfants, plus spontanées que celles des adultes, abusent de la faiblesse avec une rapidité effrayante. Je crois que le premier devoir des parents est de se faire estimer et respecter. L'amour vient par là-dessus, et c'est un amour bien plus solide. Rien n'est plus charmant à voir comme une famille à l'ancienne mode, composée de parents familiers et gentils, mais dignes et fermes, et d'enfants respectueux, qui ne parlent pas à tort et à travers, qui sont simples, sans pose, serviables et qui ont de bonnes manières. Le bonheur y règne sans aucune ombre. Tout le monde est à sa place, comme dans les sociétés à leur apogée.

Il ne faut pas trop demander à un enfant; et ne rien lui demander, c'est demander beaucoup trop. Cela le contraint à prendre sans cesse des décisions lui-même, à se forger des maximes de vie, à juger sans aide du bien et du mal, à le laisser se débattre tout seul au milieu de faux problèmes qui se présentent constamment. Il est indispensable de venir à son secours plusieurs fois par jour, et il n'y a qu'une façon de le faire: en lui donnant des ordres, c'est-à-dire en rendant inéluctable ce qui ne l'était pas une minute auparavant. La paresse, naturelle à tout le monde, et surtout aux enfants, qui n'ont point encore eu le temps d'acquérir de méthode, cède presque toujours devant un ordre.

Je ne connais pas de pères plus désastreux que ceux qui se veulent «les camarades de leur fils». Le camarade est un complice, un égal; le père est un supérieur, si toutefois cette notion est encore compréhensible à notre époque de confusion, un père est un maître et un guide, et la sévérité n'exclut ni la bonté ni l'amour. On trouve autant de camarades que l'on veut, à l'école ou ailleurs. Qu'un père abdique son rôle, qui est éminent, et se rabaisse au rang de compagnon de jeux me paraît une des conséquences les plus tristes du désordre intellectuel et de l'esprit de démagogie dans quoi est tombé le monde occidental.

Extrait de Le Fond et la forme, *de Jean Dutourd, Gallimard, Paris.* Tous droits réservés.

Questions

1. Que veulent les parents d'aujourd'hui?
2. Comment raisonnent ces parents?
3. Qu'est-ce qui est ridicule quand on élève des enfants?
4. Pourquoi les parents «délicieux» sont-ils des égoïstes?
5. Quel est le premier devoir des parents?
6. Pourquoi est-il dangereux de ne rien demander à un enfant?
7. Comment peut-on faire céder la paresse naturelle?
8. Comment l'auteur explique-t-il l'abdication du père?
9. D'après vous, le père idéal doit-il être le camarade de ses enfants ou leur maître sévère et affectueux?

Rédaction

Décrivez la famille traditionnelle américaine en vous fondant sur le texte de Jean Dutourd.

Dialogue N° 22

La mère: — Allons les enfants! A table! Vous avez les mains propres, j'espère?
Janine: — Oui, Maman.
Alain: — Regarde les miennes, Papa.
Le père: — Très bien. Tout à l'heure, tu me montreras aussi tes cahiers et ton carnet de notes.
La mère: — J'ai déjà vu le carnet. Pas brillants, les résultats.
Alain: — Mes notes ne sont pas fameuses, je le sais, mais je ne suis pas le dernier de la classe non plus.
Le père: — Qu'est-ce qui ne va pas?
Alain: — Oh! C'est le calcul. Une histoire de fractions.
Le père: — Mais c'est simple comme bonjour, les fractions. Je t'expliquerai tout à l'heure. Janine, pousse avec ton pain et pas avec les doigts.
La mère: — Voilà ta viande, Alain.
Alain: — Merci.
La mère: — Merci qui?
Alain: — Merci, Maman.
La mère: — Tiens! On sonne. Je me demande qui ça peut être à cette heure.
Le père: — Ne te dérange pas. Je vais voir. — Ah! C'est toi, Lucien! Quelle bonne surprise! Hé, les enfants. Venez embrasser votre oncle.
Les enfants: — Bonjour, Tonton Lucien.
Lucien: — Bonjour-bonjour. Ça va, Simone?
Le père: — Alors, qu'est-ce que tu deviens?
Lucien: — J'ai une surprise à vous annoncer: je viens de m'acheter une voiture.
Le père: — Mais c'est formidable! Tu es donc devenu riche?
Lucien: — Mais non. C'est toute une histoire.
Le père: — Chérie, mets donc un couvert pour Lucien, pendant que je vais chercher quelque chose à la cave.
Lucien: — Non, laisse ça. Je vous invite au restaurant. Nous viderons ta bouteille une autre fois.
La mère: — Et mon rôti de veau qui est si bon!
Le père: — Ne t'en fais pas. Nous le mangerons froid demain.
Alain: — Hourra! Pas de fractions ce soir!
Le père: — Si, si! Tu ne vas pas faire croire à ton oncle que tu es un fainéant!

Exercices

Répondez sur le modèle indiqué.

I. On ne va pas faire les fractions?
Réponse: Si, on va faire les fractions!

1. Le petit garçon n'a pas les mains propres?
2. Ses notes ne sont pas bonnes?
3. Ce n'est pas une histoire de fractions?
4. Il ne dit pas merci?
5. On ne sonne pas?
6. Ils n'embrassent pas leur oncle?
7. Il ne s'est pas acheté une voiture?
8. Ils ne vont pas au restaurant?
9. On ne travaillera pas après?
10. On ne bavardera pas après le dîner?

II. Je suis dernier à l'école. Et toi? *Réponse:* Je suis dernier aussi.

1. J'obéis. Et toi?
2. Je comprends. Et toi?
3. Je réussis. Et toi?
4. Je suis fatigué. Et toi?
5. Je t'aime. Et toi?
6. Je m'en vais. Et toi?
7. Je te respecte. Et toi?
8. Je sors. Et toi?

III. Je ne suis pas dernier. Et toi?
Réponse: Je ne suis pas dernier non plus.

1. Je n'obéis pas. Et toi?
2. Je ne comprends pas. Et toi?
3. Je ne réussis pas. Et toi?
4. Je ne me fatigue pas. Et toi?
5. Je ne t'aime pas. Et toi?
6. Je ne m'en vais pas. Et toi?
7. Je ne te respecte pas. Et toi?
8. Je ne sors pas. Et toi?

IV. Je juge. *Réponse:* Nous jugeons. Nous avons jugé.

1. Je forge.
2. Je mange.
3. Je partage.
4. Je songe.
5. J'enrage.

V. J'avance. *Réponse:* Nous avançons. Nous avons avancé.

1. Je commence.
2. Je place.
3. Je prononce.
4. Je balance.
5. Je lance.

VI. Je cède. *Réponse:* Nous cédons. Nous avons cédé.

1. Je préfère.
2. Je répète.
3. Je considère.
4. Je règne.
5. Je pénètre.
6. Je protège.
7. Je succède.
8. J'espère.
9. Je révèle.
10. Je célèbre.

La Famille

VII. J'appelle. *Réponse:* Nous appelons. Nous avons appelé.

    1. Je renouvelle.   3. Je jette.
    2. Je rappelle.   4. Je rejette.

VIII. Je sème. *Réponse:* Nous semons. Nous avons semé.

    1. Je gèle.   5. Je dégèle.
    2. J'enlève.   6. Je promène.
    3. Je lève.   7. J'achète.
    4. J'élève.

IX. Je nettoie. *Réponse:* Nous nettoyons. Nous avons nettoyé.

    1. J'appuie.   4. J'essuie.
    2. Je paie.   5. J'envoie.
    3. J'essaie.

X. C'est en faisant durer les choses qu'elle joint les deux bouts.
Réponse: A force de faire durer les choses, elle joint les deux bouts.

    1. C'est en ravaudant les habits qu'elle joint les deux bouts.
    2. C'est en s'acquittant de ses tâches qu'elle joint les deux bouts.
    3. C'est en reprisant les chaussettes qu'elle joint les deux bouts.
    4. C'est en confectionnant des robes qu'elle joint les deux bouts.
    5. C'est en préparant des repas simples qu'elle joint les deux bouts.
    6. C'est en faisant des économies qu'elle joint les deux bouts.

Un petit examen: Répondez aux questions suivantes en disant *oui, non* ou *si!,* selon le sens.

    1. Paris n'est pas la capitale de la France?
    2. Paris est la capitale des États-Unis?
    3. Washington est la capitale des États-Unis?
    4. La terre ne tourne pas?
    5. La terre tourne?
    6. Marseille n'est pas une ville française?
    7. Marseille n'est pas un village?
    8. Vous ne m'entendez pas?
    9. Vous m'entendez?
  10. Vous n'êtes pas une personne?
  11. Vous n'êtes pas un animal?
  12. Le Mississippi n'est pas un fleuve?
  13. La Seine n'arrose pas New York?
  14. La Seine n'arrose pas Paris?
  15. Vous n'êtes pas un bon élève?
  16. Vous n'êtes pas stupide?
  17. Vous n'êtes pas intelligent?
  18. Vous vous appelez Candide?
  19. Vous n'avez pas de nom?
  20. Vous n'avez pas compris mes questions?

23

La Famille

DEUXIÈME PARTIE

«*Un homme qui invente une machine, qui va dans la lune, et qui ne sait ni éduquer ses enfants, ni conserver l'affection de sa femme, n'est pas un être intelligent.*»

HENRY DE MONTHERLANT (né en 1896)

Problèmes de la famille moderne

La famille moderne habite dans une grande ville ou dans une région industrielle. Elle est toujours une cellule, mais plus un sanctuaire. La vie y est chargée d'orages et la cohésion interne menacée.

La famille moderne est mal logée. Voici quelques chiffres montrant la crise du logement. En 1960, 25% des logements en France étaient trop petits. Rien que dans la banlieue parisienne, 250 000 familles vivaient dans une chambre. Un Français sur six était mal logé; trois personnes disposaient d'une pièce, quatre ou cinq personnes s'entassaient dans deux chambres. L'eau courante était absente dans 41% des logements. 80% des citadins n'avaient ni douche ni baignoire. Le chauffage central et le téléphone étaient des installations rares et luxueuses. Comment élever une famille dans de telles conditions?

Dans les appartements modernes, il est vrai, le confort existe mais les pièces sont minuscules. Les cloisons sont tellement minces qu'on peut entendre la radio, les conversations... et les disputes des voisins. On lave son linge sale en public. Il n'y a ni cave, ni grenier, ce qui complique le problème du rangement. Il n'est pas possible de garder les vieilleries, les souvenirs de famille: la famille moderne est condamnée au présent. Elle est déracinée et isolée dans un vaste ensemble anonyme. Pendant les vacances, les déracinés vont retrouver leurs parents au fond de la province, mais ils n'ont pas d'autres contacts le reste de l'année.

Le rythme de vie moderne menace aussi la famille. L'homme d'affaires de Paris ou de Lyon a ses déjeuners d'affaires au restaurant et rentre tard le soir. L'ouvrier part tôt le matin à cause de l'éloignement de son usine; il ne rentre pas pour le déjeuner. La mère travaille, elle aussi. La vie est dure et c'est bien à contre-cœur qu'elle renonce à son rôle d'«ange du foyer». Les enfants prennent leur déjeuner à la cantine de l'école. Le soir, lorsque tout le monde est réuni au foyer, les parents sont bien fatigués. Ils ne désirent qu'une chose: la paix. Les enfants, eux, ont besoin de se dépenser après avoir été soumis à la discipline de l'école toute la journée. Comment leur imposer le silence quand le père veut écouter les informations à la radio? La solution classique consiste à les envoyer seuls dans la rue ou au cinéma. Chacun sait bien ce qu'un enfant non surveillé peut apprendre dans les rues.

Le dîner n'est plus la communion où chacun pouvait exprimer ses pensées et ses rêves. C'est un repas où le silence est ponctué de brèves remarques: «Pousse avec ton pain, petit cochon!» S'il y a un poste de télévision, c'est encore pire. On s'imagine qu'un spectacle auquel on assiste en commun renforce les liens de la famille. Il n'en est rien. Chacun poursuit, seul et égoïste, ses propres pensées devant le petit écran maléfique. Aucune communication ne s'établit entre ces êtres hypnotisés par l'image.

Le dimanche, le père va seul au stade, laissant à sa femme le soin de s'occuper des petits. S'il a une voiture, toute la famille s'y entasse pour aller faire une promenade. Après un long trajet sur une route encombrée, ils arrivent enfin sur les berges de la Seine ou de la Marne et y retrouvent des milliers de familles semblables à la leur. Aucune intimité n'est possible.

Le climat général est souvent tendu. On vit trop les uns sur les autres; on est fatigué par un travail sans âme et par les trajets en autobus ou en métro. Il n'y a ni assez d'espace ni assez de temps pour vivre une vie normale. Les enfants, profitant de cet état de choses, s'affranchissent plus rapidement de l'autorité des parents. Le père est officiellement le chef mais son rôle est celui d'un chef d'État qui a délégué ses pouvoirs au premier ministre. Au premier du mois, il donne sa paie à sa femme, après avoir prélevé une petite somme pour ses besoins personnels. Qu'elle se débrouille avec le reste. Bien que cela ne l'enthousiasme guère, il lave la vaisselle de temps à autre. Il n'aime pas être surpris à l'évier et ne propose pas ses services de «plongeur» dans la maison où il est reçu. En ce qui concerne l'éducation des enfants, il s'en décharge presqu'entièrement sur les épaules de la mère, se contentant d'intervenir de temps à autre.

La mère a le beau rôle. C'est elle qui tient les cordons de la bourse. C'est elle, en somme, qui porte la culotte, mais elle a découvert aussi la fatigue et l'énervement moderne. Ses corvées sont moins pénibles qu'autrefois, car elle a son frigidaire et sa machine à laver. Mais elle se plaint constamment d'avoir mal aux jambes et aux reins; un rien la décourage ou la fait fondre en larmes. Elle n'arrive pas à ranger sa vaisselle dans les placards trop étroits. Elle ne se donne pas toujours la peine de préparer un bon repas et choisit des menus faciles: **boîtes de conserves,**

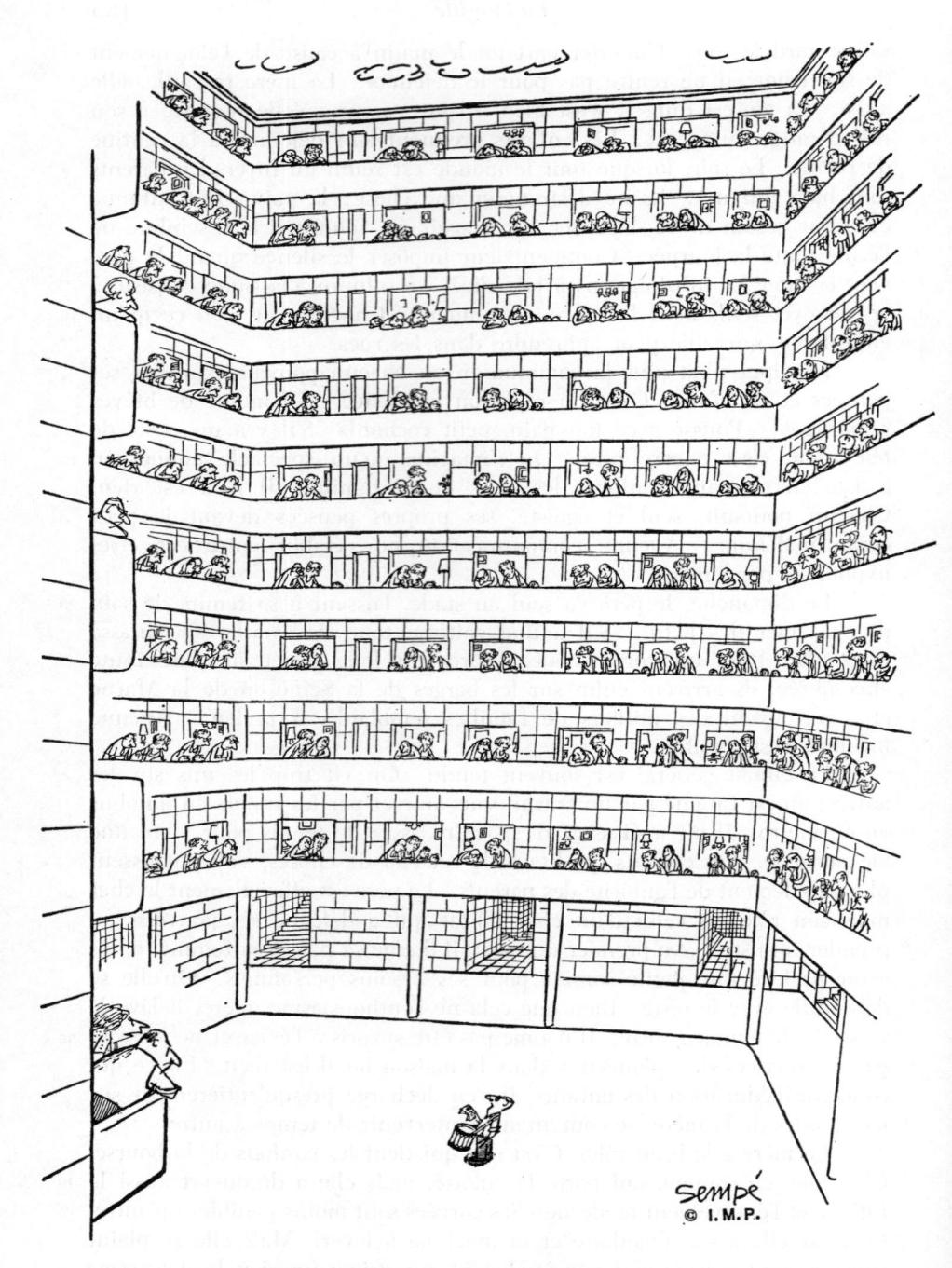

— *Il faudrait demander au gérant si le concierge
n'a pas d'autre moyen de communiquer les avis.*

La Famille

jambon, charcuterie fine (et chère), aliments congelés, soupes en comprimés. Elle se soucie moins de joindre les deux bouts. Elle achète à crédit et vit au jour le jour. Si les fins de mois sont difficiles, elle sert des pâtes.

Fatiguée et seule en face de ses enfants, elle se plie souvent à leurs caprices pour avoir la paix. De par sa nature, elle a d'ailleurs une conception souple de l'éducation. Irritée, elle est aussi prompte que son mari à distribuer des taloches, mais elle se laisse prendre aux sentiments. Elle se souvient des privations des années de jeunesse et désire que ses enfants aient une vie plus heureuse que la sienne. A la différence de l'homme qui veut faire de son fils un homme viril et capable de souffrir sans se plaindre, la mère veut souffrir à la place de son fils.

Il en résulte que dans la famille moderne, l'enfant est roi. En présence d'un père féminisé et d'une mère virilisée, il ne sait plus à qui obéir. On lui donne tant de jouets qu'il les délaisse tous. Il est mal élevé. A mesure qu'il grandit, il se permet de plus en plus de «répondre», jusqu'au jour où la mère, tremblant de le voir mal tourner, le laissera agir à sa guise.

Quelquefois, il tourne effectivement mal. Il sort avec les filles, va à toutes les «surboums»* et ne rentre voir les «croulants»* que pour leur réclamer de l'argent de poche. Chose ironique, une fois qu'il sera marié, il se plaindra amèrement de ne pas avoir été élevé à la trique.

Des films comme *La Vérité, Les 400 Coups, Les Cousins, Les Tricheurs* mettent très bien en relief le malaise actuel d'une certaine jeunesse. Le phénomène des blousons noirs et de la délinquance juvénile n'est pas limité à la France; il s'observe dans tous les pays soi-disant évolués. On peut se demander comment la famille, gardienne des valeurs spirituelles et morales, pourra continuer de jouer le rôle qu'elle a joué jusqu'à présent. De grands écrivains comme Bernanos ont montré que la civilisation technique qui ne voit en l'homme qu'une unité de travail, tue la famille et la société.

Cette perspective est bien sombre et la situation serait tragique si une famille devait lutter en même temps contre tous les problèmes qui viennent d'être évoqués. Heureusement que, dans l'ensemble, le nombre des familles désunies et des délinquants juvéniles est très limité.

surboum: surprise-partie
croulants: les parents, les gens d'un certain âge

Questions

1. Montrez la gravité de la crise du logement en 1961.
2. Comment sont les appartements modernes?
3. Où mangent souvent le père et les enfants à midi?
4. Comment sont les parents et les enfants le soir?
5. La télévision renforce-t-elle les liens familiaux?
6. Que fait la famille moderne le dimanche?
7. Quel est le rôle du père?

8. En quoi la mère de famille moderne est-elle différente de la mère de famille traditionnelle?
9. Comment élève-t-elle les enfants?
10. De quoi se plaindront les enfants quand ils seront mariés?

La Mère de famille nombreuse

Mme L... a six enfants. Ses journées sont bien remplies, comme le prouve le passage suivant.

En fait, en dépit de son énergie, l'emploi du temps est impossible à respecter. En une heure, si je ne suis pas dérangée, j'ai fini mon repassage. Mais arrive-t-on à faire quelque chose de suivi? «Qu'est-ce que tu fourres dans ta bouche? — Montre, viens ici... — Attention au fer, ne mets pas le pied dans le fil... — Va jouer... — Oh! ce bruit dans la rue... — Bon, voilà bébé réveillé... — Laisse cette balle, Sabine, les voisins (ah! les voisins!)... — Ne monte pas sur le fauteuil... — Ne bouscule pas ton frère... — Mais ne lui prends pas son jouet... — Allons, le voilà qui mouille sa culotte... — Sabine, laisse le téléphone...» Faute d'espace pour jouer, de jardin pour courir, de grand air pour crier, les enfants accumulent des forces dangereusement explosives, ils s'excitent les uns les autres, rendus furieux par cette série de tabous arbitraires, inexplicables, qu'on leur oppose. La mère, toute vigilance, en reçoit le contre-coup comme un boomerang. Rien n'est plus électrique que l'atmosphère d'une famille nombreuse qui vit en vase clos. Les ondes de contentement, de joie, d'impatience se répercutent à la vitesse d'un incendie. Plus la journée avance, plus la mère est fatiguée, plus la tension monte. Vers quatre heures, dit Mme L..., je commence à ressentir un profond besoin de silence. C'est alors le retour en trombe des aînés, les criailleries, les disputes, les garçons à séparer, les petits à protéger, les devoirs à surveiller. J'ai la chance d'avoir des enfants qui travaillent bien. Mais certains aînés, justement parce qu'ils ont été négligés au profit des nouveaux venus, ou s'imaginent l'avoir été, ou souffrent de jalousie, ou souhaiteraient inconsciemment avoir leur coin et se révoltent d'être obligés de tout partager, posent un problème d'un genre nouveau: difficultés de caractère et inadaptation scolaire. C'est une façon comme une autre de forcer leur mère à s'intéresser à eux, à les reprendre sous son aile avec la sollicitude et la chaleur d'antan. Parfois la mauvaise humeur, l'entêtement de ces enfants sont tels que la mère peu à peu se sent coupable, moralement obligée d'intervenir. Elle s'adjoint l'assistance d'analystes, de psychologues. Aux mille occupations matérielles astreignantes s'ajoutent des problèmes qui requièrent la réflexion, imposent un retour sur soi-même.

La mère de famille est-elle capable d'un tel effort? La plupart reconnaissent qu'au soir, les oreilles bourdonnant, des vertiges devant les yeux, la voix rouillée à force de parler, expliquer, interroger, avertir, ordonner, exiger, remontrer, interpeller, soupirer, interdire, s'indigner, supplier, répéter deux fois, trois fois, enfin les nerfs bandés de telle sorte que le moindre bruit extérieur, radio, disques, freins dans la rue, leur fait monter les larmes aux yeux, elles sont vidées. Substantiellement vidées, comme les bêtes après la traite. Certaines ont pris l'habitude des tranquillisants, moins pour s'insensibiliser aux cris que pour ne pas devenir la proie facile de la colère. Or avec le crépuscule commence un nouveau rôle. Une fois les six enfants baignés, le nez et les oreilles nettoyés, les six repas distribués comme au restaurant avec un soin qui chaque fois sélectionne, l'un ne tolérant pas le poisson, l'autre les œufs, le troisième a un embarras gastrique, le quatrième se lève toujours de table, «Tiens-toi convenablement! — Ôte tes coudes! — Pousse avec du pain! — Ne réponds pas sur ce ton,» une fois dite la prière en commun et toute la petite meute tapie dans les lits gigogne et les berceaux (ce qui ne va pas tout seul car ils se relèvent, rient, racontent des histoires, se dissipent réciproquement), le père revient de l'usine. Et la mère rhabillée, recoiffée, maquillée, la voilà partie à présent dans son rôle d'épouse.

Extrait de «40 Heures par jour,» de Danielle Hunebelle, Réalités, janvier 1961, No. 180.

Questions

1. Pourquoi la mère ne peut-elle rien faire de suivi?
2. Pourquoi les enfants accumulent-ils des forces explosives?
3. Quels sentiments se répercutent rapidement?
4. Que se passe-t-il au moment où la mère a besoin de silence?
5. Pourquoi les aînés sont-ils difficiles?
6. Qui aide la mère?
7. Comment se sent la mère le soir?
8. Pourquoi certaines mères prennent-elles des tranquillisants?
9. Quelles différences y a-t-il entre ce texte-ci et celui de Jean Dutourd (p. 179)?

Rédaction

Décrivez la journée d'une mère de famille nombreuse américaine en vous servant du texte ci-dessus. Changez les détails qui ne conviennent pas.

Dialogue N° 23

La mère: — Ton fils a encore eu zéro en math!
Le père: — Et toi? Tu n'es pas sa mère, non? Je n'ai peut-être pas la bosse des mathématiques, mais je sais compter au moins. Tandis que toi...
La mère: — Il ne s'agit pas de moi, voyons! Si tu n'aides pas Pierrot, il finira par être mis à la porte du lycée.

Le père: — Tu ne voudrais tout de même pas que je fasse ses devoirs après mon travail au bureau? Non?
La mère: — Si seulement tu voulais le surveiller. Tiens, le voilà justement.
Pierrot: — ...
La mère: — Alors, on ne dit plus bonsoir?
Pierrot: — 'soir.
Le père: — Demande donc à ton fils pourquoi il est en retard?
La mère: — Comment se fait-il que tu rentres si tard? Ta soupe est refroidie.
Pierrot: — Oh! Il y a eu une panne de métro. Quoi? Encore de la soupe aux poireaux!
La mère (lui donnant une gifle): — Tiens! Voilà qui t'apprendra à critiquer ta mère. Et toi, tu ne dis rien, tu le laisses faire!
Le père: — Laissez-moi tranquille avec vos histoires. On ne peut même pas manger en paix. (*Il tourne le bouton de la radio.*)
Le speaker: — Ici Paris, Radiodiffusion française. Voici le bulletin d'information. Selon le porte-parole de l'agence Tass, la Russie va faire exploser une nouvelle bombe atomique...
La mère: — Toujours la radio. On ne compte pas, nous autres. Il n'y a que la politique qui t'intéresse. J'en ai marre à la fin!
Le père: — Et moi aussi, j'en ai marre, tiens! Si je ne peux pas écouter la radio chez moi, j'irai l'écouter ailleurs. (*Il part en claquant la porte.*)
Le speaker: — ...A la Maison Blanche, on fait savoir que le Gouvernement des États-Unis n'a nullement l'intention de se laisser distancer dans la course à l'armement et que de nouveaux crédits seront demandés au Sénat...
La mère: — Pour l'amour du ciel, ferme donc le poste.
Le speaker: — ...Pour la réalisation (*petit craquement*).

Exercices

Répondez sur le modèle indiqué.

   I. Elle n'est pas capable de faire quelque chose.
      Réponse: Elle n'arrive pas à faire quelque chose.

      1. Elle n'est pas capable de finir le repassage.
      2. Elle n'est pas capable de respecter l'emploi du temps.
      3. Elle n'est pas capable de faire son ménage.
      4. Elle n'est pas capable de se calmer.
      5. Elle n'est pas capable de continuer.
      6. Elle n'est pas capable de s'occuper de tout.
      7. Elle n'est pas capable de prendre cette habitude.
      8. Elle n'est pas capable de résister à la fatigue.

La Famille

II. Respectez l'emploi du temps. *Réponse:* Il est impossible à respecter.

    1. Faites le devoir.
    2. Séparez les garçons.
    3. Protégez les petits.
    4. Partagez le gâteau.
    5. Expliquez la théorie.
    6. Prenez cette habitude.
    7. Calmez l'enfant.
    8. Corrigez la faute.

III. On me force à travailler. *Réponse:* Je suis forcé de travailler.

    1. On me force à obéir.
    2. On me force à faire ce travail.
    3. On me force à habiter ici.
    4. On me force à vivre ici.
    5. On me force à fermer la radio.
    6. On me force à partir tôt.

IV. Surveille-le. *Réponse:* Si seulement tu voulais le surveiller!

    1. Obéis-lui.
    2. Apprends-lui.
    3. Sers-toi.
    4. Mets-toi à ma place.
    5. Plains-toi ailleurs.
    6. Soumets-toi.
    7. Interroge-le.
    8. Tiens-toi convenablement.
    9. Souris-moi.
    10. Attends-moi.

V. On ne l'élève pas bien.
Réponse: Il se plaindra de ne pas avoir été bien élevé.

    1. On ne le forme pas bien.
    2. On ne l'éduque pas bien.
    3. On ne le dirige pas bien.
    4. On ne l'instruit pas bien.
    5. On ne le traite pas bien.
    6. On ne le guide pas bien.
    7. On ne le dresse pas bien.
    8. On ne le suit pas bien.

VI. Tu ne veux pas faire ses devoirs?
Réponse: Tu ne voudrais tout de même pas que je fasse ses devoirs!

    1. Tu ne veux pas t'occuper de lui?
    2. Tu ne veux pas t'intéresser à lui?
    3. Tu ne veux pas le mettre à la porte?
    4. Tu ne veux pas sortir avec lui?
    5. Tu ne veux pas le surveiller?
    6. Tu ne veux pas finir ses exercises?
    7. Tu ne veux pas lui apprendre les mathématiques?
    8. Tu ne veux pas lui répondre?
    9. Tu ne veux pas partir avec lui?
    10. Tu ne veux pas le prendre par la main?

VII. Bébé mouille sa culotte. *Réponse:* Le voilà qui mouille sa culotte!

    1. Il se réveille.
    2. Il se fourre quelque chose dans la bouche.
    3. Il met les pieds dans le fil.
    4. Il monte sur le fauteuil.
    5. Il se salit.

6. Il se lève de table.
7. Il bouscule son frère.
8. Il prend le téléphone.

VIII. Les enfants s'excitent.
Réponse: Les enfants s'excitent les uns les autres.

1. Les enfants se lavent.
2. Les enfants se dissipent.
3. Les enfants se frappent.
4. Les enfants se bousculent.
5. Les enfants se mouillent.
6. Les enfants se protègent.
7. Les enfants se surveillent.
8. Les enfants s'aiment.

IX. Même exercice sur le modèle suivant:
Les deux enfants s'excitent.
Réponse: Les deux enfants s'excitent l'un l'autre.

X. La journée avance, la mère est fatiguée.
Réponse: **Plus la journée avance, plus la mère est fatiguée.**

1. Elle corrige les enfants, elle se fatigue.
2. Elle travaille, la tension monte.
3. Les enfants grandissent, ils réclament leur mère.
4. Les enfants se querellent, la mère se sent coupable.
5. Elle parle, sa voix est rouillée.
6. La journée avance, elle perd courage.

XI. La journée avance, la mère résiste de moins en moins.
Réponse: **Plus la journée avance, moins la mère résiste.**

1. Elle corrige les enfants, ils l'écoutent de moins en moins.
2. Elle travaille, elle est de moins en moins capable de continuer.
3. Les enfants se querellent, sa conscience est de moins en moins tranquille.
4. Elle entend le bruit, elle le tolère de moins en moins.
5. Elle a les nerfs bandés, elle peut réfléchir de moins en moins.
6. Elle donne des ordres, on lui obéit de moins en moins.

L'Enseignement

PREMIÈRE PARTIE

«Mieux vaut comprendre peu que comprendre mal.»

ANATOLE FRANCE (1844–1924)

Le Rôle de l'État

L'enseignement est obligatoire de l'âge de six ans à seize ans. L'enfant est libre de fréquenter l'école publique ou une école privée. Dans les établissements publics, l'enseignement est gratuit au niveau primaire et secondaire; dans les universités, les frais ne s'élèvent qu'à une dizaine de dollars par an. Tout Français peut donc poursuivre ses études, quelle que soit sa situation financière. En outre, les élèves et les étudiants d'origine modeste peuvent obtenir des bourses à condition de se classer parmi les meilleurs (en 1960, 25% des élèves des établissements publics recevaient une bourse). Beaucoup de fonctionnaires civils et militaires: professeurs, ingénieurs, officiers, etc., sont formés aux frais de l'État. Certains d'entre eux touchent même un traitement tout en étudiant.

L'enseignement public est ouvert à tous, sans distinction de religion, de race ou d'origine sociale. Il est laïque et neutre, c'est-à-dire, les maîtres n'ont pas le droit d'exposer des croyances politiques ou religieuses. Un communiste peut enseigner dans n'importe quelle école, mais il n'est plus un communiste en entrant dans sa classe.

Au point de vue de l'organisation, l'enseignement est centralisé. La France est divisée en dix-neuf académies que dirigent des recteurs assistés par des inspecteurs. Ces académies régionales dépendent du Ministère de l'Éducation Nationale. Le ministère impose sa volonté à l'école la plus éloignée. Les programmes scolaires sont partout les mêmes, sauf dans les universités. Cela ne veut pas dire qu'à onze heures du matin, par exemple, dans tous les lycées de France, les professeurs d'histoire exposent à leurs élèves les origines de la Révolution française. Cela veut dire simplement qu'à la fin de l'année scolaire, les élèves auront tous étudié l'histoire du monde au XVIIIe siècle, que l'école soit publique ou privée.

Les règlements concernant les examens et les diplômes sont uniformes aussi. Par exemple, les épreuves du baccalauréat sont les mêmes pour tous les candidats, même s'ils fréquentent une école privée. Pour cette raison, un diplôme obtenu dans un petit lycée de province a exactement la même valeur que celui qui a été obtenu dans un grand lycée parisien. On dit: «J'ai le bachot,» et non: «Je suis diplômé de l'École X» (sauf s'il s'agit d'une grande école comme l'École polytechnique). Tous les maîtres de l'enseignement public sont recrutés selon des normes établies par l'État. Leur qualité est rarement mauvaise. Même dans une petite ville, on peut trouver de très bons professeurs. Des inspecteurs sont constamment en voyage pour vérifier sur place si le maître est consciencieux, s'il applique les meilleures méthodes et s'il mérite une promotion.

C'est grâce à cette centralisation et à cette uniformité que l'élève est sûr de trouver partout un enseignement de qualité.

Suivons à présent un jeune Français dans sa carrière scolaire. De deux à six ans, il peut aller à l'école maternelle si ses parents le désirent. Puis, il fréquente l'école primaire, dirigée par un instituteur. A onze ans, il est placé dans un cycle d'observation de deux ans à la fin duquel les maîtres recommandent aux parents le type d'enseignement qui convient le mieux aux aptitudes de leur fils. Deux possibilités se présentent:

1. L'enseignement court qui assure la formation professionnelle jusqu'à l'âge de seize ans, dans les collèges d'enseignement général.

2. L'enseignement long qui permet de poursuivre des études jusqu'au baccalauréat. Seuls les lycées préparent à cet examen. Des classes spéciales sont prévues pour passer du type 1 au type 2 (ou inversement!), de sorte que l'élève qui a trouvé sa voie plus tardivement que les autres peut choisir un enseignement plus conforme à ses aptitudes.

A dix-huit ans, le bachelier qui veut continuer ses études est admis à l'une des dix-sept universités françaises, sur simple présentation de son diplôme. S'il veut entrer dans une des grandes écoles qui ont rang d'université, École normale supérieure, École polytechnique, École nationale d'administration, etc.), il faut qu'il prépare le concours d'admission dans des classes spéciales. Comme il y a souvent cent candidats pour dix places, l'examen est difficile. Ces écoles jouissent d'un grand prestige et les anciens élèves ne manquent pas de faire imprimer sur leur carte de visite: Ancien élève à l'École X.

Ci-après un emploi du temps d'un élève de l'école primaire et celui d'un lycéen. Il n'est pas possible d'en donner un pour l'étudiant car celui-ci est libre de suivre ou de ne pas suivre la demi-douzaine de cours faits à son intention. Cependant, s'il ne veut pas échouer à ses examens, il lui faut les suivre et étudier la plupart du temps à la bibliothèque ou dans sa chambre. Malgré sa liberté, l'étudiant français travaille autant — sinon plus dans certains cas — que son camarade américain.

Emploi du temps d'une classe primaire

Heures	Lundi	Mardi	Mercredi	Jeudi	Vendredi	Samedi
8–9	Français	Français	Français	Congé	Français	Français
9–10	Chant	Écriture	Morale		Histoire-Géographie	Sciences
10–10h15	R é c r é a t i o n				R é c r é a t i o n	
10h15–11	Calcul	Calcul	Dessin		Calcul	Calcul
11–12	Français	Français	Français		Français	Français
2h–2h30	Plein air	Plein air	Plein air		Plein air	Plein air
2h30–2h45	R é c r é a t i o n				R é c r é a t i o n	
2h45–4h	Devoirs	Devoirs	Devoirs		Devoirs	Devoirs

Emploi du temps d'une classe de 3ᵉ (Lycée)

Heures	Lundi	Mardi	Mercredi	Jeudi	Vendredi	Samedi
8–9	Français	Français	Français	Congé	Français	Français
9–10	Étude	Anglais	Anglais		Français	Anglais
10–11	Mathémat.	Mathémat.	Étude		Mathémat.	Histoire et géographie
11–12	Allemand	Allemand	Hist.-Géo.		Hist.-Géo.	Dessin
2–3	Travaux manuels	Instruction civique	Allemand		Allemand	Educ. physique
3–4			Sciences		Ed. musicale	Ed. physique

Questions

1. Dans quelles écoles l'enseignement est-il gratuit en France?
2. Que peuvent obtenir les élèves et les étudiants pauvres?
3. Que veut dire *laïque*?
4. Comment sont les programmes scolaires et les examens?
5. Comment sont recrutés les maîtres?
6. A quoi sert le cycle d'observation?
7. Comment un Français est-il admis dans une université? dans une grande école?
8. L'étudiant français est-il plus heureux que son camarade américain?
9. Quelle est la différence entre l'emploi du temps d'un lycéen et celui d'un élève américain?
10. Que pensez-vous du rôle de l'État dans l'enseignement?

L'Instituteur

Un journaliste est venu faire une enquête sur le métier d'instituteur dans un petit village.

L'homme vient vers moi. Même au milieu de la foule, j'aurais su deviner son métier. Son regard le trahit. On y découvre cette admirable naïveté de l'enfance. Avec sa blouse grise, ses cheveux coupés en brosse et ses yeux marron, il ressemble à ce qu'il est peut-être: un adulte avec une âme d'enfant. Il en a même les gaucheries. Je me sens, devant ce regard qui se livre tout entier, honteux d'avoir appris à me défendre et à mentir. Il y a comme cela des regards qui vous font rougir.

L'homme parle maintenant et je m'étonne de le découvrir heureux. Il est fier de son œuvre dans ce village. Aussitôt mon sens critique s'aiguise; un sourire que j'abhorre doit errer sur mes lèvres. Lui ne s'en aperçoit pas. Ses yeux brillent de bonheur à l'idée qu'on puisse s'intéresser à lui. Je suis surpris que d'aucuns puissent si facilement violer l'intimité d'êtres qui ne savent ni ne veulent se défendre. Il y a de la simplicité dans cet étalage. J'écoute distraitement. N'est-ce pas le quinzième instituteur que je surprends ainsi? Il me semble que je commence à les connaître, eux, et leurs problèmes.

Sa femme se tient auprès de lui. Elle s'accroche à son bras comme si elle pressentait, par un sûr instinct, que mes questions cachent un piège. Elle tourne vers moi un regard d'animal inquiet. Un sourire fané, au charme mélancolique, erre sur ses lèvres très pâles et très minces. Son regard a cette même lumière, cette même bonté rusée. Deux grands enfants sont là, devant moi, qui me racontent leur vie; si l'un parle d'abondance, l'autre, méfiant, se tait et m'observe. A l'intérieur de la classe, les vrais enfants penchent la tête pour nous mieux apercevoir; ils sont étrangement calmes. Notre visite les intrigue et les plonge dans ce silence qu'est l'extrême curiosité. Rien qu'à voir leurs têtes, je pourrais deviner quel est le bon élève, le cancre et le bouc-émissaire. D'une année à l'autre, la classe, tout en changeant d'individus, demeure identique. Elle est comme une image réduite du monde.

L'instituteur me conte sa vie. Je l'écoute, tête baissée. Il est issu d'un milieu pauvre. Pour lui, l'entrée à l'École Normale symbolisait son ascension dans l'échelle sociale. C'était une promotion. Il a atteint le but qu'il s'était fixé: pourquoi et de quoi se plaindrait-il? Il aime son métier avec passion parce qu'il aime les enfants. Pour rien au monde il ne voudrait exercer une autre profession. Cela tient de la vocation et de la mission. Il n'est avare, pour ses élèves, ni de son temps ni de sa peine. L'horaire, par exemple, cela ne veut rien dire pour lui. Il lui arrive de garder les enfants jusqu'à sept heures du soir. Les parents ne s'en plaignent pas. Ils sont, au contraire, ravis de les savoir entre ses mains. Car cet homme qui conçoit son métier comme un apostolat a su s'attirer l'estime et l'admiration. On écoute; on suit ses conseils. Interdit-il aux enfants de jouer dans la rue parce qu'ils n'ont pas appris leur leçon? Les rues demeureront vides d'enfants. Il y a symbiose entre les parents et l'instituteur. Sa vie est tout entière tournée vers la communauté. Il a conservé une foi naïve dans l'indestructible et foncière bonté du genre humain; il croit qu'il suffit de prêcher par l'exemple pour entraîner les plus réfractaires. N'a-t-il pas réussi, lui, l'humble instituteur, à s'attirer l'appui des plus égoïstes?

L'Enseignement

Certes, de ce prestige dont il jouit, son successeur n'héritera pas à priori. Car les mœurs ont changé. Jadis la paysannerie était pauvre, souvent même analphabète. L'instituteur, qui représentait la Culture, jouait un rôle d'oracle. On le vénérait à l'égal d'un dieu. Les paysans d'aujourd'hui se sont enrichis; ils ont cessé d'être des animaux farouches pour devenir des hommes. Ils savent tous lire et écrire; l'instruction ne les étonne plus. L'instituteur n'est plus un privilégié mais un fonctionnaire. On le sait mal rétribué. L'École Normale a cessé d'être une promotion pour devenir un pis-aller. Là est le problème. Car le recrutement se ressent de cette désaffection de la jeunesse pour ce qui est le plus exaltant des métiers.

Il y a huit ans qu'il enseigne dans ce village. Son prédécesseur n'avait pas su gagner la confiance des paysans; l'école ressemblait à une jungle. Tout était à refaire. Sa femme et lui s'y sont employés. Au début, cela n'allait pas tout seul. Les réactions furent parfois vives. Ainsi, quand ils voulurent faire des classes mixtes, les parents s'y opposèrent farouchement. Mais eux avaient la foi. Ils expliquèrent longuement que c'était dans l'intérêt des enfants, qui pourraient ainsi faire des progrès plus rapides. Tout le village maintenant les approuve. Il en alla de même pour le Musée scolaire. Personne ne comprenait ce qu'il voulait. Petit à petit, les méfiances tombèrent. Les réactions les plus violentes se firent jour lorsqu'il eut l'idée de créer une Coopérative Scolaire. Personne n'en voyait la nécessité; certains même croyaient y déceler un danger. N'était-ce pas une idée «d'homme de gauche»? Il mit longtemps à les convaincre des avantages d'une telle entreprise. Le succès couronna ses efforts. De plus, une fois par semaine, les hommes s'assemblent dans une classe; ils discutent des problèmes de la terre.

Tant d'activités m'étonnent; quand cet homme prend-il le temps de vivre? Sa femme sourit, fière et rassurée. Toujours et jamais. Leur vie, c'est l'école, c'est le village. Ils trouvent leur bonheur dans ce refus d'égoïsme. Leur plus grande joie est d'aider et d'instruire. On vient les chercher pour n'importe quoi et à n'importe quelle heure. Tantôt c'est une requête officielle qu'il faut rédiger dans les formes voulues; tantôt c'est un malade qu'il faut transporter à la ville — ou encore le pain qu'il faut livrer parce que la camionnette du boulanger est tombée en panne. C'est plus simplement un conseil dont on a besoin; ou encore un renseignement d'ordre agricole. Lui, s'il ne peut les renseigner, écrit au chef-lieu pour exposer le cas.

Dès six heures et demie du matin, la lumière est allumée chez l'instituteur; elle ne s'éteindra que lorsque plus personne n'ira frapper à sa porte. N'est-ce pas épuisant? Deux sourires m'apportent la plus directe des réponses. Ma question les surprend. Les journées sont si longues et si brèves lorsqu'on veut les vivre au rythme d'une communauté!

Extrait de «Et Ils eurent 60 enfants,» de Michel de Castillo, Réalités, juillet 1961, No. 186.

Questions

1. Qu'est-ce qui caractérise l'instituteur?
2. Quelle est son origine sociale?
3. Pourquoi aime-t-il son métier?
4. Pourquoi les parents ne se plaignent-ils pas quand leurs enfants rentrent tard de l'école?
5. En quoi l'instituteur a-t-il foi?
6. Comment étaient les paysans d'autrefois?
7. Pourquoi l'instituteur a-t-il voulu créer des classes mixtes?
8. Que font les paysans dans la Coopérative Scolaire?
9. Que demande-t-on à l'instituteur de faire en dehors de l'école?

Rédaction

Comparez la vie de cet instituteur français avec celle d'un instituteur ou d'une institutrice des États-Unis.

Dialogue N° 24

Yvon, le fils des Perrault, doit bientôt aller à l'école. Ses parents discutent du choix de l'école.

Elle: — Écoute, Rémi. La rentrée des classes approche et il faut tout de même prendre une décision. Moi, je voudrais bien qu'Yvon aille à l'école Saint-Joseph. Ce n'est pas une bonne idée?
Lui: — Ah ça, non! Pour rien au monde. Il ira à l'école laïque, un point, c'est tout. Je veux qu'il ait les meilleurs maîtres.
Elle: — Oui. Mais n'est-ce pas dans l'enseignement libre qu'on trouve les gens les plus dévoués, les plus désintéressés?
Lui: — Tu veux dire des ratés, des types qui n'ont jamais pu finir leurs études.
Elle: — Tu exagères! Les petits apprennent bien à lire et à écrire chez eux. Je ne comprends pas tes préjugés.
Lui: — Eh bien, je suis pour l'enseignement laïque, moi. J'aime que l'école soit strictement neutre. Sinon, la porte est ouverte à tous les abus.
Elle: — Quel abus y a-t-il donc à parler aux enfants du Bon Dieu?
Lui: — Oh! Je n'ai rien contre. Mais alors, qu'on le fasse à l'église. Je ne veux à l'école ni politique, ni religion.
Elle: — N'empêche que certains instituteurs de gauche en font, de la politique, bien qu'on le leur interdise.
Lui: — Ne te mêle pas de politique. Les femmes n'y comprendront jamais rien. Mais revenons à nos moutons. Ma décision est prise. Yvon ira à l'école publique. D'ailleurs, c'est gratuit.
Elle: — Oui, mon seigneur et maître.

Lui: — Non, franchement, Monique! Je tiens à mes idées républicaines. Cependant, je veux bien te faire une concession. Tu pourras envoyer Yvon au catéchisme après l'école.
Elle: — Merci! C'est tout ce que je voulais obtenir.
Lui: — Vraiment?
Elle: — Mais oui, mon petit lapin. J'ai fait semblant de te contredire, mais en réalité, j'ai toujours été d'accord avec toi sur le fond du problème.
Lui: — Petite futée, va! C'est comme ça que tu me faisais marcher!

Exercices

Répondez sur le modèle indiqué.

I. On a besoin de ce conseil?
Réponse: C'est un conseil dont on a besoin.

1. Il a envie de cette auto?
2. Il se souvient de cette date?
3. Il se charge de ce travail?
4. Il se contente de ce salaire?
5. Il est surpris de cette nouvelle?
6. Il est fier de ce résultat?
7. Il prend soin de cette maison?
8. Il est capable de cet exploit?
9. Il est satisfait de cette vocation?
10. Il a besoin de ce livre?

II. Depuis combien de temps enseigne-t-il?
Réponse: Il y a huit ans qu'il enseigne.

Depuis combien de temps
1. exerce-t-il cette profession?
2. travaille-t-il?
3. prêche-t-il l'exemple?
4. aide-t-il la communauté?
5. donne-t-il des conseils?
6. habite-t-il ici?

III. Quand est-il venu au village?
Réponse: Il est venu il y a huit ans.

1. Quand est-il arrivé au village?
2. Quand a-t-il commencé à travailler?
3. Quand s'est-il installé au village?
4. Quand est-il devenu instituteur?
5. Quand a-t-il vu le village pour la première fois?
6. Quand a-t-il atteint son but?

IV. Il n'est plus un communiste quand il entre dans sa classe.
    Réponse: Il n'est plus un communiste en entrant dans sa classe.

    Il n'est plus un communiste quand il
    1. va à l'école.
    2. part pour l'école.
    3. prend son chapeau.
    4. sort de sa maison.
    5. vient à l'école.
    6. se rend à l'école.
    7. s'assoit devant ses élèves.
    8. fait sa classe.
    9. écrit au tableau.
    10. inscrit le problème au tableau.
    11. lit son livre.
    12. attend ses élèves.
    13. reçoit ses élèves.
    14. sert la communauté.
    15. poursuit ses raisonnements.
    16. se met à parler.
    17. se promène avec ses élèves.
    18. dit bonjour à ses élèves.

V. Il faut qu'il les suive. *Réponse:* Il lui faut les suivre.

    1. Il faut que nous prenions une décision.
    2. Il faut que je parte.
    3. Il faut qu'il finisse ses études.
    4. Il faut que tu obtiennes la permission.
    5. Il faut qu'ils apprennent à lire et à écrire.
    6. Il faut qu'il atteigne le but.
    7. Il faut que tu ailles plus loin.
    8. Il faut que nous comprenions.
    9. Il faut qu'elle ouvre le matin.
    10. Il faut que nous convainquions ces gens.

VI. Apportez-moi les règlements. On discute au sujet de ces règlements.
    Réponse: Apportez-moi les règlements au sujet desquels on discute.

    1. Ce sont les professeurs. Ils ont réussi avec l'aide de ces professeurs.
    2. Ce sont des livres. Vous pourrez travailler au moyen de ces livres.
    3. Quels sont les principes? Vous parlez au nom de ces principes.
    4. Les inspecteurs font des voyages. Ils inspectent au cours de ces voyages.
    5. Les examens sont des obstacles. Beaucoup échouent à cause de ces obstacles.
    6. Ce sont des examens. On entre à l'Université à la suite de ces examens.

VII. Il y a des difficultés. Je vais vous parler au sujet de ces difficultés.
Réponse: Il y a des difficultés au sujet desquelles je vais vous parler.

1. Ce sont des épreuves. On boit beaucoup de café au cours de ces épreuves.
2. Ce sont des universités. On étudie sérieusement à l'intérieur de ces universités.
3. Ces jeunes filles font des études. Elles se marieront au bout de ces études.
4. Il y a des classes spéciales. Les élèves choisissent leur carrière à la suite de ces classes.
5. Il y a des cérémonies. On se réjouit à l'occasion de ces cérémonies.
6. On préfère les écoles. Tout est vert autour de ces écoles.

VIII. Il est placé dans un cycle d'observation. A la fin de ce cycle, les maîtres font leurs recommandations.
Réponse: Il est placé dans un cycle d'observation à la fin duquel les maîtres font leurs recommandations.

1. Il fréquente le lycée pendant sept ans. Au bout de ces sept ans, il va à l'université.
2. Il fréquente un lycée. Il y a un jardin au milieu de ce lycée.
3. Il a un professeur. On discute au sujet de ce professeur.
4. C'est un collège. Une tour se dresse au-dessus de ce collège.
5. C'est un bon professeur. Il a réussi avec l'aide de ce professeur.
6. C'est un grand lycée. Les trains passent à côté de ce lycée.

IX. Il fréquente une école. Il y a une cour à l'intérieur de cette école.
Réponse: Il fréquente une école à l'intérieur de laquelle il y a une cour.

1. C'est une épreuve difficile. Elle a pleuré à la fin de cette épreuve.
2. Je ne comprends pas la faute. J'ai échoué à cause de cette faute.
3. Je ne vois pas l'école. Il y a un mur autour de cette école.
4. C'est une épreuve. On s'interroge sur la valeur de cette épreuve.
5. Je connais la directrice. Vous parlez au sujet de cette directrice.
6. Je comprends très bien la phrase. Vous discutez à propos de cette phrase.

X. Peu importe si l'école est publique ou privée, il faut y aller.
Réponse: Que l'école soit publique ou privée, il faut y aller.

1. Peu importe si c'est à l'école ou à l'université, il faut apprendre.
2. Peu importe s'il va à l'école privée ou à l'école publique, l'enfant travaille beaucoup.
3. Peu importe si on vient d'une famille riche ou d'une famille pauvre, l'école est gratuite.
4. Peu importe si l'école dépend de l'État ou si elle est dirigée par l'Église, les programmes sont les mêmes.

5. Peu importe si on obtient le diplôme à Paris ou en province, il a la même valeur.
6. Peu importe si l'étudiant suit des cours à Paris ou en province, il doit se présenter à un examen difficile.
7. Peu importe si l'élève choisit l'enseignement long ou court, il faut travailler après.
8. Peu importe si les maîtres sont de gauche ou de droite, ils ne font pas de politique en classe.
9. Peu importe s'il instruit les enfants ou les paysans, l'instituteur est heureux.
10. Peu importe s'il sort de l'école à 4h. ou à 8h., il ne se plaint jamais.

Rédaction

Décrivez la carrière d'un élève américain depuis l'école maternelle jusqu'à l'université.

L'Enseignement

DEUXIÈME PARTIE

«*Soyez plutôt maçon si c'est votre talent.*»

Boileau (1636–1711)

La Survivance du plus apte

L'un des principes de l'enseignement français est la compétition intellectuelle. Les élèves sont comparés les uns aux autres plutôt qu'à eux-mêmes. Instituteurs et professeurs s'adressent constamment à leur amour-propre. Ils critiquent les fautes de chacun devant la classe entière. Chaque élève est classé. Comme on est fier d'être le premier de la classe, même si on n'a que dix sur vingt*! Comme on est honteux d'être le dernier, même si la note n'est pas vraiment mauvaise! C'est que la note a moins d'importance que le classement. A l'école primaire, ceux qui travaillent bien reçoivent des «bons points». Au lycée, ils sont inscrits au Tableau d'honneur. A la fin de l'année, la Distribution solennelle des prix a lieu devant les plus hautes personnalités de la ville. Les élèves qui ont obtenu le meilleur classement viennent alors recevoir leurs livres de prix sous les acclamations de l'assistance. Les Français aiment acclamer publiquement ceux qui sont intelligents. Les lycéens dont le travail et les efforts sont insuffisants doivent faire des devoirs supplémentaires chez eux ou en retenue, le jeudi ou le dimanche. Quelquefois, on les renvoie.

Un autre aspect de la compétition intellectuelle est la sélection. Bien entendu, aussi longtemps que l'élève est obligé de fréquenter l'école, personne ne peut l'en renvoyer. Cependant, seuls les bons élèves peuvent continuer leurs études jusqu'à 18 ans.

L'élite, intellectuelle et non sociale, est formée au lycée. Il faut être intelligent et travailleur pour en faire partie, rien d'autre. Ceux qui ne sont pas doués sont éliminés. Sur cent élèves admis, à l'âge de onze ans, en classe de sixième, vingt-cinq seulement arrivent en classe de première, après cinq ans d'études. Les autres n'ont pas réussi à franchir les obstacles

Dix sur vingt: les élèves sont notés de zéro à vingt. En principe, ils doivent obtenir dix pour réussir.

de la course. Si la moyenne générale des notes est médiocre à la fin de l'année, l'élève doit redoubler sa classe, à moins qu'il ne réussisse à un examen de passage. Si la moyenne est mauvaise, il doit quitter le lycée.

Continuons à suivre les vingt-cinq élèves arrivés en classe de Première. Ils doivent se présenter aux épreuves de l'examen probatoire. 55% seulement sont admis. Ils se présentent l'année suivante aux épreuves du baccalauréat: 60% seulement réussissent. A titre d'exemple, voici des sujets d'examen donnés en juin 1961:

Composition française

«Presque tous les arguments contre Voltaire s'adressent en somme au trop d'esprit qu'il eut. Puisqu'il avait tant d'esprit, il était donc superficiel. Puisqu'il avait trop d'esprit, c'est donc qu'il manquait de cœur. Tels sont les jugements du monde.» (Paul Valéry)

Vous discuterez ce «jugement du monde» en vous fondant sur la connaissance que vous avez de la vie et de l'œuvre de Voltaire.

Dissertation philosophique
«Quelle est la nature du plaisir esthétique?»

A cause de la difficulté des examens, il ne reste plus qu'environ huit élèves qui sont devenus bacheliers à l'âge de dix-huit ans. La sélection ne s'arrête pas là. Au niveau universitaire, une forte proportion des étudiants sont obligés de se présenter plusieurs fois de suite aux mêmes épreuves ou de quitter l'Université. On comprend alors la valeur que les Français attribuent à un diplôme. Pour donner un exemple: celui qui veut devenir professeur n'a qu'à présenter son diplôme pour le devenir. On ne lui demande pas de fournir des documents décrivant sa personnalité et ses qualités morales.

On a souvent critiqué cet esprit de compétition et de sélection. Les uns, parlant au nom des principes démocratiques, reprochent au lycée de ne s'intéresser qu'à l'élite. D'autres prétendent que la lutte pour la première place est responsable du manque de civisme français.

Il est facile de répondre à la première objection. N'importe quel Français peut faire partie de l'élite car, en France, il n'y a pas d'écoles comme Phillips Academy, Groton, etc., qui, selon C. W. Mills, forment l'élite du pouvoir. Cependant, il est vrai qu'avant la réforme de l'enseignement de 1959, très peu de fils d'ouvriers et de paysans faisaient des études supérieures. Pourquoi? D'abord, parce que le lycée est souvent trop éloigné du village. A présent, un service de ramassage des élèves commence à fonctionner. Pour des raisons économiques aussi. Les jeunes doivent travailler tôt pour aider leur famille à vivre. Pour des raisons psychologiques enfin: encore beaucoup de parents pensent que le lycée est pour les riches et que leurs fils, devenus «messieurs», ne les respecteront plus. Ils craignent également que leurs enfants n'échouent aux examens et ne deviennent des «ratés». Mais la scolarité vient d'être prolongée de quatorze à seize ans: la démocratisation va devenir une réalité.

On peut répondre à la deuxième objection en disant que la compétition est inévitable. L'élève français apprend dès l'école que dans la vie tout n'est que lutte et que le plus apte triomphe. La lutte pour la meilleure place prépare à la lutte pour la vie. D'autre part, l'élève qui se mesure à ses camarades est forcé de donner le meilleur de lui-même.

Ce qu'on peut reprocher au système français, c'est que l'enfant n'a pas l'occasion de développer son sens civique. Il arrive à l'école, assiste aux classes et retourne chez lui. Les écoles françaises n'ont pas cette atmosphère de communauté qu'entretiennent les élèves, les maîtres et les parents américains. Il n'y a pas de matches de sports auxquels assiste une foule vibrant à l'unisson. Il n'y a pas de «projets» à réaliser en commun: les programmes scolaires sont trop chargés. Peut-être que l'incivisme français serait moins prononcé si les écoles créaient un Tableau d'honneur du Civisme: que ne ferait-on pas pour y figurer! Dans le système actuel, seuls comptent les examens qui mesurent les capacités intellectuelles et qui ouvrent toutes les portes. C'est avec un diplôme qu'on montre patte blanche en France, même si on est un loup.

Questions

1. Les élèves sont-ils comparés à eux-mêmes?
2. Quand un élève est-il fier?
3. Qu'est-ce que la retenue?
4. Qu'est-ce qui arrive quand la moyenne générale d'un élève est médiocre?
5. Montrez que le baccalauréat est un examen difficile.
6. Pourquoi y avait-il peu de fils d'ouvriers et de paysans au lycée avant la réforme de 1959?
7. Êtes-vous pour ou contre la compétition intellectuelle ou sportive?

Socrate et Lagneau

L'écrivain Marcel Pagnol décrit ainsi sa première classe de latin au lycée de Marseille. Socrate est le surnom du professeur de latin.

Nous ne pûmes continuer la conversation, parce que M. Socrate nous regarda. Mais ce nom m'intrigua: je savais qu'il y avait déjà eu un Socrate, un poète grec, qui se promenait sous des platanes avec ses amis, et qui avait fini par se suicider en buvant une tisane de ciguë (que je prononçais «sigue»). C'était peut-être parce qu'il était parent de celui-là qu'on lui avait donné les Palmes académiques*.

Il y avait un grand silence, parce qu'on ne le connaissait pas; en ce premier jour, nous étions presque tous dépaysés et solitaires: la classe n'était pas encore formée.

M. Socrate commença par nous dicter la liste des livres qui nous

Palmes académiques: décoration donnée aux écrivains, aux artistes, aux professeurs, etc.

seraient nécessaires. Elle remplissait toute une page, et cet assortiment devait coûter très cher. Mais je ne fus pas inquiet pour la bourse de Joseph*, car grâce à la mienne, le lycée devait me les fournir gratuitement.

Quand cette dictée fut finie, M. Socrate alla au tableau, et y écrivit bellement la déclinaison de «Rosa la rose», en nous disant que ce serait notre leçon pour le lendemain.

Pendant qu'il calligraphiait le mot «ablatif», mon cynique voisin demanda:

— Comment t'appelles-tu?

Je lui montrai mon nom sur la couverture de mon cahier.

Il le regarda une seconde, cligna de l'œil, et me dit finement:

— Est-ce Pagnol?

Je fus ravi de ce trait d'esprit, qui était encore nouveau pour moi. Je demandai à mon tour:

— Et toi?

Pour toute réponse, il fit une petite bêlement chevrotant. Mais il avait mal réglé la puissance de son émission: le son perça le voile du chuchotement, et toute la classe l'entendit. Socrate se retourna d'un bloc dans un murmure de rires étouffés, et il reconnut le coupable à sa confusion:

— Vous, là-bas, comment vous appelez-vous?

Mon voisin se leva, et dit clairement:

— Lagneau.

Il y eut quelques rires étouffés, mais M. Socrate les dompta d'un seul regard, et dit avec force:

— Comment?

— Lagneau, répéta mon voisin, Jacques Lagneau.

M. Socrate le regarda une seconde, puis sur un ton sarcastique:

— Et c'est parce que vous vous appelez Lagneau que vous bêlez en classe?

Cette fois, toute la classe éclata de rire, à gorge déployée.

M. Socrate ne parut pas fâché d'une hilarité qui célébrait sa spirituelle question, et il souriait lui-même lorsque Lagneau (qui n'avait pas compris que certaines questions doivent rester sans réponse) se leva, les bras croisés, et dit humblement:

— Oui, m'sieur*.

Il avait parlé en toute sincérité; car c'était bien pour me dire qu'il s'appelait Lagneau qu'il avait bêlé trop fort.

La classe rit alors de plus belle: mais Socrate n'apprécia pas un effet comique qu'il n'avait point provoqué lui-même, et prit cet aveu pour une impertinence. C'est pourquoi il foudroya les rieurs d'un regard sévère, puis tourné vers Lagneau, il dit:

— Monsieur, je ne veux pas attrister cette première classe de latin en vous infligeant la punition que mériterait votre insolence. Mais je

Joseph: le père du narrateur
m'sieur: monsieur

vous préviens: cette indulgence ne se renouvellera pas, et à votre prochaine incartade, au lieu d'aller batifoler dans les riantes *prairies* du jeudi, Lagneau restera confiné dans la sombre *bergerie* de l'internat, sous la *houlette du berger* des retenues! Asseyez-vous.

Extrait de Le Temps des Secrets, de Marcel Pagnol,
Éditions Pastorelly, Monaco.

Questions

1. Que savez-vous du poète grec Socrate?
2. Pourquoi le silence était-il grand au début?
3. Pourquoi le narrateur n'était-il pas inquiet pour la bourse de son père?
4. Expliquez le trait d'esprit «Est-ce Pagnol?».
5. Pourquoi Lagneau a-t-il bêlé trop fort?
6. Pourquoi le professeur n'a-t-il pas été fâché des éclats de rire?
7. Donnez des exemples de questions «qui doivent rester sans réponse»!
8. Comment s'exprime le professeur en sermonnant Lagneau?
9. Quels sont les détails comiques du passage?
10. Cette scène aurait-elle pu avoir lieu aux États-Unis? Justifiez votre réponse.

Dialogue N° 25

Dans la cour du lycée. Deux élèves échangent leurs impressions.

Bernard: — Tu es nouveau, toi?

Paul: — Comment le sais-tu?

Bernard: — Oh! Tu sais, ça se voit. Alors, comment sont tes prof'?

Paul: — Je n'ai pas de chance. Ils sont tous vaches. Le prof' d'histoire en particulier. Quelle rosse! Il t'engueule pour un rien.

Bernard: — Je le connais. C'est un nouveau. Je l'ai aussi. On va lui faire le coup du bourdon, moi et les copains.

Paul: — Qu'est-ce que c'est que ce coup-là?

Bernard: — C'est très simple: on bourdonne tous en chœur. Pourquoi n'en feriez-vous pas autant chez vous? Ce serait vraiment rigolo!

Paul: — Je n'ai pas envie de me faire coller.

Bernard: — Mais tu ne risques rien. Vous avez tous la bouche fermée et par conséquent, le prof' ne sait pas qui fait le bruit.

Paul: — Ton truc est formidable. Je vais en parler aux copains.

Le lendemain.

Bernard: — Alors, ça a marché?

Paul: — Tu parles. On a tous eu une heure de colle. Grâce à toi.

Bernard: — Écoute! Je connais un moyen infaillible pour...

Paul: — Tu es marrant, toi. Il n'y a pas de truc qui marche avec lui.

Bernard: — Ne te fâche pas. Ça te consolera d'apprendre que j'ai été collé aussi.

Exercices

Répondez sur le modèle indiqué.

I. C'est une déclaration cruelle. *Réponse:* Il parle cruellement.

   1. C'est une déclaration folle.
   2. C'est une déclaration grossière.
   3. C'est une déclaration naïve.
   4. C'est une déclaration sotte.
   5. C'est une déclaration gaie.
   6. C'est une déclaration drôle.
   7. C'est une déclaration franche.
   8. C'est une déclaration sèche.
   9. C'est une déclaration fine.
  10. C'est une déclaration triste.

II. Ce qu'il fait est décent. *Réponse:* Il fait cela décemment.

   1. Ce qu'il fait est différent.
   2. Ce qu'il fait est conscient.
   3. Ce qu'il fait est prudent.
   4. Ce qu'il fait est violent.
   5. Ce qu'il fait est intelligent.
   6. Ce qu'il fait est fréquent.
   7. Ce qu'il fait est indécent.
   8. Ce qu'il fait est diligent.

III. Ce qu'il fait est galant. *Réponse:* Il fait cela galamment.

   1. Ce qu'il fait est pesant.
   2. Ce qu'il fait est méchant.
   3. Ce qu'il fait est plaisant.
   4. Ce qu'il fait est vaillant.
   5. Ce qu'il fait est nonchalant.
   6. Ce qu'il fait est élégant.
   7. Ce qu'il fait est savant.
   8. Ce qu'il fait est constant.

IV. Je dois travailler cette semaine.
    Réponse: Qu'est-ce que tu as fait la semaine dernière?

   1. J'irai me promener dimanche.
   2. J'ai l'intention de travailler cette année.
   3. Je veux étudier Victor Hugo ce mois-ci.
   4. Je reste à la maison jeudi.
   5. Je dois réussir cette année.
   6. Je n'irai pas en montagne cet hiver.
   7. Il faudra que je me mette au travail ce trimestre-ci.
   8. Je ne pourrai rien faire cette semaine.
   9. J'irai à la pêche ce week-end.
  10. J'entrerai probablement à l'Université cet automne.

V. Jeudi dernier, j'ai travaillé.
   Réponse: Et qu'est-ce que tu vas faire jeudi prochain?

   1. Dimanche dernier, j'ai préparé mon examen.
   2. Le mois dernier, j'ai passé le baccalauréat.
   3. La semaine dernière, je suis sorti.

L'Enseignement

4. Le trimestre dernier, je ne suis pas allée en classe.
5. L'été dernier, j'ai passé mes vacances à Nice.
6. L'année dernière, j'ai échoué à l'examen.
7. L'hiver dernier, j'ai fait du ski dans les Alpes.
8. La semaine dernière, j'ai lu *Les Misérables*.
9. Lundi dernier, j'ai pu sortir sans bruit.
10. Le mois dernier, je n'ai rien gagné.

VI. Ce jour-là, je suis allé au cinéma.
Réponse: Et qu'est-ce que tu as fait le jour suivant?

1. Ce jeudi-là, suis allée en retenue.
2. Cette année-là, je me suis mariée.
3. Cette semaine-là, je n'ai rien fait.
4. Ce mois-là, j'ai voyagé.
5. Ce dimanche-là, j'ai vu mes parents.
6. Cet après-midi-là, j'ai passé mon examen.
7. Ce soir-là, je me suis promené avec elle.
8. Ce week-end-là, je suis allé au musée.
9. Cette nuit-là, je n'ai rien pu faire.
10. Cette année-là, j'ai préparé le bac.

VII. Le lycée doit-il vous fournir les livres?
Réponse: Oui, il doit me les fournir.

1. Va-t-il vous dicter la liste?
2. Faut-il vous donner les livres?
3. Vient-on de vous donner les Palmes académiques?
4. Faut-il vous dire la vérité?
5. Peut-il vous demander votre nom?
6. Va-t-il vous infliger la punition?
7. Veut-on vous faire le coup du bourdon?
8. Doit-il vous expliquer la déclinaison?

VIII. Même exercice sur le modèle suivant:
Le lycée doit-il lui fournir les livres?
Réponse: Il doit les lui fournir.

IX. Quand cette dictée a été finie, il est allé au tableau.
Réponse: Quand cette dictée fut finie, il alla au tableau.

1. Quand j'ai eu écrit mon nom, je l'ai montré à mon voisin.
2. Quand il a eu regardé mon nom, il a cligné de l'œil.
3. Quand il a eu dit mon nom, j'ai demandé le sien.
4. Quand j'ai eu fini ma phrase, il a fait un bêlement.
5. Quand il a eu fait cela, la classe a éclaté de rire.
6. Quand Socrate a eu entendu, il s'est retourné.
7. Quand il a eu reconnu le coupable, il a demandé son nom.
8. Quand il a eu posé la question, Lagneau s'est levé.
9. Quand il a été debout, il a dit clairement «Lagneau».

L'Enseignement

TROISIÈME PARTIE

«*La culture, c'est ce qui reste quand on a tout oublié.*»

ÉDOUARD HERRIOT (1872–1957)

Discipline et culture

La vie d'un écolier français est dure. On n'a qu'à regarder un bâtiment scolaire pour s'en rendre compte: sa façade austère fait souvent penser à une caserne. L'élève y est soumis à une discipline rigide. Le maître garde ses distances. Il n'est pas le confident, l'ami à qui on vient exposer ses petits problèmes. Il n'est pas le camarade avec qui on cause familièrement, les mains dans les poches. Non. On se lève pour lui répondre, en classe ou ailleurs. On lui dit toujours «monsieur». Il y a un fossé entre lui et ses élèves.

Le maître surveille la tenue de ses élèves. Il se fâche s'ils bavardent entre eux, s'ils interrompent un camarade, s'ils se vautrent sur leurs bancs, s'ils se grattent ou s'ils se rongent les ongles. Il se fâche aussi s'ils sont malpropres. Leur corps, leurs vêtements, leurs livres, leurs cahiers et surtout leur écriture doivent être propres. Un devoir mal écrit est déchiré devant toute la classe. Pendant les récréations, les élèves sont surveillés. Gare à eux s'ils sont turbulents! Au moindre signe de violence, on entend le sifflet du surveillant. Et quand la cloche annonce la fin de la récréation, tout le monde se met sagement en rangs et observe le silence. Personne n'aime cette discipline de tous les moments mais on ne s'en plaint qu'entre camarades. Les parents sont contents que leur enfants soient dressés.

Autre cauchemar: le travail. Il est vrai qu'à l'école primaire, les devoirs se font en classe, mais chez eux, les enfants doivent apprendre leurs leçons d'histoire, de géographie, leurs textes de récitation. Le lycéen, lui, a vingt-cinq heures de classe en moyenne, auxquelles s'ajoutent trente heures de travail à la maison. En période de composition trimestrielle, il travaille jusqu'à soixante-dix heures par semaine s'il est consciencieux. Pour les parents, les études sont sacrées et les échecs déshonorants. Un élève de douze ans qui se lève à 7 heures du matin et ne rentre qu'à 7 heures du soir n'attendrit personne. Son père l'aide souvent à faire ses devoirs. Il existe d'ailleurs des manuels à son intention: «Aidez vos enfants à bien travailler les mathématiques, le latin, le français, etc.» Papa n'est pas fier quand Maman dit: «Ton fils a encore eu zéro en latin. Je te croyais plus fort que ça.»

A la discipline du travail s'ajoute celle de l'esprit. L'idéal français a été énoncé par Montaigne: «Une tête bien faite est mieux qu'une tête bien pleine.» Pour développer les capacités intellectuelles des élèves, les pédagogues français se servent d'exercices du type suivant:

1. *Exercices de mémoire:* l'élève doit apprendre par cœur des principes, des théorèmes, des poèmes. En apprenant un poème, il développe et exerce sa mémoire. En même temps, il prend connaissance de l'héritage culturel commun à tous les Français.

2. *Exercices d'analyse:* l'élève apprend à analyser en détail. En littérature par exemple, il doit montrer l'originalité et l'art d'un écrivain dans un passage d'une trentaine de lignes. Le texte étant très court, il est forcé de réfléchir avec beaucoup d'intensité. L'explication d'un texte de trente lignes est forcément plus sérieuse et plus approfondie que celle d'un texte de trente pages.

3. *Exercices de composition:* la dissertation, par exemple, est un exercice rigoureux. Le sujet est précis, de sorte qu'il est impossible de dire des généralités. Il faut qu'il y ait un plan logique. Il faut que les idées soient claires et exprimées en termes élégants et justes. L'élève est jugé sur ces qualités plutôt que sur l'originalité des idées. Il doit être un bon ouvrier.

Si le but de l'enseignement primaire est essentiellement pratique, l'objectif poursuivi dans les écoles secondaires est la culture générale. L'élève français n'est pas libre de choisir ses matières comme son camarade américain. Ce n'est qu'à l'université qu'il commence à se spécialiser. A la fin de la classe de première moderne, un lycéen aura obligatoirement eu six années de français, de mathématiques, d'histoire, de géographie, d'une langue étrangère; quatre années de sciences naturelles, d'une deuxième langue étrangère, de dessin, d'éducation musicale, de travaux manuels; deux années de physique et de chimie. A ces matières s'ajoute la philosophie dans l'année du baccalauréat. On admet fréquemment aux États-Unis que le niveau du bachelier français de dix-huit ans correspond à celui du «sophomore».

Les Français ne se rappellent peut-être pas tout ce qu'ils ont appris à l'école et la majorité des adultes seraient incapables de réussir à nouveau au baccalauréat. Peu importe. Quand tout est oublié, il leur reste l'essentiel, c'est-à-dire la discipline de l'esprit, la curiosité intellectuelle, la faculté d'apprécier la beauté, la connaissance de soi et des autres. Ils ont appris à apprendre. Que ce soit dans un salon ou aux Nations Unies, un Français se distingue toujours par son sens de l'humain, par sa clarté et par son élégance. Mais il a aussi les défauts de ses qualités. L'hypertrophie de la tête mène parfois à l'atrophie du cœur, au snobisme, à l'arrogance, au cynisme. L'intuitif anglo-saxon se méfie de cet intellectuel cultivé et savant qui manie avec tant d'aisance tant d'idées abstraites.

Il n'est pas sûr que l'Université de France* puisse continuer de former le même type d'homme, et cela pour deux raisons.

1. L'expansion démographique est telle que les classes deviennent de plus en plus nombreuses. A l'université, les étudiants assistent aux cours assis sur le plancher et serrés comme des harengs. Quel profit peuvent-ils retirer d'un cours donné dans ces conditions? Et, ce qui est aussi grave, l'État fait appel à des maîtres moins qualifiés, car il n'en trouve pas assez. La qualité de l'enseignement en souffrira dans les années à venir.

2. Les besoins économiques. L'État s'est gardé jusqu'ici d'orienter les études selon les besoins de l'économie. En ce moment, les usines n'ont pas assez d'ingénieurs et les laboratoires de recherche pas assez de savants. Faut-il favoriser les études scientifiques au détriment des humanités? C'est là le sujet de la querelle actuelle. Espérons que l'Université trouvera un compromis entre deux exigences également valables. La technique nous donne la puissance mais la culture nous donne la sagesse.

Université de France: l'enseignement du premier degré, du second degré et l'enseignement supérieur dirigés par l'État

Questions

1. Comment sont les rapports entre élèves et professeurs en France? aux États-Unis?
2. Quand le maître français se fâche-t-il?
3. Montrez que l'élève français travaille beaucoup.
4. Quand papa n'est-il pas fier?
5. Que disait Montaigne à propos de l'enseignement?
6. De quelle sorte d'exercices se sert-on en France?
7. Quel est le but de l'enseignement secondaire?
8. Quel est le niveau du baccalauréat?
9. Expliquez: «La culture, c'est ce qui reste quand on a tout oublié.»
10. Quels sont les problèmes de l'Université de France? des écoles et universités américaines?

A la Sorbonne

Voici comment un étudiant américain décrit un cours de littérature française à la Sorbonne.

A neuf heures moins dix, dix minutes avant le cours, arrive un étudiant français typique. Il entre dans l'amphithéâtre mal éclairé donnant sur la vénérable cour de la Sorbonne. Le cours précédent n'est pas encore terminé, mais il s'assied gaiement parmi les étudiants qui

L'Enseignement

s'évertuent à noter précieusement tout ce que dit le professeur, bien qu'ils l'entendent à peine. A neuf heures, le cours finit. Naturellement, il y en a qui partent. Une horde d'autres étudiants essaie d'entrer, provoquant un incroyable désordre à la porte. Dans ce désordre, on peut s'estimer heureux de trouver une place d'où l'on pourra entendre le professeur. Le bruit s'atténue à mesure que les étudiants s'installent. Le professeur entre, quelques étudiants au premier rang se lèvent en souvenir d'une vieille coutume, et le cours commence.

«Aujourd'hui, je discuterai de l'importance de la pantomime dans les farces de Molière.» L'étudiant se penche sur son cahier, bien décidé à prendre par écrit chaque idée ou, même, chaque mot prononcé. Il se retourne avec irritation quand un retardataire intempestif vient troubler le silence religieux qui règne dans la salle. L'attitude des étudiants est à la fois appliquée et méthodique, différant en cela de l'aspect désinvolte et souvent ridicule que présentent les étudiants américains dans une grande salle de cours. Chaque étudiant représente le résultat de longues années d'études difficiles; il en a beaucoup d'autres devant lui. Son visage tiré accuse la fatigue et l'insomnie. Il assiste à cinq heures de cours par jour et passe, en outre, huit heures à pâlir sur ses livres dans une petite chambre non chauffée.

«La pantomime est une métaphore muette qui sert à exprimer une profonde émotion humaine qui risquerait d'être trahie si elle était exprimée sous une forme verbale.» Faisant une petite grimace, le professeur fait ressortir son argument en lisant plusieurs extraits des textes en question, puis passe à l'argument suivant. Il faut beaucoup de temps à l'étudiant américain pour s'habituer à cette nouvelle façon d'apprendre. De novembre à mai, il n'a qu'un cours par semaine, mais le nombre des heures de cours est trompeur, car le programme des études ne comprend généralement pas plus de deux auteurs par an*. Nous ne sommes donc pas surpris d'entendre le professeur discourir sur la pantomime trois fois de suite. «La grandeur de Molière dans ses farces peut être attribuée au fait qu'il a su subordonner l'intrigue à l'expression faciale et en faire, effectivement, le résultat logique de celle-ci.»

L'heure passe vite, trop vite même, car on n'a pas le temps de prendre assez de notes. De temps en temps, même l'étudiant français perd le fil et jette un coup d'œil sur le cahier de son voisin, espérant combler ses lacunes. Malheureusement, ses efforts sont vains, car il s'aperçoit bientôt que son voisin américain est un néophyte en cette matière et qu'il ne suit plus depuis quelques minutes. Il continue donc à prendre ses notes lui-même, résolu à se concentrer encore plus pour essayer, vainement d'ailleurs, de suivre le courant continu des idées exposées du haut de la chaire.

«Le mot parlé doit toujours être l'expression verbale nécessaire d'une émotion humaine inexprimable. C'est tout pour aujourd'hui. La semaine prochaine, j'étudierai les pantomimes en me fondant plus spécialement

deux auteurs par an: le professeur fait donc un cours par semaine sur un auteur donné et cela pendant un semestre.

sur le *Bourgeois*.» Dans le désordre de la sortie en masse, nous sommes profondément convaincus de l'importance de la pantomime dans les farces de Molière. Comme tout à l'heure, quelques étudiants restent à leur place pour le cours suivant, pendant que les autres vont aller faire la queue à la bibliothèque pour y trouver une place. J'aurais bien voulu poser au professeur quelques questions, mais il a déjà disparu; il ne reviendra que la semaine prochaine. Derrière moi, le calme se fait et un autre cours commence.

Traduction de l'article d'un étudiant américain anonyme cité par Jacques Guicharnaud dans French Education, Yale French Studies.

Questions

1. Pouvez-vous indiquer la raison pour laquelle l'étudiant français entre dans la salle avant la fin du cours précédent?
2. Que se passe-t-il à la fin du cours?
3. Que font quelques étudiants quand le professeur entre?
4. De quoi le professeur va-t-il parler?
5. Quelle est l'attitude des étudiants?
6. Combien de fois le professeur parlera-t-il de la pantomime?
7. Pourquoi l'heure passe-t-elle trop vite?
8. Que fait-on quand on ne suit plus?

Rédaction

Décrivez une classe ou un cours dans une école ou université américaine.

Dialogue N° 26
Nous sommes à l'école primaire.

Le maître: — Et maintenant, nous allons faire une petite révision d'histoire. Dans quelles circonstances Henri de Navarre est-il devenu roi de France? Hennequin!

Hennequin: — Henri de Navarre était protestant. Il a vite réalisé que...

Le maître: — «Réalisé»? Alors, vous ne savez plus parler français?

Hennequin: — Il s'est vite rendu compte qu'il ne pouvait pas devenir roi de France sans se convertir. C'est ce qu'il a fait.

Le maître: — Très bien. Et comment s'appelait le ministre d'Henri IV? Millet!

Millet: — Il s'appelait Sully.

Le maître: — Parfait. Et que disait Sully à propos de l'économie française? Caux?

Caux: — Euh... euh... le labourage et le... euh... euh... Je ne sais pas, Monsieur.
Le maître: — Comment donc? «Vous ne savez pas»? Vous n'êtes pourtant pas le dernier de la classe. Asseyez-vous. Schmitt!
Schmitt: — Le labourage et le pâturage sont les deux mamelles de la France.
Le maître: — Très bien, Schmitt. Vous voyez, Caux. Même Schmitt le savait! Qui va me dire à présent... Triolet! Vous avez fini de vous ronger les ongles? Et combien de fois faudra-t-il vous dire de ne pas mettre les coudes sur le pupitre? Tss, tss, tss! Qui va me dire ce qu'Henri IV souhaitait à chaque Français le dimanche? Rucher!
Rucher: — Du coq au vin!
Le maître: — Sortez tout de suite, insolent que vous êtes! Ça vous apprendra à respecter l'histoire de France...
Rucher: — Mais, Monsieur, ça m'a échappé comme ça. Je voulais dire «poule au pot.»
Le maître: — Sortez, je vous dis. Et fini de rire vous autres, sinon...

Exercices

Répondez sur le modèle indiqué.

I. Les garçons ne font pas attention. *Réponse:* Gare à eux!
  1. La petite fille se ronge les ongles.
  2. Nous n'écoutons pas.
  3. Les trois filles sont turbulentes.
  4. Le méchant garçon bavarde.
  5. Les mauvais élèves interrompent leurs camarades.
  6. Tu te vautres sur ton banc.
  7. J'ai oublié mon devoir.
  8. Nous sommes en retard.
  9. Ils n'ont pas dit bonjour.
  10. Vous avez les mains dans les poches.

II. Les enfants sont dressés.
  Réponse: Les parents sont contents que les enfants soient dressés.
  1. Les enfants font attention.
  2. Ils vont à l'école.
  3. Ils ont peur du maître.
  4. Ils peuvent tout apprendre.
  5. Ils veulent devenir savants.
  6. Ils savent leurs leçons.
  7. Ils refont leurs devoirs.
  8. Ils valent quelque chose.
  9. Ils sont punis.
  10. Ils ont beaucoup de devoirs.

III. Triolet se ronge les ongles.
  Réponse: Vous avez fini de vous ronger les ongles?
  1. Triolet se vautre sur son banc.
  2. Il se cache derrière ses camarades.

3. Il s'amuse avec ses crayons.
4. Il s'endort sur son pupitre.
5. Il s'exprime en mauvais français.
6. Il se gratte le nez.
7. Il se penche en avant.
8. Il se plaint du froid.
9. Il se sert de son dictionnaire.
10. Il se tient mal.

IV. Triolet met les coudes sur le pupitre.
Réponse: Combien de fois faudra-t-il vous dire de ne pas mettre les coudes sur le pupitre?

1. Il fait des taches.
2. Il entre sans frapper.
3. Il interrompt ses camarades.
4. Il parle sans permission.
5. Il ferme les fenêtres.
6. Il bavarde.
7. Il oublie son devoir à la maison.
8. Il remet un cahier sale.
9. Il laisse traîner ses affaires.
10. Il regarde par la fenêtre.

V. Il travaille jusqu'à 7 heures du matin?
Réponse: Non, il travaille jusqu'à 7 heures du soir.

1. Il travaille jusqu'à 6 heures du soir?
2. Il travaille jusqu'à 3 heures de l'après-midi?
3. Il travaille jusqu'à 8 heures du matin?
4. Il travaille jusqu'à 2 heures du matin?
5. Il travaille jusqu'à 4 heures de l'après-midi?
6. Il travaille jusqu'à 11 heures du soir?
7. Il travaille jusqu'à 5 heures de l'après-midi?
8. Il travaille jusqu'à 1 heure du matin?

VI. Il a six années de français.
Réponse: A la fin de la classe de première, il aura eu six années de français.

1. Il étudie le français pendant six ans.
2. Il accumule beaucoup de connaissances.
3. Il apprend pas mal de choses.
4. Il fréquente le lycée pendant six ans.
5. Il va au lycée pendant six ans.
6. Il a le temps de se discipliner.
7. Il développe son intelligence.
8. Il comprend les vertus de la discipline intellectuelle.
9. Il se sert souvent de son dictionnaire.
10. Il se décourage souvent.

L'Enseignement

VII. L'expansion est tellement grande que les classes deviennent plus nombreuses.
Réponse: L'expansion est telle que les classes deviennent plus nombreuses.
1. Les études sont tellement difficiles que beaucoup échouent.
2. Les besoins sont tellement grands qu'on ne trouve pas assez d'ingénieurs.
3. Ses défauts sont tellement grands que personne ne l'aime.
4. La discipline est tellement stricte qu'on pense à une prison.
5. Le niveau est tellement haut qu'on peut le comparer à celui d'une université.
6. Son aisance est tellement grande qu'on se méfie de lui.
7. Sa science est tellement grande que personne ne peut l'égaler.
8. Ses qualités sont tellement grandes que tout le monde les admire.
9. Ses capacités sont tellement grandes qu'il pourra finir dans un an.
10. Ces exercices sont tellement difficiles que seuls les meilleurs réussiront.

VIII. Il a beaucoup d'aisance. On se méfie de lui.
Réponse: Il a tant d'aisance qu'on se méfie de lui.
1. Il y a beaucoup de règlements. Le lycée ressemble à une caserne.
2. Il y a beaucoup de distance entre eux. La familiarité est impossible.
3. Ils ont beaucoup de devoirs. Ils doivent se lever tôt.
4. Il a eu beaucoup d'échecs. Ses parents sont déshonorés.
5. Ils font beaucoup d'exercices. Ils finissent par comprendre.
6. Ils réfléchissent avec beaucoup d'intensité. Ils deviennent cultivés.
7. On les critique avec beaucoup de sévérité. Ils apprennent à raisonner.
8. Ils étudient beaucoup de matières. Leur culture se développe.
9. Il y a beaucoup d'étudiants. Les salles sont trop petites.
10. Les usines recrutent beaucoup de savants. Il n'en reste plus assez pour la recherche scientifique.

27
La Vie religieuse

« Peut-on être un saint sans Dieu: c'est le seul problème concret que je connaisse aujourd'hui. »

ALBERT CAMUS (1913–1960)

La France est un pays de tradition catholique. Il est vrai qu'il y a des minorités qui ne sont pas catholiques: 800 000 Protestants, 350 000 Israélites, entre 300 et 400 000 Musulmans (à cause des Algériens travaillant en France), un nombre très limité d'athées et d'agnostiques. La majeure partie est catholique: environ 40 millions.

Mais ces millions de catholiques ne sont pas prêts à subir le martyre. C'est ce que révèlent les enquêtes de sociologie religieuse. 85% de la population sont baptisés, mariés et enterrés à l'église, mais 26% seulement assistent régulièrement à la messe du dimanche, tandis qu'environ 30% ne pratiquent jamais la foi qu'ils proclament. Le reste se compose de pratiquants occasionnels.

Comment s'expliquent ces chiffres? Pourquoi tant de Français se disent-ils catholiques, alors qu'une forte majorité vit, selon le dogme, dans un état de péché mortel? Dans beaucoup de cas, il s'agit d'une dissociation entre les croyances et la pratique. Le catholique qui va à la chasse ou qui travaille le dimanche n'a pas l'impression de mettre sa vie spirituelle en péril: ne suffit-il pas de croire? L'intellectuel, lui aussi, met souvent sa foi et sa pensée dans deux compartiments: sa religion ne l'empêche pas de poursuivre un raisonnement prouvant que Dieu n'existe pas; il défend le principe de la limitation des naissances si ce principe lui semble raisonnable, même si l'Église s'y oppose. Il n'a aucun scrupule à lire les ouvrages que le Vatican a mis à l'index. Maurice Barrès va même jusqu'à dire: « Je suis athée, mais naturellement je suis catholique. »

Mais comment se fait-il que même des non-pratiquants continuent à réclamer le prêtre dans les grandes occasions: baptême, mariage, enterrement? D'abord par conformisme. On fait baptiser ses enfants, on se marie à l'église, on demande un enterrement religieux pour les siens parce que cela s'est toujours fait ainsi. Quelque chose manquerait si le prêtre n'était pas présent. Il arrive que même des **communistes** demandent que leurs filles fassent leur première communion, car c'est la coutume de préparer un festin et d'y convier toute la famille. En outre, une cérémonie à l'église rehausse un événement qui autrement serait resté banal. Personne ne veut être enterré «comme un chien». Autre exemple: aux yeux de la loi, seul compte le mariage civil contracté devant le maire; mais peu de couples renoncent à la pompe de la cérémonie religieuse.

Ces cérémonies ne sont d'ailleurs pas inutiles, croit-on. Les parents font baptiser leurs enfants pour des raisons pratiques: l'appartenance à l'Église pourra toujours servir. On connaît les «embêtements» que peuvent avoir les fiancés non-baptisés qui veulent se marier devant un prêtre. On se dit aussi que l'intervention du prêtre ne fait de mal à personne et peut même porter bonheur. La femme d'un «bouffeur de curés» mourant fait administrer l'extrême-onction à son mari: le prêtre réussira peut-être là où les médecins ont échoué. Si l'homme meurt, la veuve peut se consoler à la pensée que le cher disparu est allé droit au paradis.

Les enquêtes montrent aussi que la pratique religieuse dépend de plusieurs facteurs:

— le sexe: les femmes vont deux fois plus souvent à l'église que les hommes. Ceux-ci ne manquent pas de se moquer des bigotes qui passent leur temps à courir à l'église et à dire du mal de leurs voisins après.

— l'âge: la plupart des enfants vont au catéchisme et font leur communion solennelle à onze ou à douze ans. Après cet âge, ils fréquentent l'église de moins en moins.

— la classe sociale et la profession: la classe ouvrière et la petite bourgeoisie sont plus déchristianisées que les paysans et la haute bourgeoisie. Dans certains milieux, il est de bon ton de porter son missel à la main en allant à la messe du dimanche. En raison du rôle important joué autrefois par l'Église, beaucoup de gens du peuple pensent qu'elle est du côté des patrons et des riches et qu'elle ne veut rien faire pour les prolétaires. A l'église, les notables ont souvent leurs places marquées à leur nom. Il est vrai aussi que l'atmosphère d'une grand-messe est bourgeoise.

— la situation géographique: les régions les plus catholiques sont le Nord-Ouest, la Flandre, le Nord-Est, la Franche-Comté et le Pays basque. C'est dans ces régions que les manifestations de la foi sont les plus nombreuses: processions dans les rues, messes auxquelles assistent des personnalités politiques, récitation du bénédicité et des prières du soir dans les foyers. Les régions déchristianisées sont le Sud-Est, l'Ouest, la banlieue de Paris, de Marseille et de Bordeaux, où moins de 10% vont à la messe.

Les raisons du déclin religieux sont historiques et économiques. La France est bien le pays de saint Louis, de saint Vincent-de-Paul, de Jeanne d'Arc et de tant d'autres saints. Mais l'Église a toujours eu à lutter contre le rationalisme, surtout au XVIIIe et au XIXe siècles. De nos jours, l'anticléricalisme n'est plus virulent mais le catholicisme n'est plus la religion officielle depuis la Séparation des Églises et de l'État en 1905.

On peut s'en rendre compte en écoutant le dimanche matin la radio dirigée par l'État: elle diffuse une messe chantée pour les catholiques, un office protestant et une causerie faite par un libre-penseur. Il faut de tout pour faire un monde.

A la perte de prestige de l'Église, il faut ajouter des raisons économiques. Beaucoup de régions se sont dépeuplées au profit de villes industrielles. Arraché à son village natal et à ses traditions séculaires et jeté dans un univers déshumanisé, le fils du paysan a perdu la foi avec des milliers d'autres. La déchristianisation n'est d'ailleurs pas un phénomène exclusivement français. Elle s'observe dans tous les pays où la civilisation technique est avancée.

L'Église de France lutte de toutes ses forces contre l'indifférence générale. Elle se transforme pour résister à la pression du monde moderne. Elle prouve sa vitalité dans de nombreux domaines. Des penseurs catholiques comme le Père Teilhard de Chardin, Gabriel Marcel, Jacques Maritain, exercent une profonde influence sur la philosophie contemporaine. Des politiciens et des syndicalistes appliquent les principes chrétiens dans leur action politique et sociale. Les écoles et collèges catholiques ont réussi à obtenir l'aide financière de l'État malgré le principe de la laïcité. Des associations comme la *Jeunesse Ouvrière Catholique,* la *Jeunesse Agricole Catholique,* la *Jeunesse Étudiante Catholique* permettent à l'Église de rester en contact avec la jeunesse française. Sur le plan purement religieux, la France est devenue un laboratoire: on y a tenté, par exemple, l'expérience des prêtres-ouvriers. Cette expérience a partiellement échoué mais l'idée a été reprise par les «prêtres-missionnaires». Le missionnaire moderne porte un béret et non un chapeau; il se déplace sur une moto pour toucher un grand nombre de fidèles; il est au courant des difficultés économiques et sociales; il fait distribuer des vivres et des vêtements; il organise des groupements de construction en commun; il n'est plus «Monsieur le Curé». L'Église essaie aussi de transformer les fidèles en militants chargés d'une partie des tâches du prêtre. Par exemple, ils enseignent le catéchisme aux enfants; ils expliquent le dogme à ceux qui ont perdu la foi. Sur le plan esthétique, on peut constater la même vitalité. La chapelle de Ronchamp construite par Le Corbusier et celle de Vence décorée par Matisse en sont les plus beaux exemples. Grâce aux efforts d'une minorité agissante, la France mérite toujours le titre de «fille aînée de l'Église.»

Questions

1. Quelles sont les principales minorités religieuses en France?
2. Que veut dire «être catholique» pour la plupart des Français?
3. Expliquez cette attitude contradictoire.
4. Pourquoi des communistes veulent-ils que leurs filles fassent leur première communion?
5. Que croit la femme d'un mourant?
6. Pourquoi se moque-t-on de certaines bigotes?
7. Jusqu'à quel âge les enfants sont-ils pratiquants?

8. Quelles régions sont fortement catholiques? Lesquelles sont déchristianisées?
9. Quel rôle joue la religion dans la vie publique en France? aux États-Unis?
10. Comment l'Église de France lutte-t-elle contre la déchristianisation?

Frères de misère

Un ouvrier de l'industrie textile décrit à sa façon la vie des frères de Foucauld parmi les pauvres.

C'est la Cour du Diable, ici, vous ne pouvez pas savoir. On vit les uns sur les autres. On est comme des lapins en clapier. Alors, on «s'accroche»* pour les gosses qui font du pétard*, qui cassent un carreau, salissent un drap ou se «bigornent».* Les femmes piaillent, les hommes qui rentrent crevés s'en mêlent. Ça braille, c'est pas croyable*. Et puis il y a de tout: des Algériens, des Italiens, un Polonais, le Casimir, qui est toujours saoul, et mauvais, je vous jure! Dès qu'il y en a qui partent, d'autres arrivent. Nous, on est habitués. Cinquante et un ans que je vis là-dedans... On n'a pas envie de s'en aller. On a quatre pièces. Les gosses sont mariés. On attend notre retraite. J'ai ma petite baraque pour le charbon, je me suis fait monter l'eau*, alors, finies les queues à l'aqueduc, aux robinets en commun, si vous préférez. Je me suis arrangé un water en face. J'ai la télévision, on est des privilégiés, quoi! Seulement, je suis content que les gosses soient partis, parce que ce qu'on entend dans une courée*, ce n'est pas du beau. Remarquez que nous on a de la chance, parce qu'on a les frères. Ça, c'est des hommes, des chrétiens. Moi qui vous parle, j'ai toujours pensé qu'il y avait un Dieu, mais j'aime pas* les curés. D'abord, l'église, nous, on ne connaît pas, c'est loin, c'est pas des gens* comme nous. Et puis, eux et les patrons, c'est tout pareil*. Mais les frères, ça, c'est des chrétiens. D'abord, ces gars-là, il n'y a rien à en dire: que du bien. Et puis, vous pouvez faire toutes les maisons*, on vous dira partout pareil*, même quand on pense pas* comme eux, même quand on est tout l'opposé... C'est bien simple, ils ne savent quoi faire pour aider les autres gens... un vélo est en panne: on demande aux frères. Une lettre à écrire: pareil. On repeint une pièce: ils donnent un coup de main. Et

on s'accroche: on se dispute
faire du pétard: faire beaucoup de bruit
se bigornent: se battent
c'est pas croyable: ce n'est pas croyable
je me suis fait monter l'eau: j'ai fait installer une canalisation d'eau
courée: ensemble de petits logements d'ouvriers donnant sur une cour intérieure
j'aime pas: je n'aime pas
c'est pas des gens: ce n'est pas des gens
c'est tout pareil: il n'y a pas de différence entre eux
faire toutes les maisons: aller dans toutes les maisons
pareil: la même chose
on pense pas: on ne pense pas

rien ne les rebute... C'est eux qui ont réparé les cabinets, qui les vident. La même chose pour l'eau. Jamais ils disent non.* Jamais ils avouent* qu'ils sont fatigués. Pourtant, ils font comme nous, ils travaillent à la Lainière* de cinq heures à une heure. Après, ils sont là avec nous. Et je vous assure qu'ils ne chôment pas. C'est comme une deuxième journée qu'ils nous donnent. Aussi, on leur a donné la maison pour leur chapelle. On fait pareil pour leur ménage, leur cuisine, c'est normal. Ils n'ont jamais une minute à eux. Ah, ils ont du mérite de vivre ici! Nous, ce n'est pas pareil. On n'a jamais vu autre chose. Mais eux, des gars instruits, des fils de patrons, peut-être... qui n'avaient jamais mis la main à la pâte. Pour nous, ils ont tout lâché. Non, on n'aurait jamais cru que ça pouvait exister, des gars comme ça. Et puis, c'est la manière... Ils ont payé les notes à une vieille; les commerçants ne voulaient plus rien mettre sur son ardoise. Un jour qu'elle allait supplier de lui avancer encore un peu, on lui a dit que tout était payé. C'était anonyme. Nous, on les connaît, les anonymes... Pourtant, ils n'ont pas plus de sous que nous, même moins, vu qu'ils* en envoient à ceux qui font leurs études. Ils trouvent toujours quelque chose à offrir aux autres. C'est une plante pour la fête des mères à la vieille d'à côté, dont le gamin est en Algérie. Moi, mon gosse, je lui faisais un colis... Voilà les frères. On aurait dit qu'ils l'avaient deviné; ils ont apporté du chocolat, du saucisson, des gâteaux. Je ne sais pas où c'est qu'ils l'avaient trouvé* tout ça. C'est peut-être ce qu'ils avaient à bouffer* pour la semaine. Et puis, ils ne font pas qu'aider, ils essaient toujours d'arranger les histoires. C'est à cause des gosses ou du linge, ou c'est un jour de cuite*. Nous aussi, on irait bien séparer ceux qui «s'accrochent», mais si on est renvoyé avec des mots, on rentre chez soi, on a son caractère, n'est-ce pas? Eh bien les frères, ils ne sont pas «rebuffés».* Le lendemain, ils viennent et ça y est*. Ce que j'aime, c'est qu'ils n'ont point de sermons. Ils ne vous disent point d'aller à la messe. C'est pour ça qu'on y va, oh, pas souvent, on sait quand ils la disent, alors de temps en temps on rentre*. Avant, on allait juste chez le curé pour les grands jours: la communion, le baptême, la mort, parce qu'on est tout de même pas des chiens*. Si vous voyiez* à Noël, c'était plein. Il y avait toute la courée, sauf Gustave, qui est communiste.

Extrait de «Frères de misère» de Pierre Marchant,
Réalités, octobre, 1960, No. 177.

jamais ils disent non: jamais ils ne disent non
jamais ils avouent: jamais ils n'avouent
Lainière: nom d'une filature de Roubaix
vu qu'ils: puisqu'ils
où c'est qu'ils l'avaient trouvé: où ils avaient trouvé
bouffer: manger
cuite: ivresse
rebuffés: repoussés durement
ça y est: tout marche bien
rentre: entre
on est tout de même pas des chiens: on n'est tout de même pas des chiens
si vous voyiez: si vous aviez vu

Questions

1. Pourquoi la vie est-elle dure dans la Cour du Diable?
2. Pourquoi cet ouvrier ne veut-il pas partir?
3. Que pense-t-il des curés? des frères?
4. Quels services demande-t-on aux frères?
5. Où travaillent-ils le matin?
6. Pourquoi l'ouvrier les admire-t-il tellement?
7. Pourquoi ne veut-on pas séparer ceux qui se querellent?
8. Les habitants de la courée sont-ils devenus plus catholiques à cause des frères?

Rédaction

Qu'est-ce qui montre que celui qui parle est un ouvrier?

Dialogue N° 27

On sonne à la porte du presbytère. La bonne du curé vient ouvrir.

La bonne: — Ah! C'est vous, Madame Leclerc! Entrez donc.
Mme Leclerc: — Monsieur le Curé est là?
La bonne: — Il est en train de repiquer des choux. Je vais vous le chercher. Si vous voulez vous asseoir en attendant...

Quelques minutes après.

Le curé: — Alors? Qu'est-ce qui ne va pas?
Mme Leclerc: — Je crains le pire. Tous les docteurs ont condamné mon pauvre Charles.
Le curé: — Oui, je sais. J'aurais bien voulu venir mais, connaissant ses convictions, je n'ai pas insisté. Il sait que vous êtes ici?
Mme Leclerc: — Il vous demande.

Un mois après, chez les Leclerc.

Le curé: — A la bonne heure! Vous voilà rétabli. On peut dire que vous l'avez échappé belle.
Leclerc: — Vous avez été vraiment chic, vous.
Le curé: — Remerciez-en le Bon Dieu. Et dire que vous avez failli mourir en état de péché mortel! Vous êtes bien bons, vous autres. Quand ça devient sérieux, vous appelez le curé. Puis, une fois le danger passé, vous recommencez à bouffer du curé. Pas vrai?
Leclerc: — Que voulez-vous, on est comme ça. Mais on croit en Dieu malgré tout. On laisse l'église aux femmes, on n'a pas le temps, nous. Et puis, il faut le dire, tout le monde n'est pas comme vous. Il y a des curés qui ne pensent qu'à s'en mettre plein les poches.
Le curé: — Vous exagérez, mon ami. Vous en connaissez, vous, des curés riches? Nommez-m'en un.
Leclerc: — Heu... Heu...

Le curé: — Vous voyez, hein? Et quand bien même il y en aurait, qu'est-ce que ça fait à l'affaire? Dites-moi un peu! L'important est que vous serviez le Bon Dieu vous-même.
Leclerc: — Oh! Moi, je veux bien. Qu'est-ce que je dois faire?
Le curé: — Premièrement, aller à la messe. Deuxièmement...

Exercices

Répondez sur le modèle indiqué.

I. Il a repiqué les choux?   *Réponse:* Il est en train de les repiquer.

    1. Il a cueilli les roses?
    2. Il a ouvert la porte?
    3. Il a dit la messe?
    4. Il a introduit le visiteur?
    5. Il a lu son missel?
    6. Il a écrit la lettre?
    7. Il a éteint la lampe?
    8. Il est venu?
    9. Il a sorti le vélo?
    10. Il a fait le ménage?

II. Il s'est couché?   *Réponse:* Il est en train de se coucher.

    1. Il s'est endormi?
    2. Il s'est assis?
    3. Il s'est servi?
    4. Il s'est battu?
    5. Il s'est défendu?
    6. Il s'est perdu?
    7. Il s'est plaint?
    8. Il s'est réjoui?
    9. Il s'en est allé?
    10. Il s'en est aperçu?

III. Tu ne connais pas d'autres problèmes?
Réponse: C'est le seul problème que je connaisse.

    1. Tu ne sais pas les autres noms?
    2. Tu n'as pas d'autres livres?
    3. Tu ne suis pas d'autres chemins?
    4. Tu ne sers pas les autres plats?
    5. Tu ne reçois pas les autres amis?
    6. Tu n'attends pas les autres trains?
    7. Tu ne vends pas les autres objets?
    8. Tu ne peux pas vendre d'autres objets?
    9. Tu ne peins pas d'autres tableaux?
    10. Tu ne mets pas d'autres vêtements?
    11. Tu ne lis pas d'autres livres?
    12. Tu n'inscris pas d'autres noms?
    13. Tu ne crains pas les autres ennemis?
    14. Tu ne décris pas les autres spectacles?
    15. Tu ne détruis pas d'autres tableaux?
    16. Tu ne bois pas les autres bouteilles?
    17. Tu n'écris pas d'autres noms?
    18. Tu ne fais pas les autres travaux?
    19. Tu ne comprends pas les autres garçons?
    20. Tu n'aperçois pas les autres bateaux?

IV. Cherchez-moi le curé.
   Réponse: Je vais vous le chercher.
   1. Appelez-moi le curé.
   2. Dites-moi votre nom.
   3. Faites-moi le paquet.
   4. Nommez-moi le curé.
   5. Servez-moi le saucisson.
   6. Expliquez-moi le chiffre.
   7. Apportez-moi le missel.
   8. Montrez-moi ma place.
   9. Séparez-moi les deux garçons.
   10. Prouvez-moi l'existence de Dieu.

V. Même exercice sur le modèle suivant:
   Cherchez-moi le curé. *Réponse:* Elle va le lui chercher.

VI. Plus de guerres? *Réponse:* Finies les guerres!
   1. Plus de travail?
   2. Plus de misère?
   3. Plus de bruit?
   4. Plus de notes?
   5. Plus d'études?
   6. Plus de gâteau?
   7. Plus de chocolat?
   8. Plus d'histoires?
   9. Plus de sermons?
   10. Plus de chapelle?

VII. On constate la même vitalité. La chapelle de Ronchamp est un exemple de cette vitalité.
   Réponse: On constate la même vitalité. La chapelle de Ronchamp en est un exemple.

   Quelle belle église!
   1. J'admire la beauté de cette église.
   2. Les vitraux de cette église sont superbes.
   3. Admirez le style de cette église.
   4. J'étudie le style de cette église.
   5. Vous apercevez le clocher de cette église.
   6. Comment expliquer toute la beauté de cette église?
   7. Je ne connais pas de plus belle église.
   8. On fait le tour de cette église?

28

La Justice

«*Le désir du privilège et le goût de l'égalité, passions dominantes et contradictoires des Français de toute époque.*»

CHARLES DE GAULLE (né en 1890)

    Le Français a un tour d'esprit juridique hérité des Romains. Il attache une importance particulière aux lois et aux règlements écrits. Il a une telle confiance en eux qu'il croit qu'ils suffisent pour faire régner la justice et le bonheur. Pour défendre ses biens et sa liberté, il a un nombre impressionnant de textes juridiques. Il signale constamment aux autres l'existence de ces textes. Sur les murs, on peut lire: «Défense d'afficher. Loi du....» Dans les cafés sont affichés les règlements concernant l'ivresse publique et des pancartes du type *la casse se paie*. Les étiquettes collées sur les bouteilles d'eau minérale se réfèrent à des décrets garantissant la qualité et la pureté de l'eau. Les bons vins ont une «appellation contrôlée».

    La loi prévoit tout. Monsieur Dupont ne doit pas planter ses arbres à moins de deux mètres de la clôture de Monsieur Durand. Si une branche chargée de fruits dépasse le mur mitoyen, Monsieur Durand n'a pas le droit de cueillir les pommes. Cependant, une fois tombées sur son sol, elles seront à lui, etc. La loi française est donc extrêmement compliquée et ceci explique la lenteur de la justice. Le douanier français profite quelquefois de cette complexité. Quand il veut faire la grève, il lui suffit d'appliquer le règlement à la lettre pour que la visite des bagages devienne interminable et paralyse le flot des voyageurs.

    Quand le Français est dans son droit, il se sent une âme pure et honnête, même si ce qu'il fait n'est pas tout à fait conforme à la morale. Le principe juridique passe avant le principe moral. L'automobiliste qui arrive à un carrefour veut absolument user de son droit de priorité, au risque de provoquer un accident. L'ennui, c'est quand l'autre se sent dans son droit aussi. Alors s'engagent de longs procès. Un paysan qui a perdu quelques mètres carrés de son champ n'hésite pas à porter l'affaire en justice et à se ruiner en frais.

    Mais le Français, idéaliste convaincu de l'efficacité des lois, est un réaliste dès qu'il s'agit d'une loi dirigée contre lui. La France est le pays où il y a le plus de règlements et où les règlements sont le moins respectés, écrit André Maurois. En contradiction avec son besoin de justice, le Français utilise toute son intelligence pour tourner la loi. Son mépris du règlement s'affiche avec beaucoup de pittoresque dans les rues. C'est à qui se montrera le plus débrouillard pour se jouer des obstacles de la circulation automobile. Quand l'agent de police dresse un procès-verbal à un conducteur, celui-ci demande à ses amis influents de faire «sauter» la contravention. Les lois sont bonnes... pour les autres.

L'organisation judiciaire

Selon la tradition républicaine, le pouvoir judiciaire est indépendant des autres branches du pouvoir. On peut diviser les juridictions en quatre groupes.

a) les juridictions civiles qui règlent les litiges entre les particuliers;
b) les juridictions répressives pour punir ceux qui violent les lois;
c) les juridictions professionnelles pour juger les conflits entre patrons et employés;
d) les juridictions administratives pour les litiges entre des particuliers et les administrations de l'État.

La justice est rendue dans plusieurs catégories de tribunaux:

— La Justice de Paix qui se trouve dans chaque canton. Le juge de paix peut condamner à des peines de simple police: amendes, un maximum de dix jours de prison;

— Le Tribunal de première instance qui se trouve dans chaque arrondissement. Le juge de tribunal donne des peines correctionnelles: emprisonnement et amendes. Il accorde aussi le divorce et règle les litiges;

— La Cour d'appel statue sur les décisions des juges de tribunaux. Elle peut maintenir, diminuer ou augmenter les peines imposées par les tribunaux. Il y en a 27 dans toute la France.

— La Cour d'assises (une par département) siège seulement pour juger un criminel. A sa tête se trouvent trois magistrats. Un jury de sept citoyens désignés au sort représente la voix du peuple. Contrairement à ce qui se passe aux États-Unis, magistrats et jurés délibèrent ensemble pour déterminer la sentence. Il n'est pas nécessaire qu'ils soient unanimes dans leur verdict. La Cour d'assises condamne à la peine capitale (on guillotine toujours les condamnés à mort), aux travaux forcés, ou à la réclusion.

— La Cour de cassation, le plus élevé des tribunaux, siège à Paris. Elle peut *casser,* c'est-à-dire annuler un jugement qui n'est pas conforme à la loi.

Les Magistrats

Les magistrats français se distinguent par de hautes qualités de compétence et d'intégrité morale. Les examens de la magistrature sont extrêmement difficiles: en 1956, 30 candidats furent admis sur un total de 242. Une fois devenus magistrats, ils sont relativement mal payés, ce qui décourage les matérialistes. Ils ont la réputation d'être sévères, surtout les procureurs. Une caricature célèbre montre un procureur qui rentre le soir avec la tête d'un condamné et qui dit: «Je suis en retard mais je l'ai eue!»

En réalité, les magistrats font leur devoir qui est d'être impassible et d'appliquer la loi sans faiblesse. Ce n'est pas toujours facile, surtout quand les journaux s'en mêlent. Par exemple, dans le cas d'un criminel, le ministère public doit prouver sa culpabilité: il est l'accusé alors que dans d'autres pays il est le prisonnier. Très souvent, les journalistes jouent au policier ou publient des photos et des articles sensationnels. Le public a alors l'impression que l'homme inculpé est vraiment l'assassin. Un observateur étranger serait tenté de croire qu'aux yeux de la justice française, l'individu arrêté est le coupable.

Questions

1. De qui le Français a-t-il hérité son tour d'esprit juridique?
2. Qu'est-ce qui montre bien l'importance de ce tour d'esprit?
3. Comment le douanier peut-il profiter de la complexité des règlements?
4. Les Français respectent-ils les règlements?
5. Quel est le rôle de la Cour d'appel?
6. Qui juge un criminel?
7. Pourquoi est-il difficile de devenir magistrat en France?
8. Que font les journalistes quand on a commis un crime?

Un Spectacle de choix

Nous sommes à la Cour d'assises. L'accusé vient de demander pardon aux parents de l'homme qu'il a tué dans un accès de colère.

— C'est tout ce que vous avez à dire? a demandé le président en fermant ses dossiers.

J'ai cherché. J'ai pris ma respiration.

— Je demande aussi pardon à ma mère et à Emmanuelle*, ai-je dit assez bas en avalant une grosse boule sucrée qui se déplaçait dans ma gorge et me faisait très mal.

La suite s'est passée de façon étrange. Après avoir entendu Maître Baptiste* me dire au passage, en s'épongeant le front: «Très bien, la phrase pour Emmanuelle!» je me suis retrouvé dans l'escalier obscur qui descend vers les fourgons cellulaires, en compagnie de mes deux gardes. Ils m'ont offert des gitanes*. Ils ont parlé de la neige qui commençait à tomber et de l'heure de la soupe* qui passait. Ils n'avaient rien à se dire.

Emmanuelle: l'amie du meurtrier
Maître Baptiste: l'avocat
gitanes: marque de cigarettes françaises
la soupe: mot familier qui désigne le repas du soir

La Justice

Ils étaient roux tous les deux. Ils ruminaient. Ils se ressemblaient tant que d'une audience à l'autre je ne m'étais pas aperçu qu'ils avaient changé. Je me demandais où l'on recrutait ces soldats prostrés aux oreilles immenses, dont le métier est de somnoler dans un box....

Avec leur permission, je me suis approché de la porte par où nous venions de quitter le prétoire, et ils m'ont suivi. Il parvenait de la salle un brouhaha très curieux. Cela tenait du cocktail et de la vente de charité. On imaginait des assiettes de petits fours circulant entre les groupes, installés jusque sous le bureau du président. Cela me rappelait le temps où j'assistais aux thés de ma mère depuis le cagibi de l'entrée. Les gardes avaient remplacé les balais, l'odeur de tabac froid celle de l'encaustique, mais c'étaient les mêmes éclats de voix assourdis, la même posture de veilleur sournois.

De temps à autre, je risquais un regard dans la serrure. Accoudés à la barre de témoins, les journalistes fumaient en échangeant leurs impressions à voix haute. Ils paraissaient fiers d'être là.

Deux femmes grisonnantes sont passées tout près du box. Elles portaient des tailleurs noirs piqués de légions d'honneur* et de bijoux.

— Qu'est-ce que vous lui donnez, chère amie? a dit l'une... Hélas, je ne pourrai attendre. J'ai encore deux cocktails: il faut que je me sauve!

— Avant le verdict? s'indignait l'autre. Mais, ma chère, vous allez manquer le meilleur!

Je songeais aux accusés qui m'avaient précédé dans cet escalier dérobé avant de s'entendre condamner à mort. Le spectacle entrevu ou deviné avait dû leur paraître, après coup, bien insolent. Comment osait-on leur imposer une dernière vision du monde aussi grotesque et provocante?

— Quand un criminel risque sa tête, ai-je remarqué tout haut, j'espère qu'on lui fait grâce d'une foire pareille!

— C'est encore pis, m'a répondu le plus éveillé des deux gardes. On ne s'entend plus!

Quelques minutes plus tard, une sonnette a retenti comme à la fin des entractes. Les spectateurs ont écrasé leurs mégots d'un coup de talon et ont regagné précipitamment leurs places. J'ai rectifié mon nœud de cravate. Le plus abruti des gardes m'a donné une petite tape sur l'épaule en ouvrant la porte.

Il faisait très chaud dans la grande salle illuminée. Tout le monde me guettait.

— Il est pâle, a dit quelqu'un.

J'ai aperçu Emmanuelle, au deuxième rang. Elle portait le bout de ses doigts devant sa bouche. Ma mère lui donnait le bras. Maître Fleur* et les deux petites dames en noir* compulsaient des chiffres. M. Raoul*

---
légion d'honneur: décoration française
Maître Fleur: avocat de la partie civile qui représente les parents de la victime
dames en noir: parentes de la victime
M. Raoul: magistrat du ministère public

ajustait son rabat. Le col de mon avocat était trempé.

Le président m'a dit de me lever. Il a récité des articles de code en forme de prière. C'était la fin de la cérémonie, le moment où l'on rêve de gâteaux.

Extrait de Le Grand Dadais, *de Bertrand Poirot-Delpech,*
Éditions Denoël, Paris.

Questions

1. A qui l'accusé a-t-il demandé pardon?
2. Qu'est-ce que les deux gardes lui ont offert dans l'escalier?
3. Pourquoi l'accusé ne s'est-il pas rendu compte que ses gardes avaient changé?
4. Pourquoi le brouhaha de la salle était-il curieux?
5. Que faisaient les journalistes?
6. Comment l'accusé pouvait-il les voir?
7. Pourquoi la dame ne pouvait-elle pas attendre le verdict?
8. Quels détails pouvaient sembler insolents à l'accusé?
9. Pourquoi le col de l'avocat était-il trempé?
10. Pourquoi le président a-t-il dit à l'accusé de se lever?

Dialogue N° 28

Au Palais de Justice.

Le Président: — Ensuite vous avez abandonné votre femme et vos enfants et vous êtes allé à Paris. Pourquoi?

Le prévenu: — Elle me faisait des scènes, elle était dépensière. Et puis, le souper n'était jamais prêt.

Le Président: — Je comprends, mais ce ne sont pas là des raisons suffisantes pour laisser une femme et deux enfants seuls et sans ressources. N'avez-vous pas réfléchi aux conséquences de votre départ?

Le prévenu: — Si. Ç'a été très dur les premiers jours. Puis, je me suis habitué. Que voulez-vous? On oublie vite à Paris.

Le Président: — Vous avez même oublié si vite que vous vous êtes «remarié» trois mois après votre arrivée. Vous ne trouvez pas cela odieux?

Le prévenu: — J'étais trop seul, Monsieur le Président. Et puis, je vais vous dire, c'était le coup de foudre. J'avais enfin trouvé la femme de mes rêves, gentille, cordon-bleu, économe, et bien roulée avec ça. Tenez, si vous voulez voir sa photo...

Le Président: — Nous ne sommes pas au théâtre ici. Dites-nous l'essentiel.

Le prévenu: — Alors, je n'ai pas hésité et pour faire bien les choses, j'ai proposé le mariage. Je ne voulais tout de même pas abuser d'une femme qui venait de perdre son mari.

Le Président: — ...et qui venait de faire un joli petit héritage. Pourquoi n'avez-vous pas demandé à divorcer?

Le prévenu: — Ça aurait duré trop longtemps. D'ailleurs, on ne divorce pas dans notre famille. Ça ne se fait pas.
Le Président: — La bigamie, ça ne se fait pas non plus. Vous n'avez rien à ajouter?
Le prévenu: — Si. Je demande sincèrement pardon aux deux femmes que j'ai trompées. J'essaierai de réparer les torts que j'ai causés.
Le Président: — Voilà de bons sentiments. C'est dommage que vous les exprimiez si tardivement. Faites entrer le premier témoin.

Exercices

Répondez sur le modèle indiqué.

I. Levez-vous. *Réponse:* Elle m'a dit de me lever.

1. Décidez-vous.
2. Dépêchez-vous.
3. Mariez-vous.
4. Préparez-vous.
5. Présentez-vous.
6. Redressez-vous.
7. Réjouissez-vous.
8. Résignez-vous.

II. Ne vous levez pas. *Réponse:* Elle m'a dit de ne pas me lever.

1. Ne vous décidez pas.
2. Ne vous dépêchez pas.
3. Ne vous mariez pas.
4. Ne vous préparez pas.
5. Ne vous présentez pas.
6. Ne vous redressez pas.
7. Ne vous réjouissez pas.
8. Ne vous résignez pas.

III. Approchez-vous. *Réponse:* Elle m'a dit de m'approcher.

1. Amusez-vous.
2. Arrêtez-vous.
3. Installez-vous.
4. Asseyez-vous.
5. Embarquez-vous.
6. Éloignez-vous.
7. Excusez-vous.
8. Habillez-vous.

IV. Ne vous approchez pas. *Réponse:* Elle m'a dit de ne pas m'approcher.

1. Ne vous amusez pas.
2. Ne vous arrêtez pas.
3. Ne vous asseyez pas.
4. Ne vous embarquez pas.
5. Ne vous éloignez pas.
6. Ne vous excusez pas.
7. Ne vous habillez pas.
8. Ne vous installez pas.

V. Vous allez vous marier?
Première réponse: Je me suis marié hier.
Deuxième réponse: Ah! vous vous êtes marié hier!

1. Vous allez vous défendre
2. Vous allez vous amuser?
3. Vous allez vous arrêter?
4. Vous allez vous battre?
5. Vous allez vous décider?
6. Vous allez vous fiancer?
7. Vous allez vous excuser?
8. Vous allez vous installer?
9. Vous allez vous plaindre?
10. Vous allez vous préparer?

11. Vous allez vous présenter?   13. Vous allez vous reposer?
12. Vous allez vous promener?   14. Vous allez vous venger?

VI. Vous vous êtes épongé?
Première réponse: Non, je ne me suis pas épongé.
Deuxième réponse: Ah! Vous ne vous êtes pas épongé!

1. Vous vous êtes habitué?
2. Vous vous êtes approché?
3. Vous vous êtes indigné?
4. Vous vous êtes fâché?
5. Vous vous êtes levé?
6. Vous vous êtes vengé?
7. Vous vous êtes réveillé?
8. Vous vous êtes rappelé?
9. Vous vous êtes souvenu?
10. Vous vous êtes réjoui?
11. Vous vous êtes reposé?
12. Vous vous êtes pressé?
13. Vous vous êtes excusé?
14. Vous vous êtes endormi?

VII. Chacun veut se montrer le plus débrouillard.
Réponse: C'est à qui se montrera le plus débrouillard.

1. Chacun veut arriver le plus vite au feu rouge.
2. Chacun veut brûler les feux rouges sans se faire arrêter.
3. Chacun veut faire sauter les contraventions le plus vite.
4. Chacun veut traverser la ville le plus vite.
5. Chacun veut rouler le plus vite.
6. Chacun veut montrer la plus grande intelligence.
7. Chacun veut prouver son intelligence.
8. Chacun veut dépasser le plus grand nombre de voitures.

VIII. Il suffit d'appliquer le règlement: la visite devient alors interminable.
Réponse: Il suffit d'appliquer le règlement pour que la visite devienne interminable.

Il suffit d'appliquer le règlement:
1. la visite se fait alors interminable.
2. les voyageurs sont alors empêchés de passer.
3. le flot des voyageurs ralentit alors.
4. les voyageurs ne peuvent plus passer alors.
5. on doit attendre longtemps alors.
6. on perd beaucoup de temps alors.
7. on n'a pas envie de voyager alors.
8. on ne veut plus voyager alors.

La Vie politique

PREMIÈRE PARTIE

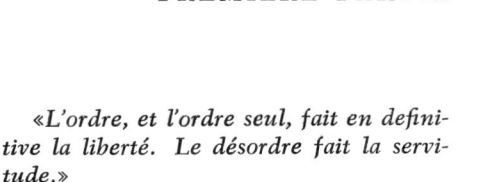

« L'ordre, et l'ordre seul, fait en definitive la liberté. Le désordre fait la servitude. »

Charles Péguy (1878–1914)

La vie politique française a de tout temps été particulièrement fertile en événements: révolutions, coups d'État, changements de régime, crises ministérielles.... La France a supporté toutes ces vicissitudes avec sérénité. Elle n'a jamais changé sous une surface agitée. Depuis l'adoption d'une nouvelle constitution en 1958, elle semble être entrée dans une période de stabilité, mais les politiciens français parlent déjà de remplacer la Ve République par une VIe. Aux États-Unis, personne ne songe à changer ou à remplacer la Constitution de 1787. En comparaison, les Français changent de régime comme on change de chemise: qu'on ne s'inquiète donc pas!

Que pense l'homme de la rue de tous ces bouleversements? D'après des sondages récents, le Français des années 1960 ne s'intéresse guère à la politique. Il y a plusieurs raisons à cela. Traditionnellement, l'individualiste français a beaucoup de méfiance vis-à-vis des dirigeants. Il a peur d'être « roulé » par les politiciens qui parlent si bien et qui promettent la lune. Les hommes politiques français ne sont ni meilleurs ni pires que d'autres, mais l'intellectuel et l'homme de la rue sont d'accord pour dire que le pouvoir politique mène à la malhonnêteté et à la corruption. Quand un journal annonce un programme de renaissance et de prospérité pour tous, le lecteur, sceptique, hausse les épaules en disant: « Plus ça change, plus c'est la même chose. » A cause de ce scepticisme et de cette méfiance, le Français ne participe pas: il résiste.

Une autre cause de l'indifférence est le déclin de l'esprit de combativité et le progrès du confort matériel. Autrefois, le Français était prêt à prendre les armes au nom des grands principes de la démocratie:

aujourd'hui, il veut jouir de la vie en tout repos. Bien sûr, il fait encore la grève, mais c'est pour défendre son biftek. Le sans-culotte* a mis ses pantoufles.

Le peu d'intérêt pour la chose publique se double d'un sentiment d'impuissance. Que peut faire un simple citoyen devant la complexité croissante de la machine de l'État? Il faudrait avoir fait des études pour s'y reconnaître. Aussi, quand un parti présente un programme à l'électeur, celui-ci se méfie parce qu'il ne le comprend pas. Il choisit donc l'homme plutôt que le programme qui semble trop beau pour pouvoir être réalisé. Ne voulant pas s'occuper de politique, il accorde une confiance aveugle à ce politicien qui profitera peut-être de cette démission civique pour établir une dictature.

Au niveau local au moins, le Français pourrait-il faire sentir son influence dans la communauté où il habite? Là aussi, sa participation est réduite. Les communes n'ont pas d'autonomie financière et doivent s'adresser à Paris pour le financement de leurs projets. Comme la vie publique d'une petite ville dépend de la capitale, le citoyen se sent frustré une fois de plus.

Les nombreuses abstentions aux élections municipales reflètent bien cette frustration. Quant aux élections législatives et aux référendums, elles indiquent une forte participation (environ 80%). Cela n'est pas en contradiction avec l'indifférence politique notée plus haut. On croit qu'il suffit de voter: aux élus de faire le reste. Le député se plaint de cette indifférence. On ne lui écrit pas pour protester contre la politique gouvernementale mais pour obtenir des privilèges pour soi et les siens.

Les Partis

Jules César notait déjà la multiplicité des partis en Gaule. Cette multiplicité a causé beaucoup de crises ministérielles avant 1958 (la moyenne de la durée d'un gouvernement était inférieure à sept mois). Elle s'explique par l'individualisme: chaque tendance doit pouvoir s'exprimer librement. Aux États-Unis, les tendances sont multiples aussi, mais elles ne se manifestent qu'à l'intérieur d'un parti. La source de l'instabilité d'avant 1958 était la difficulté de former une coalition gouvernementale disposant de la majorité.

Il est difficile de parler des partis français à cause de leur grand nombre. En outre, la situation change tous les jours. De nouveaux partis apparaissent, d'autres disparaissent, d'autres se scindent en deux ou en trois. Des partis de gauche peuvent avoir une politique de droite et vice versa. La majorité cependant se veut républicaine. Un orateur monté à la tribune ne manque jamais de se réclamer des principes de la journée du... (suit une date célèbre, où ces principes républicains ont été proclamés) et de mettre en garde contre un nouveau... (suit une autre date historique se rapportant à des dangers encourus par la République).

sans-culotte: lors de la Révolution de 1789, les révolutionnaires portaient un pantalon tandis que les aristocrates portaient une culotte.

Dessin de Tetsu

— *Albert, tu te souviens de nos premières années, lorsque tu étais anarchiste?*

On peut tout de même indiquer quelques tendances actuelles.
1. le Parti communiste français (P.C.F.)
2. la gauche socialiste: Section française de l'Internationale ouvrière, couramment dénommée S.F.I.O. et le Parti socialiste unifié ou P.S.U. (c'est le parti de M. Mendès-France)
3. le Centre: les Radicaux, le Mouvement républicain populaire (M.R.P.).
4. les Gaullistes (Union pour la Nouvelle République ou U.N.R.).
5. la droite: les Indépendants et Paysans.

Pour donner une idée de l'importance respective des partis, voici le pourcentage des voix obtenues aux élections législatives de novembre 1962: U.N.R.: 36,2; Communistes: 21,5; Socialistes: 13,9; C.N.I. (Indépendants): 8,2; M.R.P.: 7,1; Républicains indépendants: 3; Centre gauche: 3,3; Radicaux: 3,9; Extrême gauche: 1,8; Divers: 1,1.

Questions

1. Qu'est-ce qui caractérise la vie politique?
2. Pourquoi l'homme de la rue ne s'intéresse-t-il pas beaucoup à la politique?
3. Sur quoi l'homme de la rue et l'intellectuel sont-ils d'accord?
4. Que dit le Français pour exprimer son scepticisme?

5. Pourquoi l'électeur choisit-il l'homme plutôt que le programme?
6. Quel rôle le Français peut-il jouer au niveau local?
7. Qu'est-ce qui est en contradiction avec l'indifférence politique?
8. Pourquoi y a-t-il tant de partis politiques en France?
9. Nommez les partis les plus importants.

Chez les députés

Une journaliste est allée interviewer les députés au Palais-Bourbon.
Elle est étonnée et désappointée de n'en trouver qu'un petit nombre.*

J'avisai un vieux député barbu.
— Où sont vos collègues? lui dis-je.
— Mais où leur devoir les appelle, c'est-à-dire dans leur circonscription, auprès de leurs électeurs. Nous sommes mardi, ils seront revenus cet après-midi.
— Ne devraient-ils pas plutôt être ici, puisqu'il y a séance?
— Il y a séance mais séance pour les spécialistes des baux et des veuves. Nous sommes dans l'ère des techniciens et des spécialistes. Le député qui s'astreindrait à assister à toutes les séances au lieu d'étudier à fond une ou deux questions seulement serait un touche-à-tout et un paresseux.
— Mais, même pendant le grand débat de politique étrangère qui était d'intérêt général, ils n'étaient qu'une centaine?
— Ouais et c'est encore trop: une douzaine aurait largement suffi. Un par groupe, puisque chaque groupe peut remettre en bloc tous ses votes à un boîtier*. Comme on savait ce qu'allait dire le ministre, comme chaque groupe avait décidé à l'avance dans quel sens il voterait, et comme le débat avait lieu jeudi après-midi, moi-même j'ai suivi l'exemple de celui qui me disait, sa petite valise à la main: «Mon vieux, la politique étrangère, c'est très joli, mais, moi, mes électeurs m'attendent.»
— Mais pourquoi cette rage d'aller tout le temps voir leurs électeurs?
—Vous le leur demanderez cet après-midi.

L'après-midi, en effet, l'atmosphère du Palais-Bourbon avait changé du tout au tout. Il était devenu brusquement une grande maison gaie, chaude, animée. Tout le monde semblait se connaître, tout le monde semblait ravi de se retrouver. L'ambiance était cordiale, amicale, presque familiale.

Je pris place sur le grand canapé circulaire dans le salon des Quatre Colonnes*, et je contemplai les députés qui allaient et venaient.

La plupart n'étaient pas beaux. Mais tous étaient corrects, propres, sympathiques. Ils avaient l'air de chefs de moyennes entreprises assez florissantes. Avec, en plus, quelque chose d'athlétique, comme si tous avaient un vague passé de boxeur.

Palais-Bourbon: édifice à Paris où siège l'Assemblée nationale
boîtier: député chargé de voter pour tous les membres de son groupe
Quatre Colonnes: nom de l'un des salons du Palais-Bourbon

Je happai au passage le plus costaud d'entre eux, une sorte de colosse sexagénaire, et lui demandai combien de jours il passait chaque semaine dans sa circonscription?

— Trois, quelquefois quatre, comme tout le monde. Il faut bien: sinon on n'est pas réélu.

— Même si vous leur prouvez qu'à Paris vous travaillez énormément et que vous prenez soin de leurs intérêts?

— Même. Ils diraient: «On n'en sait rien, de ce qu'il fait. Tout ce qu'on sait, c'est qu'on l'a point vu.»* En fait, j'ai vu des députés fainéants, qui passaient le plus clair de leur temps à taper la carte* ou à trinquer avec leurs électeurs, se faire régulièrement réélire. On disait d'eux: «C'est un bien brave homme, pas fier et bien causant.»*

— Et quel est, en général, votre emploi du temps quand vous êtes dans votre circonscription?

— Pendant une journée, je reçois les électeurs à la permanence de mon parti. Il y a toujours queue. Ils demandent des pensions, des allocations, des décorations, des places de garde champêtre, des conseils juridiques («vous, au moins, ça coûte rien,»* disent-ils), des logements, des places à l'hospice ou au lycée. Mille choses enfin. Le reste du temps, je sillonne le département. J'inaugure des concours de la plus belle volaille, j'assiste à des banquets, des réunions politiques.

— Et à Paris?

— A Paris, je ne chôme pas non plus. Je reçois trente à quarante lettres par jour. Il faut y répondre individuellement. D'autre part, je vais naturellement aux réunions de mon groupe. Comme tous les députés, je fais partie d'une commission et je suis ses travaux. Enfin au moins deux jours par semaine, je dois hanter les ministères pour accélérer les dossiers de mes électeurs qui ont demandé pensions, allocations, etc.

— Est-ce que vos électeurs vous indiquent dans quel sens ils souhaitent que vous votiez sur telle ou telle question?

— Ce sont des fermiers pour la plupart et, dès qu'il s'agit du prix du blé, bien sûr qu'ils ne m'envoient pas dire dans quel sens ils souhaitent que je vote. Mais, en ce qui concerne les questions importantes, non, ils ne sont pas d'un puissant recours. Par exemple la réforme électorale. Il est indubitable que le scrutin uninominal*...

— Allons, vieux faux-jeton, lui dit gentiment un collègue qui nous écoutait, en fait de scrutin, avoue que c'est celui qui assurera ta réélection qui te paraît le meilleur.

Ils partirent bras dessus, bras dessous. Par la suite, tous les députés que j'interrogeai me récitaient ce même emploi du temps. Il me semblait qu'au fond leur vie était une suite de bien lassantes corvées.

Extrait de Muriel chez les députés, de Muriel Reed,
Réalités, mai 1958, No. 148.

on l'a point vu (familier): on ne l'a point vu
taper la carte (familier): jouer aux cartes
bien causant (familier): qui sait bien parler
ça coûte rien (familier): ça ne coûte rien
scrutin uninominal: mode d'élection où l'électeur ne vote que pour un candidat

Questions

1. Où étaient les députés le matin?
2. Quelle séance y avait-il ce matin-là?
3. Pourquoi le député qui assiste à toutes les séances est-il un paresseux?
4. Pourquoi suffit-il qu'une douzaine de députés soient présents?
5. Comment était l'atmosphère l'après-midi?
6. A qui ressemblaient les députés?
7. Pourquoi passent-ils trois ou quatre jours par semaine dans leur circonscription?
8. Quel est l'emploi du temps d'un député dans sa circonscription?
9. Quel est son emploi du temps à Paris?
10. Les électeurs indiquent-ils au député comment il doit voter?

Dialogue N° 29

Un député sortant, candidat aux élections législatives, termine son discours.

Le candidat: — ...Et alors, la France connaîtra enfin des jours heureux et l'idéal français, Liberté-Égalité-Fraternité, deviendra une réalité.
Voix diverses: — Bravo! — Traître! — Très bien! — Au poteau!
Premier interpellateur: — Votre programme de rénovation nationale et de progrès social est fort joli. Ce que j'aimerais savoir, c'est qui va en faire les frais. Si c'est toujours les petits qui doivent permettre aux gros de faire leur beurre, pas besoin de compter sur moi et les camarades.
Le candidat: — J'ai toujours voté les programmes de législation sociale pour les travailleurs. J'ai été *pour* la pension des anciens combattants, *pour* l'augmentation des allocations familiales, *pour* le...
Deuxième interpellateur: — ...et contre les impôts sur les grosses sociétés. C'est bien votre fille qui s'est mariée avec le fils du directeur des Établissements F.R.I.C. On vous connaît, vous autres. Ce que vous donnez d'une main, vous le reprenez de l'autre.
Le candidat: — Si vous croyez que je vais répondre aux attaques personnelles!
Troisième interpellateur: — On comprend, allez! Nous savons très bien que vous avez partie liée avec la droite fasciste.
Le candidat: — Ah! ça, non! L'O.A.S. m'a plastiqué deux fois. J'ai même été kidnappé une fois. Je reconnais qu'à une certaine époque j'ai cru que l'Algérie pouvait rester française et que la France se devait de poursuivre sa généreuse mission civilisatrice...
Cris: — Algérie fran-çaise!
Le candidat: — ...Mais j'ai vite compris que rien ne pouvait arrêter la marche de l'histoire vers la décolonisation.
Cris: — Algérie fran-çaise!
D'autres voix: — A bas l'O.A.S.! Traîtres! Assassins!
Le candidat: — Je vous en conjure, écoutez-moi! (*tumulte*)
Une voix: — Attention, les gars. Voici les flics. Taillons-nous!

Exercices

Répondez sur le modèle indiqué.

I. Les députés sont ailleurs.
    Réponse: Ne devraient-ils pas plutôt être ici?
    1. Ils passent leur temps ailleurs.
    2. Ils donnent des conseils ailleurs.
    3. Ils font des discours ailleurs.
    4. Ils écoutent ailleurs.
    5. Ils participent ailleurs.
    6. Ils travaillent ailleurs.
    7. Ils aident ailleurs.
    8. Ils reçoivent ailleurs.
    9. Ils servent ailleurs.
    10. Ils se parlent ailleurs.
    11. Ils se montrent ailleurs.
    12. Ils se retrouvent ailleurs.

II. Il écrit pour obtenir des privilèges pour lui-même.
    Réponse: On écrit pour obtenir des privilèges pour soi-même.
    1. Il est content de lui-même.
    2. Il se sert lui-même.
    3. Il se méfie de lui-même.
    4. Il aime rester chez lui.
    5. Il ne laisse rien derrière lui.
    6. Il a un ami auprès de lui.
    7. Il voit une voiture devant lui.
    8. Il a toujours besoin d'un plus petit que lui.
    9. Il pense cela malgré lui.
    10. Il a tout le pays contre lui.

III. Je dois voter? *Réponse:* Oui, ils souhaitent que vous votiez.
    1. Je dois le faire?
    2. Je dois protester?
    3. Je dois élire?
    4. Je dois rire?
    5. Je dois suivre?
    6. Je dois dire non?
    7. Je dois savoir parler?
    8. Je dois choisir?
    9. Je dois partir?
    10. Je dois recevoir?

IV. Ils ne parlent pas encore? *Réponse:* Si, ils parlent déjà.
    1. Ils ne changent pas encore?
    2. Ils ne participent pas encore?
    3. Ils ne résistent pas encore?
    4. Ils n'ont pas encore peur?
    5. Ils ne réclament pas encore?
    6. Ils ne sont pas encore là?

7. Ils ne votent pas encore?
8. Ils ne se présentent pas encore?
9. Ils ne choisissent pas encore?
10. Ils ne viennent pas encore?

V. Ils parlent encore? *Réponse:* Non, ils ne parlent plus.

1. Ils changent encore?
2. Ils participent encore?
3. Ils résistent encore?
4. Ils ont encore peur?
5. Ils réclament encore?
6. Ils sont encore là?
7. Ils votent encore?
8. Ils se présentent encore?
9. Ils viennent encore?
10. Ils choisissent encore?

VI. Ils jouent aux cartes?
Réponse: Oui, ils passent le plus clair de leur temps à jouer aux cartes.

1. Ils trinquent avec leurs électeurs?
2. Ils assistent à des banquets?
3. Ils inaugurent des concours?
4. Ils reçoivent les électeurs?
5. Ils donnent des conseils juridiques?
6. Ils sillonnent le département?
7. Ils répondent aux lettres?
8. Ils suivent les travaux des commissions?
9. Ils hantent les ministères?
10. Ils voient leurs électeurs?

VII. L'orateur se réclame toujours des principes républicains.
Réponse: L'orateur ne manque jamais de se **réclamer** des principes républicains.

1. Il se proclame toujours républicain.
2. Il se plaint toujours des abus.
3. Il s'appuie toujours sur la majorité.
4. Il s'arrête toujours au bon moment.
5. Il se dresse toujours contre la réaction.
6. Il s'intéresse toujours à l'électeur.
7. Il s'adresse toujours au public.
8. Il se sert toujours d'une date historique.
9. Il s'élève toujours contre les abus.
10. Il s'attendrit toujours sur la France.
11. Il se fait toujours accompagner.
12. Il se met toujours au service de la France.

La Vie politique

DEUXIÈME PARTIE

« Si l'État est fort, il nous écrase. S'il est faible, nous périssons. »

Paul Valéry (1871–1945)

Les Élections

Il y a actuellement trois types d'élections.

— les élections au suffrage universel: tous les Français âgés de vingt et un ans au moins peuvent voter. Aux élections législatives, ils élisent les députés; aux élections cantonales, ils élisent les conseillers généraux qui représentent chaque canton (le département est divisé en arrondissements; chaque arrondissement est divisé en cantons); aux élections municipales, ils élisent les conseillers municipaux.

— aux référendums, les Français sont appelés à se prononcer sur certaines questions vitales: constitution, politique générale, etc.

— les élections au suffrage indirect. Seuls votent les « grands électeurs » (plus de 80 000) comprenant les notables: les maires et leurs représentants, les conseillers généraux et les députés. Ils élisent les sénateurs.

On essaie naturellement de déterminer à l'avance le comportement électoral du Français, mais, comme dans les autres pays, il est très malaisé de prédire les résultats des élections, surtout quand il y a tant de partis. Ces résultats dépendent de plusieurs facteurs:

— le sexe: les femmes ont tendance à voter pour un parti de droite;

— l'âge: le jeune votant est en général plus réformiste et plus révolutionnaire que l'octogénaire conservateur qui a perdu (ou gardé!) toutes ses illusions. Il n'est pas rare que le Français change de parti plusieurs fois durant sa vie.

— la religion: les catholiques ne donnent pas leur voix à un parti déterminé. Mais c'est le M.R.P. qui a la plus forte coloration catholique. Les partisans de la laïcité s'adressent ailleurs.

— le tempérament: on dit que le Français a le cœur à gauche et son portefeuille à droite. Il a un idéal de justice sociale et une tendance non moins forte à acquérir des biens matériels et à défendre ses intérêts personnels. Il vote donc pour le parti qui lui permettra de satisfaire les deux exigences.

— la géographie: il est possible de dresser une carte des partis politiques. Par exemple, le Sud-Est donne traditionnellement ses voix aux partis communiste et socialiste. Paris a sa banlieue rouge. La droite a beaucoup de fidèles dans certaines régions de l'Ouest et de l'Est. Le Sud-Ouest est républicain modéré.

— les classes sociales: on serait tenté de croire que plus l'électeur est riche, plus il vote à droite, mais la réalité française est infiniment plus complexe. Il n'est pas rare que le propriétaire aisé choisisse le candidat communiste et, inversement, que la femme de ménage choisisse le candidat d'un parti de droite. Cela dit, il n'est pas exagéré de prétendre que la S.F.I.O. est le parti des fonctionnaires et le Parti communiste celui de la classe ouvrière.

On peut trouver inquiétant que plus de 21% de Français donnent leur voix au Parti communiste. La lui donnent-ils parce qu'ils sont vraiment des communistes et qu'ils réclament un régime du type soviétique ou chinois? Il n'en est rien. Si le Parti communiste est si puissant, c'est qu'il est le parti français le mieux organisé et le plus actif. A cause de sa participation à la Résistance durant la guerre, il a conquis une clientèle qui lui est restée fidèle. Il exerce une très grande influence sur les ouvriers par l'intermédiaire du syndicat, la Confédération Générale du Travail (C.G.T.). L'autre raison est que la majorité de ceux qui votent pour le Parti communiste veulent exprimer leur mécontentement vis-à-vis d'un gouvernement qui ne fait rien pour eux. Ils sont anti-capitalistes plutôt que communistes. Beaucoup d'entre eux sont des catholiques et des paysans propriétaires de leur ferme. Pour rien au monde, ils ne renonceraient à leur liberté et à leurs biens. Ce qu'ils font n'est pas très logique, mais au moins ils peuvent «rouspéter». Seule une minorité, militante et très agissante, il est vrai, est communiste (en 1962, le Parti communiste comptait 400 000 membres).

Comme la situation matérielle des Français s'est considérablement améliorée durant ces dernières années, le Parti communiste a enregistré des pertes. Après avoir longtemps obtenu 25% des voix, le pourcentage est tombé à 21% en 1962. Le journal communiste *L'Humanité* se vendait à 500 000 exemplaires en 1946: il ne se vendait plus qu'à 120 000 en 1961. Il ne faut cependant pas conclure sommairement que ce parti va disparaître. Dès que Moscou pourra affirmer que les travailleurs russes ont un niveau de vie égal à celui des Américains et supérieur à celui des Français, le Parti communiste français retrouvera peut-être les voix qu'il a perdues.

De même qu'il y a des mécontents qui votent à gauche, un certain nombre de catégories mettent tout leur espoir dans un parti de droite autoritaire et même dictatorial. Parmi eux on trouve les petits commerçants écrasés par les grands magasins, les petits industriels qui ne peuvent pas soutenir la concurrence de la production de série, les militaires de carrière vaincus dans plusieurs guerres, les Français d'outremer rapatriés dans une France qu'ils ne connaissent pas. Ces mécontents ont la nostalgie de la grandeur de la France; ils sont nationalistes à outrance; ils réclament l'aide financière et la protection de l'État. Ils représentent la France d'hier, la France de papa. Le mouvement Poujade a disparu mais d'autres organisations ont pris sa place. En face de ces classes déclinantes, on assiste heureusement à la montée des classes jeunes. La physionomie politique de la France de demain sera changée.

La Constitution de 1958

«Ce qu'il nous faut, c'est un gouvernement faible,» disait en 1911 le grand politicien Jules Ferry, hanté par la menace des coups d'État contre la République. Mais on sait à quels désordres a mené la faiblesse de l'exécutif. La constitution de la Ve République a mis fin à l'instabilité. Par sa conception, elle se rapproche du régime présidentiel.

Le pouvoir exécutif est exercé par le Président de la République et par le Gouvernement dirigé par le Premier Ministre. Le Président est élu pour sept ans au suffrage direct. Il préside la Communauté composée de la République française et des Républiques africaines et malgache, il nomme le Premier Ministre et, sur les propositions de celui-ci, les autres membres du Gouvernement; il préside le Conseil des ministres; il promulgue les lois, négocie et ratifie les traités; il peut soumettre un projet de loi à l'approbation du peuple par voie de référendum; il peut dissoudre le Parlement après avoir consulté le Premier Ministre et les Présidents des Assemblées; il dispose de pouvoirs spéciaux en période de crise.

Le Premier Ministre partage avec le Président la direction de la politique. Son rôle est modeste en comparaison avec celui que jouent les premiers ministres dans d'autres pays. Ceci est dû à la stature exceptionnelle du Président de Gaulle. L'indépendance du Gouvernement est renforcée par le fait que les ministres ne peuvent plus faire partie du Parlement, comme c'était le cas avant 1958.

Le pouvoir législatif est exercé par l'Assemblée nationale et le Sénat. L'Assemblée nationale est élue tous les cinq ans au suffrage universel direct. Elle comprend les députés, représentant les 90 départements français et les départements et territoires d'Outre-Mer: Guadeloupe, Martinique, Guyane, Réunion, Polynésie, Saint-Pierre et Miquelon, Somalis, Comores, Nouvelle-Calédonie. Le Sénat se renouvelle par tiers et se compose de sénateurs élus au suffrage indirect pour neuf ans.

Les pouvoirs du Parlement de la Ve République sont tellement affaiblis qu'on a pu parler des «grandes vacances de la démocratie». En effet, les deux sessions annuelles durent moins de six mois en tout. Le Parlement vote les lois mais son pouvoir législatif est limité par des règlements stricts. Le Gouvernement est toujours responsable devant l'Assemblée nationale. Celle-ci peut donc forcer le Premier Ministre à démissionner. Pour ce faire, il faut qu'une majorité de députés dépose une motion de censure. Mais cette procédure est strictement réglementée. En outre, la menace de dissolution du Parlement est assez forte pour éviter des crises ministérielles fréquentes.

La France a donc un exécutif fort et stable et un Parlement faible: le déséquilibre est évident. Ce sont les circonstances politiques qui ont forcé la France à adopter une constitution semblable. Après la disparition du fondateur de la Ve République, les Français devront trouver un système de freins et de contrepoids équilibrant le pouvoir exécutif et le pouvoir législatif selon les règles démocratiques.

Questions

1. Quels sont les trois types d'élections?
2. Comment votent les femmes?
3. Que veut dire «avoir le cœur à gauche et le portefeuille à droite»?
4. Dans quelles régions y a-t-il beaucoup de communistes?
5. Pourquoi le Parti communiste est-il si puissant?
6. Que veulent les mécontents de droite?
7. Pourquoi Jules Ferry voulait-il un gouvernement faible?
8. Quels sont les pouvoirs du Président de la République?
9. Qui exerce le pouvoir législatif?
10. Pourquoi a-t-on pu parler des «grandes vacances de la démocratie»?

Une Allocution du Président de la République

Quoi que pensent les Français de la politique poursuivie par le Président Charles de Gaulle, ils reconnaissent tous le caractère exceptionnel de ce chef éminent. Le texte suivant est le début d'une allocution radiotélévisée, prononcée le 7 février 1962, à la veille du cessez-le-feu en Algérie.

Oui! Nous vivons des jours assez tendus, et la route n'est pas toujours facile. Y sont évidemment pour beaucoup les troubles suscités par des agitateurs* qu'il faut réduire et châtier. Mais rien ne serait plus absurde que d'en être obnubilé alors que nous sommes en période de grandes réalisations. Levons la tête pour les voir! Du coup, les incidents, si odieux qu'ils puissent être, ne revêtent d'importance que relative et les médiocrités ne paraissent que ce qu'elles sont. Aujourd'hui, et de nouveau, je veux montrer au pays où nous en sommes et vers quoi nous marchons.

La France, au long de sa vie, a traversé des époques où l'évolution générale requérait d'elle le renouvellement, sous peine de déclin et de mort. Ce fut le cas, par exemple, quand au début du dix-huitième siècle notre monarchie parvint à mettre un terme définitif à la féodalité, parce que les conditions intérieures et extérieures exigeaient l'État centralisé et l'unité nationale. Ce fut le cas quand la Révolution instaura, au-dedans la liberté et l'égalité, au dehors l'intervention, parce que la démocratie, la concurrence et le prosélytisme répondaient au caractère politique, économique et social de la période qui commençait. C'est certainement le cas aujourd'hui, parce que l'ère où nous nous trouvons, et que marquent l'accélération du progrès scientifique et technique, le besoin de promotion sociale, l'apparition d'une foule d'États nouveaux, la rivalité idéologique des empires, nous impose au dedans de nous-mêmes et dans nos rapports avec les autres une immense rénovation. La question est de l'accomplir sans que la France cesse d'être la France.

Je le dis une fois de plus, cette transformation implique d'inévitables remous. En secouant le navire, ceux-ci peuvent donner le mal de mer à des cœurs mal accrochés. Mais dès lors que la barre est fermement tenue, que l'équipage assure la manœuvre, que les passagers restent confiants et à leur place, il n'y a pas risque de naufrage. En fait, et en dépit de tout, nous voguons à pleines voiles vers les buts que nous nous sommes fixés, en ce qui concerne tant notre développement intérieur que notre action à l'extérieur et le règlement de l'affaire d'Algérie.

Qui peut contester de bonne foi que notre pays, à moins de s'étioler très vite, puisse, dans le monde d'à présent, se dispenser d'être une grande puissance, industrielle, agricole, commerciale, au progrès social constant,

---

agitateurs: il s'agit de l'O.A.S. (Organisation de l'Armée Secrète), responsable de nombreux attentats criminels en France et en Algérie.

dont la population s'accroisse, qui instruise sa nombreuse jeunesse en vue d'une activité sans cesse plus vaste et plus complexe, et qui dispose au surplus d'une monnaie stable et de finances équilibrées? Certes, tandis que la France repétrit sa structure, on voit tels ou tels intérêts particuliers dresser devant l'intérêt général des objections et manifestations plus ou moins vives et plus ou moins valables. Mais si l'on met en comparaison ce qui a été réalisé depuis quatre ans, avec le fait que jamais notre vie politique et sociale ne fut en réalité plus calme que pendant cette période, on est fixé quant à la solidité raisonnée du pays dans ses profondeurs.

Personne au monde excepté quelques partisans aveugles, ne méconnaît en effet le puissant développement de la France. Chacun de nous en est saisi quand il parcourt le pays, fût-ce en regardant les images. Jamais il n'a été en France produit, construit, instruit autant. Jamais le niveau de vie moyen des Français n'a atteint celui d'aujourd'hui. Jamais nulle part on n'a compté moins de chômeurs que nous n'en avons. Jamais notre monnaie et notre crédit ne furent plus forts qu'ils ne le sont, au point qu'au lieu d'emprunter nous prêtons maintenant aux plus riches. Et voici qu'entre en application le grand plan qui en quatre ans doit accroître d'un quart notre puissance et notre prospérité. Assurément cet ensemble comporte encore beaucoup de lacunes et de défauts. Nous ne sommes pas au bout de nos peines. Nous savons quel monde nous entoure et comment les événements extérieurs peuvent influer sur nos affaires. Mais pourquoi, dans le temps même où apparaît notre réussite, irions-nous nous décourager, imitant ce pêcheur qu'évoque Shakespeare, et qui, ayant trouvé une perle et effrayé de la voir si belle, la rejetait à la mer?

Questions

1. Pourquoi la route n'est-elle pas facile?
2. Que veut montrer de Gaulle?
3. Que doit faire la France pour ne pas mourir?
4. Que se passa-t-il au XVIIIe siècle?
5. Comment de Gaulle caractérise-t-il l'ère où nous nous trouvons?
6. Quels sont les principaux signes de la vitalité française?
7. Quels sont les buts du plan de quatre ans?
8. Pourquoi le pêcheur a-t-il rejeté la perle à la mer?
9. Dans le troisième paragraphe, expliquez ce que représentent *les inévitables remous, les cœurs mal accrochés, la barre, l'équipage, les passagers, le risque de naufrage.*
10. Faites un plan détaillé de cette allocution.

Dialogue N° 30

Le maire de Moyenneville, ses deux adjoints et les conseillers municipaux sont réunis dans la salle de délibérations de l'Hôtel de Ville.

Le Maire: — Messieurs, la séance est ouverte. A l'ordre du jour figurent plusieurs questions importantes. La première concerne notre nouvelle canalisation d'eau. Vous savez que les crédits pour la dernière tranche

des travaux n'avaient pas été alloués. Je suis donc allé à Paris et après maintes luttes épiques, on m'a finalement donné le feu vert. Nous aurons donc bientôt l'eau courante dans tous les foyers.
Premier adjoint: — Vous ne l'avez pas fait tout seul, Monsieur le Maire. Si vous saviez combien de fois j'ai écrit, télégraphié et téléphoné à mes amis du parti!...
Deuxième adjoint: — Et moi donc! Encore ce matin j'ai reçu un télégramme des mes amis m'informant du succès de leurs démarches au ministère.
Le Maire: — Je vous remercie de vos efforts, Messieurs. Partagez-vous donc la palme qui vous revient. Ces autres messieurs ont-ils des observations à présenter?
Premier conseiller: — Je crois exprimer le sentiment de la quasi-majorité du Conseil en vous remerciant de votre succès. Cela dit, je voudrais vous faire part des doléances de nombreux particuliers concernant les travaux en cours. Les trottoirs sont dans un état épouvantable. Voilà des semaines qu'on patauge dans la boue et on n'a rien fait.
Deuxième conseiller: — Et pourquoi avoir éventré la rue Sainte-Croix en même temps que l'Avenue de la République? C'est insensé. Cela cause des embouteillages à n'en plus finir.
Troisième conseiller: — Et puis, fallait-il absolument creuser des tranchées si larges? C'est du pur gaspillage!
Quatrième conseiller: — Moi, je vous dis que nous avons eu tort de confier les travaux à une firme de Paris. Ils sont forts en gueule mais quant à faire du boulot propre et soigné, vous pouvez toujours courir!
Le Maire: — Je prends note de vos observations. Si vous le voulez bien, l'ingénieur de la Ville nous fera un rapport sur la question à notre prochaine réunion. Comme notre ordre du jour est chargé, je propose que nous passions à la question suivante. D'accord?

Exercices

Répondez sur le modèle indiqué.

I. Notre jeunesse est nombreuse.
   Réponse: Jamais notre jeunesse n'a été plus nombreuse.
   1. Notre activité est vaste.
   2. Nos finances sont équilibrées.
   3. Notre vie politique est calme.
   4. Notre solidité est profonde.
   5. Notre développement est puissant.
   6. Notre niveau de vie est haut.
   7. La France est riche.
   8. La France est prospère.
   9. Nos réalisations sont grandes.
   10. Notre progrès est accéléré.

II. On construit beaucoup. *Réponse:* Jamais on n'a **construit** autant.

    1. On bâtit beaucoup.
    2. On produit beaucoup.
    3. On fabrique beaucoup.
    4. On instruit beaucoup.
    5. On travaille beaucoup.
    6. On voyage beaucoup.
    7. On gagne beaucoup.
    8. On dépense beaucoup.
    9. On modernise beaucoup.
    10. On transforme beaucoup.

III. Vous n'avez pas écrit?
Réponse: Si vous saviez combien de fois j'ai écrit!

    1. Vous n'avez pas télégraphié?
    2. Vous n'avez pas téléphoné?
    3. Vous n'avez pas réclamé?
    4. Vous n'avez pas protesté?
    5. Vous n'avez pas expliqué?
    6. Vous n'avez pas remercié?
    7. Vous n'avez pas discuté?
    8. Vous n'avez pas répondu?
    9. Vous n'avez pas gagné?
    10. Vous n'avez pas changé?

IV. Beaucoup de gens donnent leur voix à ce parti.
Réponse: La lui donnent-ils vraiment?

    1. Ils refusent leur voix à ce parti.
    2. Ils envoient leur contribution à ce parti.
    3. Ils accordent leur aide à ce parti.
    4. Ils font la guerre à ce parti.
    5. Ils déclarent la guerre à ce parti.
    6. Ils donnent leur fortune à ce parti.
    7. Ils promettent leur voix à ce parti.
    8. Ils annoncent leur résolution à ce parti.

V. Beaucoup de gens donnent de l'argent au parti.
Réponse: Lui en donnent-ils vraiment?

    1. Ils écrivent des lettres de menaces à ce député.
    2. Ils envoient des chèques au parti.
    3. Ils font des reproches au parti.
    4. Ils adressent des reproches au parti.
    5. Ils disent des injures au candidat.
    6. Ils demandent des places au député.
    7. Ils réclament des places au député.
    8. Ils racontent des histoires au député.

VI. Je vous donne ma voix. *Réponse:* Me la donnez-vous vraiment?

    1. Je vous refuse ma voix.
    2. Je vous apporte ma contribution.
    3. Je vous accorde mon aide.
    4. Je vous promets mon aide.
    5. Je vous fais cette proposition.
    6. Je vous propose cette affaire.
    7. Je vous dis la vérité.
    8. Je vous envoie ma fortune.

La Vie politique 249

VII. Je vous donne de l'argent.   *Réponse:* M'en donnez-vous vraiment?
    1. Je vous envoie de l'argent.
    2. Je vous apporte de l'argent.
    3. Je vous laisse de l'argent.
    4. Je vous offre de l'argent.
    5. Je vous promets de l'argent.
    6. Je vous dois de l'argent.
    7. Je vous fais des concessions.
    8. Je vous parle du programme.

VIII. Si Moscou peut affirmer cela, le Parti communiste retrouvera ses voix.
Réponse: Dès que Moscou pourra affirmer cela, le Parti communiste retrouvera ses voix.
    1. Si la motion de censure est votée, le Gouvernement devra démissionner.
    2. S'il y a des élections, on élira une nouvelle Assemblée.
    3. Si l'Assemblée le veut, il y aura des élections.
    4. Si on le peut, on fera connaître les résultats.
    5. Si les ouvriers ont ce qu'ils veulent, le Parti perdra ses voix.
    6. Si le journal se vend à 500 000 exemplaires, les communistes se croiront tout permis.

IX. Nous nous sommes fixé des buts.
Réponse: Ce sont les buts que nous nous sommes fixés.
    1. Nous nous sommes dit des paroles blessantes.
    2. Nous nous sommes raconté des histoires extravagantes.
    3. Nous nous sommes envoyé des lettres.
    4. Nous nous sommes adressé des reproches.
    5. Nous nous sommes coupé les cheveux.
    6. Nous nous sommes fait des cadeaux.
    7. Nous nous sommes écrit des lettres.
    8. Nous nous sommes acheté des livres.
    9. Nous nous sommes montré des photos.
    10. Nous nous sommes offert des cadeaux.

Vocabulaire

Ce vocabulaire ne contient pas les mots dont la forme et le sens sont identiques ou apparentés aux mots anglais, ni les 1 300 mots du *Français fondamental* (Premier Degré).

A

abaissement *m.* abasement
abbé *m.* priest
abîme *m.* abyss
aborder to walk up to, accost
aboutissement *m.* outcome
aboyer to bark
abrégé *m.* summary
abri *m.* shelter
abriter to shelter
abruti stupid
accabler to overwhelm, crush
accéder to reach
accentué marked
accès *m.* access; fit
accommoder to dress
accord *m.* agreement; **d'un commun —** by mutual agreement
accorder to grant
accoucher to be delivered
accouchement *m.* delivery
accouder (s') to lean on one's elbows
accourir to rush up
accoutrer to rig out
accrocher to hook on; **cœur mal accroché** faint-hearted
accroître to increase, enlarge
accueillir to welcome, receive
accueillant friendly
accuser to accuse; to reveal
achat *m.* purchase
achever to complete
acquérir to acquire
acquitter (s') to discharge, perform
adjoindre (s') to engage
adjoint *m.* deputy
adjudant *m.* sergeant-major
adonner (s') to take to
advenir to happen
affaire *f.* business, deal, bargain; case; fuss; **se tirer d'—** to get out of a difficulty
affectif emotional
afficher to stick, post; to parade, display
affluence *f.* crowd
affluer to flock
affoler (s') to panic
affranchir (s') to free oneself
agacer to annoy, irritate
agglomération *f.* urban district
agir to act; **il s'agit de mes parents** it is about my parents
agissant active
agneau *m.* lamb
agrandir to enlarge
ahurissement *m.* bewilderment
aigre-doux bittersweet
aiguiser to whet

ail *m.* garlic
ailleurs elsewhere; **d'—** besides; **par —** on the other hand
aimant *m.* magnet
aîné older, elder; oldest, eldest
aise *f.* ease
aisément easily
ajuster to arrange
ajusteur *m.* fitter
alentour around
aliment *m.* food
allégresse *f.* mirth
aller to go; **cela va de soi** it goes without saying; **il y va de ma carrière** my career is at stake
allouer to allocate
allure *f.* air, look
ambiance *f.* atmosphere
ambitionner to long for
âme *f.* soul
amende *f.* fine
amèrement bitterly
amertume *f.* bitterness
ameublement *m.* furniture; **dans l'—** in the furniture manufacturing business
amour-propre *m.* self-respect, dignity
amoureux *m.* lover
ampleur *f.* amplitude
âne *m.* ass
angoisse *f.* anguish, anxiety
annonce *f.* advertisement
antan (d') of old
apanage *m.* privilege
apercevoir to see; **s'—** to realize
apogée *m.* zenith, height
apôtre *m.* apostle
apparaître to appear
appartenance *f.* belonging
appartenir to belong
appât *m.* bait
apport *m.* thing brought in
apprenti *m.* apprentice
appuyer to push; **s'—** to lean on, rest on
âpre bitter
araignée *f.* spider
arbitre *m.* arbiter, referee
ardoise *f.* slate
arranger (s') to straighten out
arriéré backward
arrondissement *m.* borough (subdivision of a *département*)
arroser to wet, wash down; to celebrate
artère *f.* artery
artifice *m.* artifice; **feu d'—** fireworks
ascenseur *m.* elevator
aspirateur *m.* vacuum cleaner
aspirer to yearn
assaisonnement *m.* seasoning

Vocabulaire

assiette f. plate; **— au beurre** soft job, "gravy train"
assister to attend; to assist
assouplissement m. making supple; **exercices d'—** calisthenics
assourdi muted
assurance f. insurance
assureur m. insurer
astre m. star
astreignant exacting
astreindre (s') to force oneself
atelier m. workshop
âtre m. hearth
atteindre to attain, reach
atteler (s') to tackle
attendre (s') to expect
attendrir to touch, mollify; **s'—** to soften
attente f. wait; **salle d'—** waiting room
atterrir to land
attester to prove
attirer to attract; **s'—** to win
attrayant attractive
attrister to sadden
atout m. asset
aube f. dawn; **à l'— naissante** at crack of dawn
aucun any; **d'—s** some people
au-delà beyond
audience f. sitting, session
auditeur m. listener; **— au Conseil d'État** probationary member of the Council of State
auditoire m. audience
auparavant before
aurore f. dawn
aussitôt immediately; **— que** as soon as
autant as much; **d'— plus .. que** the more ... as
autrui others
avaler to swallow
avancer to advance; to help
avantageux flattering
avenir m. future
averti experienced
avertir to warn
aveu m. confession
aveuglant blinding
avis m. notice; **être d'—** to think, feel
aviser to see
avocat m. lawyer
avouer to admit
axer to direct

B

bachot m. baccalaureate
badaud m. stroller, looker-on
bagarre f. fight
bagatelle f. trifle
bail m. lease
bailli m. bailiff
baiser to kiss
bal m. dance
balade f. ride
balancer to chuck; **se —** to rock
balle f. franc
bandé strung, tense
banlieue f. suburb
banlieusard m. suburbanite
banquette f. bench
baraque f. shed

barrage m. road block
barre f. tiller
bataille f. battle
batifoler to frolic
bâtiment m. building
bâtir to build
bâton m. stick; **à —s rompus** in a rambling way
bavardage m. gossip
beau beautiful; **j'ai — essayer** try as I may; **ils rient de plus belle** they laugh louder than ever; **l'École des Beaux-Arts** the School of Fine Arts
bêlement m. bleating
belote f. belote (card game)
bénédicité m. grace
berceau m. cradle
berge f. bank
berger m. shepherd
bergerie f. fold
besogner to work
bête stupid, foolish
betterave f. beet
betteravier m. beet grower
beurre m. butter; **faire son —** to feather one's nest
bibliothèque f. library
biftèque m. steak
bijou m. jewel
billard m. billiards
blague f. joke
blason m. coat of arms
bloc-cuisine m. built-in kitchen
blouson m. jacket
bobineur m. winder
Boche Hun, German
boisson f. drink
boîte f. box; plant, school, office, etc.; **— de nuit** night club
bolide m. racer
bondé crowded
boniment m. chatter, spiel
bonne f. maid
bonnement simply
bonté f. goodness; **— divine!** good gracious!
bordé lined
bosse f. bump
botte f. bunch
bouc-émissaire m. scapegoat
bouché blocked
boue f. mud
boueur m. trash collector
bouffer to eat
bouffeur m. eater
bouilleur de cru m. private distiller
bouleversement m. upheaval
bouleverser to upset
boulon m. bolt
boulot m. work
bourdon m. humming
bourdonner to tingle; to hum
bourg m. market town
bourrer to fill
bourse m. purse; scholarship; **la Bourse** the Stock Exchange
bousculer to jostle; to hurry, bustle
bout m. end; piece; **au — du compte** after all
boute-en-train m. lively companion, the life of a party

braconnage *m.* poaching
brailler to howl, bawl
brasserie *f.* bar
bravoure *f.* bravery
bref in short
bretelles *f. pl.* suspenders
brevet *m.* certificate
bricolage *m.* tinkering
bride *f.* bridle; **laisser la — sur le cou** to let loose
brièveté *f.* brevity
brigand *m.* bandit
briguer to seek, canvass for
brin *m.* bit; **un — de causette** chat
brosse *f.* brush; **coupé en —** crew cut
brouhaha *m.* confused noise
brouille *f.* quarrel, tiff
brouillé on bad terms
brûler to burn; to drive (through a red light)
brut raw
bûche de Noël *f.* Yule log
buis *m.* boxwood
but *m.* aim
butte *f.* hillock

C

cachette *f.* cache, hiding place; **en —** secretly
cachot *m.* prison
cadre *m.* setting, surroundings; frame; staff
cagibi *m.* closet
cahier *m.* notebook
caisse *f.* box; **— d'épargne** savings bank
califourchon (à) astride
câlin caressing, loving
calligraphier to write beautifully
camelote *f.* trash
camionnette *f.* pick-up truck
camomille *f.* camomile
campagnard *m.* countryman
cancan *m.* gossip
cancre *m.* dunce
cantine *f.* refectory
cantonade *f.* wings; **parler à la —** to speak to oneself
carême *m.* Lent
carnet *m.* notebook; **— de notes** report card
carreau *m.* window pane
carrefour *m.* crossroad
carrément point-blank
casanier stay-at-home, home-loving
caserne *f.* barracks
casquette *f.* cap
casse *f.* damage
cataplasme *m.* poultice
cauchemar *m.* nightmare
causerie *f.* talk
célèbre famous
célibataire *m.* bachelor
censé supposed
centrale *f.* power plant
cependant however
cerveau *m.* brain
cervelle *f.* brain
chair *f.* flesh; **— de poule** goose flesh
champignon *m.* mushroom

chansonnier *m.* artist who sings his own songs, mostly satirical and based on current events
chantage *m.* blackmail
char *m.* float
charcuterie *f.* sausage, ham, pie, etc.
charge *f.* charge; **prendre à sa —** to be responsible for
charger (se) to take care
charrette *f.* cart
charrue *f.* plough
charte *f.* charter
chauffage *m.* heating
chauffer to heat
châtier to chastise
chef *m.* head; **— d'œuvre** masterpiece; **chef-lieu** chief town
cheminot *m.* railroad employee
chêne *m.* oak
chère *f.* food
chèrement dearly
chevaleresque chivalrous
chevalière *f.* signet ring
chevet *m.* bedside
chevrotant quavering
chic kind, nice
chiffre *m.* figure; **— d'affaires** turnover
chiper to pilfer
chirurgien *m.* surgeon
chœur *m.* choir; **en —** together
choix *m.* choice
chômage *m.* unemployment
chômer to stand idle
chou *m.* cabbage; dear
chronométreur *m.* timer
chuchotement *m.* whisper
chute *f.* fall, spill; **point de —** settling place; point of impact
cible *f.* aim, target
cicatrice *f.* scar
cigale *f.* cicada
cigogne *f.* stork
ciguë *f.* hemlock
ci-joint enclosed
circonscription *f.* district
cirer to polish
citadin *m.* city dweller
citer to quote; to mention
citoyen *m.* citizen
citronnade *f.* lemonade
citrouille *f.* pumpkin
clair-obscur *m.* chiaroscuro, light and shadow
clairon *m.* bugle
claironner to trumpet
clapier *m.* hutch
claquement *m.* slam
claquer to slam
clé, clef *f.* key; **— anglaise** wrench; **prendre la — des champs** to go for an outing
cligner to wink
clochard *m.* bum
cloche *f.* bell
clocher *m.* steeple
clôture *f.* fence
coiffer to do (hair)
coiffeur *m.* barber, hairdresser
coincer to wedge
col *m.* collar; mountain pass
coléreux angry

Vocabulaire

colis *m.* package
collant sticky
colle *f.* detention
coller to stick; to keep in
colline *f.* hill
colon *m.* settler
colonie *f.* colony; **— de vacances** summer camp
colporté spread
combler to fill
commérage *m.* gossip
commis *m.* clerk; **grand —** high government official
commissariat *m.* police headquarters
commission *f.* committee
commode convenient
compagnon *m.* companion; workman
compassé formal
compenser to compensate
complaisamment obligingly
comporter (se) to behave
composition *f.* test paper; **— trimestrielle** term exam
comprimé *m.* tabloid, pill; **en —s** packaged
compromettant indiscreet, imprudent
comptabilité *f.* bookkeeping
comptant cash
compte *m.* account, bookkeeping; **au meilleur —** the easiest way; **à son —** on one's own; **tenir — de** to take into account
compter to count, number; to expect
compulser to study
comte *m.* count, earl
concevoir to conceive
concierge *m., f.* janitor
concitoyen *m.* fellow countryman
conclure to conclude
concours *m.* contest
concurrence *f.* competition
concurrencer to compete
condamner to sentence; to give up
conduite *f.* conduct; **— d'eau** water pipe; laying of water pipes
confectionner to make
conférence *f.* lecture
confiance *f.* faith, confidence, trust
confier to trust, confide; to entrust
confrère *m.* colleague
congé *m.* vacation
congelé frozen
conjurer to beg, plead
consacrer to devote
conseil *m.* advice; **— de révision** draft board; **— municipal** town council
conseiller to advise
conseiller *m.* advisor; **— municipal** town councilor
conséquent important
consommateur *m.* consumer, patron
consterner to appal
conte *m.* tale
contester to dispute
contraignant coercive
contraindre to force
contrarier to vex, annoy
contravention *f.* fine, ticket
contre against; **par —** on the other hand
contre-cœur (à) reluctantly
contre-coup *m.* consequence, repercussion
contremaître *m.* foreman
contrepoids *m.* counterbalance
contrôler to supervise; to check
contrôleur *m.* conductor; inspector
convaincre to convince
convenable decent, proper
convenance *f.* convenience; **—s** rules of decorum
convenir to admit
convier to invite
copain *m.* pal, buddy
coquelicot *m.* poppy
coquetterie *f.* pride; **—s** flirtatious advances
coquin *m.* rascal, knave
cordon-bleu *m.* fine chef, first-class cook
costaud sturdy
couche *f.* diaper; layer
coude *m.* elbow
couloir *m.* passage, corridor
coup *m.* blow; attempt, act; **du —** thereupon; **tenir le —** to resist; **— de foudre** love at first sight; **— de fil** telephone call; **— d'œil** glance; **— de main** helping hand
coupable guilty
coupure *f.* clipping
courant common; **eau —e** running water; **être au —** to know about
courbe *f.* curve
courbette *f.* bow
courir to run; **vous pouvez toujours —** it's a losing battle
couronne *f.* crown; wreath
courrier *m.* mail; **courrier du cœur** lovelorn column
courriériste *m., f.* columnist
cours *m.* course; **— d'eau** stream
course *f.* race; errand; fare
courtiser to court
coutume *f.* custom
couture *f.* sewing; **modéliste de haute —** fashion designer
couvert *m.* place setting
craindre to fear
crainte *f.* fear
cramponné clinging
crasse *f.* dirt, filth
crécelle *f.* rattle
créer to create
crêpe *f.* pancake
crépuscule *m.* twilight
crête *f.* crest
creuser to dig
creuset *m.* melting pot
crevé exhausted
croisement *m.* intersection
croiser to fold
croissance *f.* growth
croissant growing
croquer to crunch
croqueur *m.* eater
croupe *f.* hindquarters; **en —** behind
croûte *f.* crust; **casser la —** to have a snack
croyance *f.* belief
cru *m.* vintage
cueillir to pick
cuire to cook
cuite *f.* drunken bout
curé *m.* vicar

D

davantage more
débarrasser (se) to get rid
débattre (se) to struggle
débrouillard smart
débrouiller (se) to manage, get out of a difficulty
débuter to start
déceler to reveal; to discover
décevoir to disappoint
déchaîner to unleash
décharge *f.* relief, exoneration
déchirant heart-rending
déchu fallen
déclencher to trigger
déclinaison *f.* declension
décongestionner to relieve congestion
décoration *f.* medal
décorner to dehorn (cattle, etc.)
découvrir to uncover; to discover
décret *m.* decree
décroissance *f.* decrease
déçu disappointed
dédain *m.* disdain
défait worn, undone
défaite *f.* defeat
défaut *m.* fault
déferler to deploy, unfurl
défiance *f.* distrust
défilé *m.* parade
défunt deceased
dégager to clear
dégeler to thaw
dégourdi smart
dégoût *m.* disgust
délaisser to leave; to give up
délester to rob
délices *f. pl.* delights
délivrer to free
démarche *f.* step
déménagement *m.* removal, moving (of furniture, etc.)
démesuré out of proportion
demeure *f.* dwelling
demeurer to remain
demi half; **comprendre à demi-mot** to understand before the words are out of the mouth
demi *m.* glass of beer
démissionner to resign
démolir to smash
dénicher to hunt up
dénigrer to defame, blacken
dénombrer to count
dénoncer to denounce
dépasser to go beyond, pass
dépayser to confuse, bewilder
dépens *m. pl.* expense
dépensier extravagant
dépit *m.* spite, resentment
déplaisant unpleasant
déployé unfurled; **à gorge —e** uproariously
déployer to display
déposer to lay down
dépouille *f.* mortal remains
déracinement *m.* uprooting
déraciner to uproot
dérobé secret
dérober (se) to slip, escape

dès as soon as; **— lors** consequently; since; from there onward
désagréger (se) to break up
désespoir *m.* despair
désinvolte casual
destin *m.* fate
désuet old-fashioned
détenir to hold
détourner to turn away
détriment *m.* disadvantage
détruire to destroy
devanture *f.* store window
deviner to guess
devise *f.* motto
dévoué devoted
dévouement *m.* devotion, devotedness, sacrifice
diable *m.* devil
diction *f.* elocution
dicton *m.* saying
différend *m.* quarrel
diffuser to broadcast
digne worthy
diminuer to diminish, decrease
dinde *f.* turkey
dirigisme *m.* state control (of economy)
discourir to discourse
discuter to discuss; **— le coup** to hold a bull session
disparaître to disappear
disposé ready
dissertation *f.* essay, composition
dissimuler to conceal
dissiper (se) to be restless
dissoudre to dissolve
distraitement absentmindedly
dive divine; **la — bouteille** the Bottle
dodu plump
doléance *f.* complaint
dommage *m.* damage; **—!** what a pity!
dompter to tame
don *m.* gift
donjon *m.* keep
donné given; **étant —** as, because
dorénavant henceforth
dorloter to fondle
dossier *m.* file
douanier *m.* customs officer
doucettement peacefully
doué gifted
doute *m.* doubt
dresser to raise; to train; to put up; **— un procès-verbal** to give a ticket; **faire — les cheveux** to make one's hair stand on end; **se —** to rise
dur hard; **élever à la dure** to give a hard bringing-up

E

ébranler to shake
échapper to escape; to slip; **l'— belle** to have a narrow escape
échec *m.* failure
échelle *f.* scale; ladder; **— des valeurs** standard
échouer to fail
éclat *m.* brightness; sound; **— de rire** laughter
éclatant striking
éclater to burst
éclosion *f.* birth

Vocabulaire

écœurant   sickening
économe   thrifty
économie *f.*   saving; **faire des —s de bouts de chandelle**   to be skimpy
écran *m.*   screen
efforcer (s')   to try
effrayant   frightening
égard *m.*   respect; **à l'—**   towards
égarement *m.*   aberration, wildness
élire   to elect
éloigner (s')   to move away
élu   elected
emballer   to fire with enthusiasm
embarras *m.*   hindrance; **— gastrique**   touch of indigestion; **faire des —**   to make a fuss
embarrasser (s')   to burden oneself
embaucher   to hire
embaumé   embalmed
embêtement *m.*   trouble
embouchure *f.*   mouth
embourgeoisement *m.*   rising to the level of the bourgeois class
embouteillage *m.*   bottleneck
émeraude *f.*   emerald
émerveillement *m.*   wonder
émoi *m.*   emotion, flutter
émousser   to blunt
émouvoir   to move
empêcher   to prevent; **je ne peux m'— de**   I can't help; **n'empêche que**   all the same
empiffrer (s')   to stuff
emporter (s')   to get angry
empresser (s')   to hurry
encadrement *m.*   directing
encaustique *m.*   floor wax
enclin   apt
encombré   jammed
encourir   to incur
endosser   to put on
enfoncé   deep-set
enfuir (s')   to flee
engendré   engendered
engrais *m.*   fertilizer
engueuler   to berate, "bawl out"
ennui *m.*   boredom; worry
ennuyer (s')   to be bored
enorgueillir (s')   to pride oneself
enquête *f.*   study, poll
enrégimentation *f.*   regimentation
enregistrer   to register
ensanglanter   to drench in blood
enseignement *m.*   education, teaching
enseigner   to teach
entamer   to start
entasser   to pile
entendre   to hear; to mean
enterrer   to bury
entêtement *m.*   stubbornness
entier   entire
entourage *m.*   circle
entracte *m.*   intermission
entraide *f.*   mutual assistance
entrain *m.*   animation, life
entraîner   to cause, entail
entrée *f.*   entry; entrée
entremêlé   mingled, mixed
entreprendre   to undertake
entreprise *f.*   establishment
entretenir   to keep; **s'—**   to converse

entrevoir   to catch a glimpse
envahisseur *m.*   invader
envergure *f.*   scope
envie *f.*   envy; **avoir —**   to desire
environ   about
épargne *f.*   saving; **caisse d'—**   savings bank
épi *m.*   ear
épier   to spy
épinard *m.*   spinach
éponger (s')   to mop
épouvantable   frightful
épreuve *f.*   test
éprouver   to feel; **s'—**   to put to the test
épuisant   exhausting
équilibre *m.*   balance
équilibrer   to balance
équipage *m.*   crew
équipe *f.*   team, crew, gang
équivaloir   to be equal, tantamount to
équivoque   shady, questionable
esclave *m., f.*   slave
espacer   to space
Espagne *f.*   Spain
espagnol   Spanish
espérance *f.*   hope
estimer   to find, judge
estival   in, of, or for summer; **station —e**   summer resort
estropier   to murder
étage *m.*   floor
étalage *m.*   display
étalon *m.*   stallion
étape *f.*   stage; lap
étendre   to spread
éterniser (s')   to take forever
éternuer   to sneeze
étioler (s')   to wither, decline
étiquette *f.*   tag, label
étoffe *f.*   material
étonné   astonished; stunned (au sens du XVIIe siècle)
étouffer   to choke, stifle
étrangler (s')   to choke
étrenne *f.*   gift, present
étroitesse *f.*   narrowness
éveillé   alert
éveiller   to rouse
événement *m.*   event
éventaire *m.*   stand
éventrer   to break open
évertuer (s')   to exert oneself
évier *m.*   sink
éviter   to avoid
évoquer   to conjure up, call up
exercer   to exert
exigence *f.*   demand
exiger   to demand
exprimer   to express

F

fâché   sorry, angry
fâcher (se)   to get angry, quarrel
façon *f.*   way; **de toute —**   anyway
facteur *m.*   postman
fagot *m.*   bundle; **une bouteille de derrière les —s**   a cobwebby bottle of old wine
faiblard   a little bit weak
faillir   to come very near

Vocabulaire

fainéant lazy
faire to do; to make; **se laisser —** to yield, to offer no resistance; **on ne me la fait pas** you can't fool me; **s'en —** to worry; **ça fait trois semaines que** it has been three weeks since; **vous feriez mieux de** you had better; **— de son mieux** to do one's best; **se — vieux** to be getting old
faire-part m. announcement
fait m. fact; **—s et gestes** doings; **en — de** as far as ... is (are) concerned
falaise f. cliff
fané wilted
fanfaron m. braggart; **faire le —** to swagger
farce f. practical joke
farci stuffed
farouche wild, shy; fierce
faucher to mow
faute f. fault; mistake; **— de** for lack of
fauteuil m. armchair
fautif at fault
faux-jeton m. two-timer
favori favorite
fébrile feverish
fée f. fairy
féliciter to congratulate
femme f. woman; **— de ménage** cleaning woman
férié holiday
fessée f. spanking
feu m. fire; traffic light; **— d'artifice** fireworks
fête-Dieu Corpus Christi
fêter to celebrate
feuilleter to run through
feuilleté flaky
fève f. bean
fi fie; **faire — de** to look down upon, despise
ficher (se) (vulg.) not to care; **se — du tiers comme du quart** not to care a bit for anything
fichu done for
fidèle faithful
fier (se) to confide, trust
fier proud; snobbish
fierté f. pride
fil m. thread; cord, wire
finesse f. subtlety
fisc m. revenue service
flacon m. bottle
flambeau m. torch
flambée f. outburst
flânerie f. stroll
flâneur m. stroller
fléau m. scourge
flèche f. arrow, shaft
fléchette f. dart
fleuri flowery
flic m. policeman, cop
florissant flourishing
flot m. flow; **à —s** profusely, abundantly
foi f. faith; **ma —** well
foie m. liver; **pâté de — gras** goose liver paste
foire f. fair
fois f. time; **à la —** at the same time
foncer to dash
foncier basic

foncièrement basically
fonction f. function; **—s publiques** government positions
fonctionnaire m. civil servant, government employee, official
fonder to found, set up, establish
fondre to melt; **— en larmes** to burst into tears
forain m. stallkeeper, itinerant salesman
force f. force; **à — de** by dint of; **avec — gestes** with many gestures
forgeron m. blacksmith; **c'est en forgeant qu'on devient —** practice makes perfect
fort strong; stiff; **y aller —** to exaggerate; **se faire — de** to be confident
fort (adv.) very
fou insane; **plus on est de —s, plus on rit** the more the merrier
foudre f. lightning; **coup de —** love at first sight
foudroyer to crush, wither
fourche f. pitchfork
fourgon m. van; **— cellulaire** police wagon
fourmi f. ant
fournir to furnish
fourrer to put into
foyer m. home; hotbed
fraîcheur f. freshness
frais m. pl. costs, fees
franchir to cross
franquette: à la bonne — simple
frein m. brake; **ronger son —** to champ at one's bit
frénésie f. frenzy; **avec —** wildly, furiously
fresque f. fresco
fric m. dough
friction f. lotion
frissonner to shiver; to flutter
friture f. frying; fried fish
froid cold; **ne pas avoir — aux yeux** to be bold, to have pluck
front m. forehead
fugue f. escapade, spree
fumier m. manure
funeste disastrous
fusée f. rocket
fusil m. gun
futé sly

G

gabegie f. wasteful disorder
gâcher to waste, spoil
gaillard risqué, ribald
galanterie f. gallantry
galette f. flat cake
gamin m. kid
gant m. glove
garde champêtre m. rural constable
gare! look out!
gars m. boy
gaspillage m. waste
gaspiller to waste
gâter to spoil
gâteux doting
gaucherie f. clumsiness
gaulois Gaul; Gallic; spicy; **—es** brand of French cigarettes
gausser (se) to mock
geindre to whine

Vocabulaire 257

geler   to freeze
gémir   to groan, lament
gêné   embarrassed
gêner (se)   to put oneself out, refrain; **ne vous gênez pas**   make yourself at home
génie m.   genius; — **rural**   rural engineering department
genre m.   type; —**de vie**   way of life
gentil   nice
gérant m.   superintendent
gerbe f.   bunch
germer   to germinate
gifle f.   slap
gifler   to slap
gigogne (lits)   trundle beds
gigot m.   leg (of lamb)
gisement m.   deposit
gîte m.   lodging
glas m.   knell
glèbe f.   loam
glisser   to slip
gonfler   to inflate
gorge f.   throat
gorgé   filled
gorgée f.   sip
gosse m., f.   kid, brat
gouache f.   gouache (painting)
goujat m.   boor, cad
goulu   voracious
goûter   to taste
goutte f.   drop
grâce f.   charm, beauty; — **à**   thanks to; **faire — de**   to spare
gratte-ciel m.   skyscraper
gratter   to scratch
gré m.   will, pleasure; **de mauvais —**   reluctantly
grêle f.   hail
grève f.   strike
grenouille f.   frog
grief m.   complaint
gril m.   grill
griller   to burn, grill
grimper   to climb
grisonnant   greying
grogne f.   grumbling
grogner   to grumble
gronderie f.   scolding
gros   big; **risquer —**   to risk a lot; **en —**   wholesale
groseille f.   gooseberry
grossesse f.   pregnancy
grossier   vulgar
grossiste m.   wholesale dealer
grouillant   teeming
guère   not much, not many, hardly
guetter   to watch
gueule f.   (vulg.) mouth; **ferme ta —**   shut up; **être fort en —**   to be a bawler, a big mouth
gueuleton m.   feast
gui m.   mistletoe
guichet m.   counter
guise f.   manner; **à votre —**   as you like; **en — de**   by way of

H

habile   clever, able
haie f.   hedge; — **vive**   quickset hedge
haine f.   hatred
haleter   to pant
hameau m.   hamlet
hanter   to frequent
happer   to snatch; — **au passage**   to waylay
hardi   brave, bold
hareng m.   herring; **serrés comme des —s**   packed like sardines
hargne f.   ill temper
haricot m.   bean
harmonie f.   harmony; — **municipale**   town band
hâtif   hasty
hausser   to raise; — **les épaules**   to shrug one's shoulders
haut   high, upper; **gens de la —e**   upper-class people
hebdomadaire m.   weekly
héros m.   hero
hétéroclite   strange
heure f.   hour; **à la bonne —!**   now you are talking!
heurter   to hit
hideux   hideous
histoire f.   story; history; — **s**   fuss, scene
hocher   to wag
honnête   honest, respectable; genteel
honte f.   shame
honteux   shameful, ashamed
horaire m.   timetable
hors   outside
hospice m.   home, hospice
hôtel m.   hotel; — **particulier**   mansion
houblon m.   hop
houlette f.   crook
housse f.   slip cover
humer   to sniff
humeur f.   temper
hurler   to shout

I

Ibère   Iberian
immeuble m.   building
immobilier   real (estate)
impair m.   blunder
importer   to matter; **n'importe qui**   anybody; **n'— quoi**   anything, **n'— où**   anywhere; **peu — si**   no matter if
impôt m.   tax
imprimer   to print
impuissance f.   impotence
incartade f.   prank
incendie m.   fire
inconnu m.   stranger
inconnu   unknown, strange
incontestable   indisputable
incontesté   undisputed
incroyablement   incredibly
incroyant   unbelieving
inculper   to accuse
inculte   barren
indubitable   indisputable
infarctus du myocarde m.   heart attack
infime   very small, minute
infirmier m.   male nurse
infliger   to inflict
ingénier (s')   to strive
ingérence f.   interference

inouï unheard of, unprecedented, fantastic
inquiétant disturbing
inquiéter (s') to worry
insalubre unsanitary
inscrire to inscribe
instaurer to establish
instituteur m. elementary schoolteacher
intempestif inopportune, unseasonable
intendant m. steward, governor
interdire to forbid
internat m. boarding school; confinement
interpellateur m. questioner, heckler
intrus m. intruder
ivre drunk
ivrogne m. drunkard

J

jacasser to chatter
jacquerie f. peasant rebellion
jadis formerly
jardinage m. gardening
jardinière f. flower stand; — **de légumes** dish of mixed vegetables
joindre to join; — **les deux bouts** to make both ends meet
jongler to juggle
jouer to play; **se —** to do something with ease
jouir to enjoy
journellement every day, daily
joute f. contest

L

labeur m. toil, hard work
labourage m. ploughing
lâcher to give up; to drop; to blurt out
lacune f. gap
laïcité f. lay character (of education, etc.)
laideur f. ugliness
laïque secular, nonreligious
laminage m. rolling
lanterne f. lamp; **être la — rouge** to be at the bottom
lapin m. rabbit; dear
larcin m. larceny
lard m. bacon
larme f. tear
lassant wearisome
lasser (se) to tire
laurier m. laurel
lavabo m. wash basin
lavende f. lavender
lèche-vitrine m. window shopping
légué inherited
lèpre f. blight
levier m. lever; — **de commande** controls
libraire m. bookseller
libre free; private (school)
lien m. tie
lier to tie; — **connaissance** to get acquainted
lierre m. ivy
linge m. linen; **blanc comme un —** white as a sheet
litige m. dispute
livrer (se) to surrender, give oneself up

locataire m., f. tenant
loisir m. leisure
lopin m. plot (of land)
lot m. prize
louer to praise; **se —** to congratulate oneself
loup m. wolf
loyer m. rent
luire to shine
lutte f. struggle, fight
luxe m. luxury
luxure f. lust

M

mâcher to chew
maillon m. link
maint many a
maire m. mayor
maître m. master; title given to a lawyer
maîtrise f. master workmen
majeur major; **devenir —** to come of age
mal m. evil
malaise m. uneasiness, malaise
malgache of Madagascar
malgré in spite of
mamelle f. breast
manant m. boor
manche f. sleeve; **être en —s de chemise** to be in one's shirt sleeves
mandataire m. agent
manège m. merry-go-round; game
manœuvre m. workman
manœuvre f. working; **faire une fausse —** to make a mistake (in driving)
manque m. lack
maquillage m. make-up
marchander to haggle
marche f. step
marché m. market; **bon —** cheap
marcher to walk; to be fooled; **faire — quelqu'un** to pull someone's leg
marée f. tide
marge f. margin
marrant funny
marre (en avoir) to be fed up
marron m. chestnut
martinet m. whip
matière f. matter; **en — de** as far as ... is (are) concerned; — **première** raw material
maudire to damn
mazout m. oil (fuel)
méconnaître to ignore
mécontent displeased
méfiant distrustful
méfier (se) to distrust, beware of
mégot m. butt (cigarette)
mélange m. mixture
mêler to mix; **se — de** to interfere, meddle
ménage m. household; **femme de —** cleaning woman
ménagère f. housewife
mener to lead
mensonge m. lie
menteur m. liar
menton m. chin
mépris m. contempt
mépriser to despise

méridional *m.* Southerner
merveille *f.* marvel
mesquin mean
messe *f.* Mass
mesure *f.* measure; **à — que** as
métis *m.* half-breed
mets *m.* dish
metteur en scène *m.* stage director
mettre to put; **se — à** to start (doing something)
meurtri distressed
meute *f.* pack
mi half; **à mi-chemin** halfway
midinette *f.* dressmaker's or milliner's apprentice
miette *f.* crumb
mieux better; **faire de son —** to do one's best
mignon cute
mijoter to simmer; to cook up
minerai *m.* ore
minuscule minute
mise *f.* setting, starting
misogyne *m.* woman-hater
mitonner to simmer
mitoyen common
mobilier *m.* furniture
mobilier movable, personal (goods)
mode *m.* way
mode *f.* fashion
modéliste *m.*, *f.* designer
mœurs *f. pl.* habits, manners
moindre less(er); inferior
moine *m.* monk; **l'habit ne fait pas le —** the frock does not make the friar
moissonner to harvest
mollesse *f.* softness
moniteur *m.* coach, instructor
montant *m.* amount
montée *f.* rise
morceler to cut up
morcellement *m.* cutting up
mordre to bite
mordu *m.* fan
morigéner to scold
moue *f.* pout, face; **faire la —** to purse one's lips
moulin *m.* mill; **on entre chez eux comme dans un —** anyone can run in
moutarde *f.* mustard
mouvementé eventful
moyen *m.* means
moyen mean, average, middle
moyenâgeux medieval
muet mute
muflerie *f.* caddishness
muguet *m.* lily of the valley
muni equipped
municipalité *f.* town administration
musique *f.* music; band

N

naissance *f.* birth
naître to be born
nappe *f.* table cloth
narine *f.* nostril
narquois mocking
naseau *m.* nostril
natalité *f.* birth rate
natte *f.* plait, pigtail
naufrage *m.* shipwreck
néanmoins nevertheless
net clear
niaiserie *f.* stupidity
niveau *m.* level
noces *f. pl.* wedding
nœud *m.* knot
noir black; depressing
normand Norman; **faire une réponse de Normand** to give an evasive answer
notaire *m.* notary
notamment particularly
note *f.* bill; mark, grade
noter to grade
nourri nourished
nourriture *f.* food
noyer (se) to drown
nu naked, bare
nuancé subtle, qualified
nullement in no way
nuque *f.* nape of the neck

O

obtenir to obtain
occasion *f.* occasion; bargain; **à l'—** sometimes
œuvre *f.* work
ombre *f.* shadow, dark spot
onde *f.* wave
ordre *m.* order; **jusqu'à nouvel —** until further notice
oreille *f.* ear; **faire la sourde —** to turn a deaf ear
orgueilleux proud
orteil *m.* toe
oser to dare
ôter to take off, remove
ouais! Oh! Well!
oubliettes *f. pl.* dungeon
ours *m.* bear
outrance *f.* excessiveness; **à —** to the utmost
outre (en) furthermore
outremer overseas
ouvrage *m.* work; **—s d'art** public works (tunnel, bridge, etc.)

P

pagaïe *f.* muddle
paie *f.* salary
paisible peaceful
palme *f.* palm; credit
pancarte *f.* bill, poster
panne *f.* breakdown
pansement *m.* bandage
pantouflard *m.* stay-at-home
pantoufle *f.* slipper
papetier *m.* stationer
paquebot *m.* passenger steamer
Pâques *f. pl.* Easter
parade *f.* parade; **faire —** to display, show off
paraître to appear, seem
parcourir to travel
parent *m.* relation
paresse *f.* sloth, laziness

paresseux lazy
parmi among
parrain *m.* godfather
part *f.* part; **à — entière** enjoying full privileges; **de la —** from
particule *f.* the *de* before a name, e.g., de Gaulle
particulier *m.* a private person
partie *f.* part; **avoir — liée** to be hand in glove
parvenir to come to; to succeed
parvenu *m.* upstart
passablement fairly
passant *m.* passer-by
passer to pass; to humor; **se — de** to do without
patauger to tramp
pâte *f.* paste; **— feuilletée** puff-paste; **—s** noodles, spaghetti, etc.; **mettre la main à la —** to put one's shoulder to the wheel
patelin *m.* little village; hole
pâtisserie *f.* pastry; pastry shop
patron *m.* boss
patronner to sponsor
patte *f.* paw; **faire — blanche** to give the password
pâturage *m.* pasture
pavé *m.* pavement
pavillon *m.* little villa, one-family dwelling
paysage *m.* landscape
péché *m.* sin; **— mignon** besetting sin
peindre to paint
peine *f.* trouble, problem; **à —** hardly; **sous — de** under penalty of
peintre *m.* painter
péjoratif derogatory
pèlerin *m.* pilgrim
peloton *m.* bunch, main body
penchant *m.* inclination, tendency
pendant *m.* match, fellow; **faire —** to match
pente *f.* inclination
percepteur *m.* tax collector
percer to pierce, come through
percevoir to perceive; to collect
pesant heavy
peser to weigh
pétarader to pop
pétillant sparkling
petit-fils *m.* grandson
petitesse *f.* smallness
pétrolier *m.* oil engineer
phare *m.* lighthouse
piailler to shriek
pic *m.* woodpecker
pièce *f.* piece; room; coin
piège *m.* trap
piéton *m.* pedestrian
pimpant smart
pince *f.* nipper; **serrer la —** to give a shake of the fist
pinson *m.* chaffinch; **gai comme un —** gay as a lark
piqué stung; **— au vif** stung to the quick
pire worse, worst
pis worse; **tant —** too bad
pis-aller *m.* makeshift, last resource
piste *f.* trail
pitoyable pitiful

pittoresque picturesque
placard *m.* closet, cupboard
plage *f.* beach
plan *m.* level
plantureux copious
plaquer to hit
plastiquer to bomb
plat *m.* dish
plat flat; dull; **à —** run down; **mettre à —** to run down
platane *m.* plane tree
plâtre *m.* plaster
plein-air *m.* open air
plier (se) to yield
plisser to wrinkle
plomb *m.* lead
plongeur *m.* dishwasher
plupart (la) most
poigne *f.* grip; **à —** with a strong grip
poignet *m.* wrist
poil *m.* hair; **au —!** great!
point *m.* point; period; **mettre au —** adjust, set, perfect
pointe *f.* tip
poire *f.* pear; **garder une — pour la soif** to keep something for a rainy day
poireau *m.* leek
pomme de terre *f.* potato; **— frite** French fried potato
pompier *m.* fireman
portée *f.* reach; **à la —** within reach
portefeuille *m.* wallet
porte-parole *m.* spokesman
pose *f.* pose; **sans —** natural, unaffected
possédants *m. pl.* monied classes
posséder to possess
pot *m.* glass of beer
potable drinkable
potage *m.* soup
potasse *f.* potash
poteau *m.* post; **au —!** to the gallows!
poubelle *f.* garbage can
poulet *m.* chicken
poursuivre to pursue
pourtant however
pourvu que provided that
poussiéreux dusty
poussin *m.* chick
pratiquant *m.* churchgoer
précipitamment hurriedly
préfecture chief town (of a *département*)
préjugé *m.* prejudice
prélever to take from
prendre to take; **s'en prendre** to blame
presbytère *m.* rectory
pressentir to have an inkling
prêt *m.* loan
prétendre to mean, to assert
prêter to lend
prétoire *m.* floor
preuve *f.* proof, evidence
prévaloir to prevail
prévenir to warn, inform
prévenu accused
prévoir to provide
prévôt *m.* provost
primaire uneducated
prise *f.* capture
priver to deprive
procès *m.* lawsuit

procès-verbal *m.* police report
proche near
procureur *m.* prosecutor
prodiguer (se) to show each other
profondeur *f.* depth
proie *f.* prey
propice favorable
propos *m.* discourse
propriété *f.* estate, possession
proscrire to proscribe
provenir to stem from
pudique modest
puéril childish
puisque since
puissance *f.* power
puissant powerful
pupitre *m.* desk

Q

quant à as to, as far as . . . is (are) concerned
que that; **que . . . que** whether . . . or
quel what; **— que soit** whatever, whoever, whichever
quelconque any
queue *f.* tail; line; **finir en — de poisson** to fizzle out
quille *f.* ninepin
quoi what; **— qu'il arrive** whatever happens; **— qu'il en soit** anyway

R

rabaisser to lower
rabat *m.* bands
rabat-joie *m.* wet blanket
raccompagner to walk back
radin stingy
radis *m.* radish
raffinement *m.* refinement
rafistoler to fix, repair
rafraîchir to trim (hair)
raide straight
raie *f.* stripe
railleur mocking
raison *f.* right; **avoir — de** to overcome
raisonnement *m.* reasoning
ralentir to slow down
ramassage *m.* picking up
rame *f.* train (subway)
rameau *m.* branch; **dimanche des Rameaux** Palm Sunday
rang *m.* row; **se mettre en —s** to line up
rangement *m.* space (for stowing things)
rapport *m.* relation; report
rapporter to bring back; to yield; **se —** to refer
rapprochement *m.* bringing together
ras flat
rater to fail
rauque hoarse
ravauder to darn, mend
ravir to delight
ravissant beautiful
rayonnement *m.* radiation
réaction *f.* reaction; **à —** jet propelled
réalisation *f.* work; achievement
rebuter to repel
recette *f.* gains, profit; recipe
recevoir to receive; to entertain

réchauffer to heat; to reheat
récidiver to repeat a crime
récit *m.* tale, relation
réclamation *f.* complaint
réclamer to complain; to demand
réclusion *f.* imprisonment
récompenser to reward
reconnaître to recognize; **s'y —** to know where one is
recours *m.* help
récréation *f.* recess
recruter to recruit, hire
recueillir (se) to collect oneself
recul *m.* decline
reculons (à) backwards
rédaction *f.* composition
rédiger to draw up
redire to say again; **trouver à —** to criticize
redoubler to repeat (class)
réduire to reduce
réfléchir to think
réfugier (se) to take shelter
règle *f.* rule; **en —** in order, law-abiding
régler to settle; to regulate; to pay
régleur *m.* adjuster
régner to reign
rejoindre to join
réjouir to rejoice, delight
rehausser to enhance
rein *m.* kidney
relâche *f.* relaxation; **Relâche Closed** (theater); **sans —** uninterruptedly
relâchement *m.* relaxation, loosening
relier to join, connect
remettre to turn in; **s'en —** to leave it up
remonter to date back
remontoir *m.* person who keeps the conversation going
remontrer to remonstrate
remous *m.* eddy
remporter to carry back
remue-ménage *m.* commotion
renchérir to chime in
rencontre *f.* meeting
rencontrer to find; **se —** to meet
rendement *m.* productivity, efficiency
rendre to give back; **se —** to go
renier to disavow
renommé renowned
renseigner to inform
rentable lucrative
renverse *f.* reversal; **tomber à la —** to fall on one's back
renvoyer to send back home, dismiss
répandre to spread
répandu common
répartir (se) to distribute, divide
repassage *m.* ironing
répercuter (se) to have repercussions
repérer to spot
repétrir to reshape
repiquer to prick out
répondre to answer; to talk back
repousser to drive back
reprise *f.* restarting; **à plusieurs — s** repeatedly
repriser to darn
répugner to loathe
requérir to require
réseau *m.* network

résoudre to solve
ressentir to feel; **se —** to feel the effects
ressortir to stand out; **faire —** to bring out, stress
restaurateur m. restaurant owner
reste m. rest; **du —** besides
résumer to sum up
rétablir to re-establish, restore
rétabli restored; **être —** to be back on one's feet
retardataire m. latecomer
retentir to sound
retenue f. detention
retordre to twist again; **donner du fil à —** to give a lot of trouble
retraite f. retreat; pension; **— aux flambeaux** torchlight procession
rétribuer to remunerate
réunir to bring together
réussite f. success
revaloir to pay back
réveillon m. midnight supper (at Christmas and on New Year's Eve)
réveillonner to have a midnight supper
révélateur revealing
révéler to reveal
rêver to dream
revêtir to take on
revue f. march past, parade; **passer en —** to review, take up
rideau m. curtain
rigolade f. humbug
rigolo funny
riposter to retort
risquer to risk, venture
rive f. shore, bank
rivé riveted
robinetterie f. faucets
rôder to prowl, lurk
rogne f. bad temper
roi m. king
roman-feuilleton m. serial story
ronger to nibble; **se — les ongles** to bite one's nails
rosse beastly
rougir to blush
rouillé hoarse
roulé rolled; **bien — e** well-built (woman, girl)
roulement m. roll
rouler to roll; to drive
rouspéter to gripe
rouspéteur m. griper
routinier routine
roux red
royauté f. royalty
ruban m. ribbon
rubrique f. column
rude hard; heavy
ruelle f. back street, lane
rusé sly
ruser to use wily methods

S

sabot m. wooden shoe
sacré sacred; **—e veine** great luck
sacrer to crown
sadique sadistic
sage wise; good; reasonable
sagement obediently
saigner to bleed; **se — aux quatre veines** to bleed oneself white
saillant bulging
saillir to bulge
sain healthy; safe; **— et sauf** safe and sound
saisi struck
saisir to seize
salé salted
salut m. salvation
sang m. blood; **Bon —!** For Heaven's sake! **se faire du mauvais —** to worry
sanglant bloody
sans-gêne m. lack of consideration
saoul drunk
satané devilish
sauter to jump; **faire —** to fix (a ticket)
sauvage wild
sauver to save; **se —** to hurry off
savant m. scientist
savant learned
scinder to split
sclérose f. sclerosis; obsolescence
sclérosé obsolescent, antiquated
scrutin m. voting; **— uninominal** voting for a single candidate
séance f. sitting, session
sec dry; wiry
secouer to toss about
secours m. help
séculaire century-old
séduire to seduce
seigneur m. lord
sein m. breast; **au — de** within
selon according
semblable like
semblant m. appearance; **faire —** to pretend
semonce f. scolding
sens m. sense; **à mon —** in my opinion
sensible sensitive
série f. series; **production en —** mass production
seriner to drill into
sermonner to lecture
serpentin m. streamer
serrer to grip; **se —** to stand or sit closer; to snuggle; **se — la ceinture** to tighten one's belt
serré crowded
serrure f. lock
serviable helpful
service m. service; **— de table** dinner set
serviteur m. servant
sidéré astounded
sidérurgique iron
siècle m. century
siéger to sit
siffler to whistle, boo
signaler to point out
sillon m. furrow
sillonner to travel all over
simpliste oversimplified
simulacre m. semblance
singerie f. antic
société f. society; company
soi-disant so-called
soie f. silk
soigneusement carefully

Vocabulaire

soin *m.* care
soit . . . soit either . . . or
sommet *m.* summit
somnoler to doze
sondage *m.* poll
songer to think
sonnerie *f.* ringing
sonnette *f.* bell
sortant going out; **député —** deputy coming to the end of his term
sorte *f.* sort; **de la —** thus, this way; **de — que** so that
sot stupid
sottise *f.* foolish thing
sou *m.* five centimes, sou; **—s** money
souci *m.* worry, care
soucier (se) to worry
souder to solder
soudeur *m.* welder
souffrir to suffer
soufre *m.* sulphur
souhait *m.* wish; **à —** as one wishes
soulagement *m.* relief
soulager to relieve
souligner to stress
soumettre to submit
soupçon *m.* suspicion
soupçonner to suspect
soupirer to sigh
souple flexible
sourd deaf; **faire la —e oreille** to turn a deaf ear
sourdine *f.* mute; **mettre en —** to tone down, subdue
sournois deceitful, underhanded
sous-entendre to imply, understand
sous-préfecture *f.* chief town (of an *arrondissement*, i.e., the subdivision of a *département*)
soutenir to bear, stand; to support
souterrain *m.* underground passage
souvenir (se) to remember
spéléologue *m.* spelunker
spirituel spiritual; witty
stage *m.* training period
station *f.* station; **— de montagne** mountain resort; **— estivale** summer resort
subir to undergo
succès *m.* success; **livre à —** best seller
succursale *f.* branch
sucrerie *f.* sweets
suer to perspire, sweat
sueur *f.* sweat
suffire to suffice, be enough
suisse *m.* cream cheese
suite *f.* following; **sans —** without consequences
sujet *m.* subject; **au — de** about
superficie *f.* area
supplier to plead
supprimer to suppress, stop
sûreté *f.* safety, security
surgir to spring up
surplus *m.* excess; **au —** furthermore
surprendre to surprise
sursis *m.* deferment
surveiller to watch, supervise
survivance *f.* survival
susciter to cause, bring about
suzerain *m.* suzerain

syndicat *m.* union
syndiqué belonging to a union
synesthésie *f.* synesthesia

T

tableau *m.* board; painting
tablier *m.* apron; **rendre le —** to quit
tâche *f.* task
tacher to soil
taille *f.* size
tailler to cut; **se —** to clear out
tailleur *m.* suit
taloche *f.* slap
talon *m.* heel
tambour *m.* drum
tamponner to hit, collide with
tanner to tan
tant so much, so many; **— mieux!** all the better!; **en — que** as
tantôt soon; **— . . . —** now . . . now
taper to hit; **se —** to do, work
tapi lurking
tapis *m.* rug
taquin teasing
taquiner to tease
taudis *m.* slum
taureau *m.* bull
teint *m.* complexion
téléphérique *m.* cable car
témoigner to show evidence
témoin *m.* witness
tempête *f.* tempest
tendu tense, strained
ténèbres *f. pl.* darkness
tenir to hold; **— à** to be anxious to; **— de** to participate; **— lieu de** to stand in lieu of; **— compte de** to take into account; **se —** to be held; **un Tiens vaut mieux que deux Tu l'auras** a bird in the hand is better than two in the bush
tenter to tempt
tenue *f.* dress; behavior
terme *m.* term; end
terne dull
terrien land
tesson *m.* broken glass
têtu obstinate
tiède lukewarm
tigré striped
tiquer to show surprise, go up in the air
tir *m.* shooting; **stand de —** shooting gallery
tirelire *f.* "piggy bank"
tiré drawn (face)
tirer to get through; **s'en — à bon compte** to get off cheap
tisane *f.* concoction, tea
tituber to stagger, reel
toile *f.* web; painting
toilette *f.* dress
ton *m.* tone, color; **bon —** good form
tonton *m.* uncle
torchon *m.* cloth, dishcloth
tort *m.* harm; **avoir —** to be wrong; **à — et à travers** loosely, foolishly
touche-à-tout *m.* meddler
tour *m.* tour; trick
tour *f.* tower

tournée *f.* tour; round
tourneur *m.* turner
tout everything; du — au — completely
toute-puissance *f.* omnipotence
toutou *m.* doggy
trahir to betray
trahison *f.* treason
traîner to drag; to lie around
trait *m.* trait; — d'esprit witticism
traite *f.* draft; milking
traité *m.* treaty
traitement *m.* salary
traître *m.* traitor
trajet *m.* distance
tranche *f.* part, segment
transpirer to perspire
travail *m.* work; travaux manuels workshop
travers *m.* fault; de — wrong
tremper to drench
trêve *f.* truce
tri *m.* sorting; faire le — to sort
tricher to cheat
tricheur *m.* cheater
trimestre *m.* term
trinquer to touch glasses
trique *f.* cudgel; à la — with a whip
trombe *f.* waterspout; en — in a rush
trompeur misleading
tronc *m.* trunk; stock
troubler to disturb
trousseau *m.* outfit
trouvaille *f.* lucky find
trouver to find; se — bien de quelque chose to feel all the better for something
truc *m.* trick
truchement *m.* interpreter, spokesman
truffé stuffed
tutoyer to use *tu, toi,* etc.
tuyauterie *f.* piping
type *m.* type; fellow

U

urinoir *m.* urinal
usine *f.* plant; — marémotrice tidal power plant

V

vache nasty
vaillant valiant
vaincre to vanquish
vaisselle *f.* dishes
val *m.* valley
valable valuable; valid
valoir to be worth
vantard bragging
vanter to praise; se — to brag
vaquer to attend
vautrer (se) to sprawl
vedette *f.* star (of stage or screen); motor launch
veille *f.* eve
veiller to keep awake; to watch

veilleur *m.* watcher
veine *f.* luck; se saigner aux quatre —s to bleed oneself white
vélo *m.* bike
velours *m.* velvet
velouté velvety
venir to come; en — à bout to succeed
vente *f.* sale; — à tempérament instalment plan sale
verge *f.* rod
verger *m.* orchard
vérifier to check
vérité *f.* truth; dire ses quatre —s to give a piece of one's mind
vernissage *m.* varnishing; day before opening of exhibition of paintings
verser to pay
vertige *m.* dizziness
vêtu dressed
vétuste antiquated
veuf *m.* widower
veule spineless
vibrer to vibrate; — à l'unisson to thrill in unison
vieillard *m.* old man
vieillerie *f.* old thing
vif sharp; strong; alive; quickset (hedge)
vigne *f.* vine
vignoble *m.* vineyard
virgule *f.* comma
vis-à-vis toward
viser to aim
vison *m.* mink
visser to screw
vivres *m. pl.* food
vœu *m.* wish
vogue *f.* fashion
voguer to sail
voie *f.* way, track
voile *m.* veil
voile *f.* sail
voire and even
voirie *f.* public works department
vol *m.* flight
volaille *f.* fowl
volant *m.* steering wheel
volée *f.* beating
volet *m.* shutter
volonté *f.* will, will power
volontiers gladly, willingly
voluble voluble, glib
vouer to destine; — un culte to worship
vouloir to want; en — to bear a grudge
voûte *f.* archway
voyou *m.* hoodlum
vue *f.* sight
vulgarisateur *m.* popularizer

W

wagonnet *m.* tip truck

Z

zinc *m.* zinc; counter (in a bar)
zut! hang it!